"十二五"国家重点图书出版规划项目
当代财经管理名著译库
2012年度国家出版基金资助项目

U0656726

衡量公平
生存工资与最低工资经济学
美国的经验

A MEASURE OF FAIRNESS

The Economics of Living Wages and Minimum Wages in the United States

Robert Pollin Mark Brenner Jeannette Wicks-Lim Stephanie Luce

（美）罗伯特·波林 马克·布伦纳 珍妮特·威克斯-利姆 斯蒂芬妮·卢斯 著

孙劲悦 译

东北财经大学出版社
Dongbei University of Finance & Economics Press

大连

ⓒ　东北财经大学出版社　　2012

图书在版编目（CIP）数据

衡量公平：生存工资与最低工资经济学——美国的经验／（美）波林（Pollin，R.）等著；孙劲悦译 . —大连：东北财经大学出版社，2012.11
（当代财经管理名著译库）
书名原文：A Measure of Fairness：The Economics of Living Wages and Minimum Wages in the United States
ISBN 978-7-5654-0938-7

Ⅰ. 衡…　Ⅱ. ①波…　②孙…　Ⅲ. 工资－研究　Ⅳ. F244

中国版本图书馆 CIP 数据核字（2012）第 192793 号

辽宁省版权局著作权合同登记号：图字 06-2012-19

Robert Pollin，Mark Brenner，Jeannette Wicks-Lim，Stephanie Luce：A Measure of Fairness：The Economics of Living Wages and Minimum Wages in the United States.
Copyright ⓒ 2008 by Cornell University.

No Part of this book may be reproduced or transmitted in any form or by any means，electronic，mechanical，including photocopying or by any information storage and retrieval system，without permission in writing from the Publisher.

All rights reserved.

本书简体中文翻译版由 Cornell 大学出版社授权东北财经大学出版社独家出版发行。未经授权的本书出口将被视为违反版权法的行为。未经出版者预先书面许可，不得以任何方式复制或发行本书的任何部分。

版权所有，侵权必究。

东北财经大学出版社出版
（大连市黑石礁尖山街217号　邮政编码　116025）
教学支持：（0411）84710309
营 销 部：（0411）84710711
总 编 室：（0411）84710523
网　　　址：http：//www. dufep. cn
读者信箱：dufep @ dufe. edu. cn
大连北方博信印刷包装有限公司印刷　　　东北财经大学出版社发行

幅面尺寸：170mm×240mm　　　字数：268 千字　　　印张：19 3/4　　插页：1
2012 年 11 月第 1 版　　　　　　　　　　　2012 年 11 月第 1 次印刷

责任编辑：李　季　　王晓欣　　　　　　　　责任校对：赵　楠
封面设计：冀贵收　　　　　　　　　　　　　版式设计：钟福建

ISBN 978-7-5654-0938-7
定价：39. 00 元

译　者　序

　　改革开放 30 多年来，中国经济的快速增长引起了世界各国的广泛关注。世界银行在《2020 年的中国——新世纪的发展挑战》研究报告中称中国经济是"我们这个时代最令人瞩目的发展"。中国，在这场正在经历的从传统农业社会向工业社会、从传统计划经济体制向社会主义市场经济体制转型的过程中，国家发展与民族富强的梦想与我们越来越近，轮廓也越来越清晰："确保到 2020 年实现全面建成小康社会宏伟目标"，"实现国内生产总值和城乡居民人均收入比 2010 年翻一番"……这些具体目标都表明我们正在国家振兴、民族富强的道路上大踏步地前进。

　　然而，前进道路上面临的问题还有很多：长期可持续发展目标下的资源和环境约束、制度缺失带来的浪费甚至腐败、以及国内消费不足导致经济过度依赖投资与出口、贫富两极分化日益严重、低技能群体就业无保障状况和与经济增长不相适应的居民收入增长等等，这些问题是我们发展道路上面临的现实挑战，也是未来发展的"短板"。其中对于中国经济的增长能否长期持续，国际学术界已经开始注意并进行研究，这自然也应当是国内学界和政界关注的重点问题。许多研究认为内需不足是制约中国经济持续发展的瓶颈。我们即便不去详细考察国际上这些研究的具体内容，也完全可以根据近年来支持中国经济增长的"三驾马车"的结构得出一个基本判断：扩大内需、增加消费正是推动中国经济可持续发展的必要条件。而扩大内需、增加消费就必须增加居民的可支配收入（对劳动者来说就是劳动报酬收入），建立起劳动工资的正常增长机制，逐步提高劳动报酬占 GDP 的比重。

　　工资收入是劳动者收入的主要来源，而生存工资则是工资的下限，是劳动者维持劳动力简单再生产所必需的基本报酬底线。为了使劳动者获得这一基本的劳动报酬，世界上大多数国家都规定了最低工资。在世界第一经济体美国，从 20 世纪 90 年代末至今，十几年间全美国各州出台了一百部生存工资法律，并且每年都在调整和完善。从理论上讲，法定的最低工资应该就是生存工资。但法定的最低工资往往不足以让工人养家糊口，一些有稳定的全职工作的工人仍然不得不带着家人每周到慈善机构领取救济。而这种情况正是引发当代美国生存工资运动的源头。

　　关于生存工资和最低工资的争论在美国一直持续，最激烈的交锋是在 20 世纪 90 年代末。最低工资和生存工资的反对者认为，市场的非道德性是其本质的一部分，不可能以立法的形式加以消除，他们进而断言，这种"后果始料不及的法律"将会强制性地提高雇主的劳动力成本，导致企业解雇工人，从而增加失业工人的数量，企业将在未来雇用工资更低的工人，用低学历工人来代替高学历工人，最终甚至会通过搬迁来避开强加到自己头上的成本上升。反对者们还说，这些措施的财政负担将迫使受到这些计划影响的政府或其他机构（如大学）减少它们的其他承诺，如直接扶贫措施，或针对负担不起学费的大学生的奖学金计划。因而，法律人为规定较高的最低工资对企业和工人都将产生不利影响，"这些计划最终伤害的恰好是很多需要帮助的对象"。

　　那么，最低工资和生存工资的经济影响或效应到底如何？企业和工人是受益者，还是受害者？这种影响的具体内容和程度如何？影响是如何发生和传导的？最低工资和生存工资的就业效应是什么？政府的政策干预是否达到了预期的效果？……对这些问题的分析和回答构成了本书的全部内容。

　　本书的四位作者长期致力于最低工资和生存工资问题的研究，他们对美国新奥尔良和圣菲两个城市以及亚利桑那州做了实地调查，对有关人员做了大量的访谈，分析了最低工资标准的提高对企业的影响和给工人及其家庭带来的益处，回顾了实践中的生存工资法律，估测了最低工资的波纹效应，并对最低工资的就业效应做了深入的比较分析。他们所提供的信息注重经验数据而不仅仅是价值判断或观点阐述，将案例研究方法和计量经济学方法有机地结合在一起，强有力地批驳了反对者们的观点。此外，以美国的"反对血汗工厂运动"这一著名案例为代表的道德消费问题也在本书中被深入讨论，从而把生存工资和最低工资研究提升到社会公平和公正的层面。因此，这本书既可以作为经济、法律等领域的研究人员从事该领域研究工作的专业性读物，也可以作为政府和企业理解生存工资政策的经济效果的工具和指南。

今天的中国常被称为"世界工厂"，这个工厂中，由工资引起的劳资纠纷和冲突层出不穷。工人的工资水平是否达到了生存工资水平？大多数省、自治区和直辖市都规定了最低工资，这个法定最低工资是生存工资吗？法定最低工资是否产生了就业效应？最低工资的波纹效应是否存在？若目前的最低工资水平不是生存工资水平，那么提高最低工资使其达到生存工资水平将在多大程度上贡献于 GDP 的增长？进而，如何通过制度设计实现劳动者的"体面工作"从而建设和谐组织进而和谐社会？对于这些重要而现实的问题，这本书无疑会启发我们的思路，开阔我们的视野，提升我们研究问题的细腻程度，从而推动中国学界对相关领域的深入思考和研究。

任何一个国家的经济发展都无法绕过"公平"与"效率"的抉择，中国也不例外。生存工资与最低工资在今天的中国，已经不仅仅是一个经济概念，更是一个道义使命。探索和建设一个更公平、更和谐、更美好的国家和社会，生存工资和最低工资的研究者和政策设计者们，任重而道远！

在本书翻译过程中，东北财经大学国际商务外语学院的章爱民副教授帮助翻译了第一部分和第二部分，他的无私帮助和语言学专业功力对我顺利完成本书的翻译任务起到了十分重要的作用。东北财经大学劳动经济学专业硕士研究生杨舒同学翻译了书中的部分统计图表和计量经济学公式。在此对他们的帮助表示诚挚的感谢!

东北财经大学出版社国际合作部主任李季编辑为本书中译本的出版做了大量繁琐的工作,直接促成了中译本的面世;王晓欣编辑面对专业性如此之强的学术专著,一丝不苟,认真编辑;东北财经大学出版社其他有关工作人员也做了许多具体工作。对这些幕后英雄,我深表敬意和谢意!

孙劲悦

2012 年 11 月 16 日

于东北财经大学师言阁

前　言

罗伯特·波林

　　本书收录了我与他人合著的有关生存工资和最低工资这方面的有一定代表性的论文，它们都是在我与斯蒂芬妮·卢斯（Stephanie Luce）合著的《生存工资：构建公平经济》（*The Living Wage：Building a Fair Economy*）1998 年出版后写成的。

　　说起来有点讽刺意味，自从上一本书出版以来，我们在这项研究上所花费的时间不止 7 年。上一本书其实是我、马克（Mark）、斯蒂芬妮与其他合著者在研究洛杉矶的生存工资议案过程中的偶然之作，该项议案经洛杉矶市议会于 1997 年 3 月批准通过。在这部法令获准通过后，我便陆续收到各种请求，希望我们像对洛杉矶那样对其他城市也进行类似的研究。实事求是地说，当时我认为，我们不可能继续针对更多的具体城市来做类似的研究。可以满足不同要求的最好方法似乎就是写一本书，力图对洛杉矶案例中的研究结果进行归纳和概括。因此，我们希望《衡量公平：生存工资与最低工资经济学》一书能够被当做一本具有普遍参考价值的书，进而取代针对其他特定城市的研究。

　　我认为，上一本书至少在一定程度上实现了这个目的。同时，对于生存工资运动的不断蔓延，以及对这些新运动中相应出现的需要做出更多、更好的研究的局面，我完全没有一丝心理准备。举例来说，1999 年我与斯蒂芬妮、马克等接着对新奥尔良的议案做了研究。该议案与洛杉矶议案相比，有着非常不同的特征。特别值得一提的是，新奥尔良议案针对的是市内的所有工人，而洛杉矶的议案只是针对比例相对较小的一部分人——那些正好为已（与政府）签订有城市服务合约的公司工作的工人。单单这个特征就需要再对洛杉矶议案的研究进行大幅度的扩展。接下来，在 2000 年，我、马克、斯蒂芬妮、珍妮特与其他同事等一同研究了加利福尼亚州圣莫尼卡市的议案。在这项议案的研究过程中，我们认识到，以前我们没有认真考虑过给"生存工资（Living Wage）"下一个适当的、合理的定义，这个术语既是我们的研究对象，又是全社会争论的对象。因此，在对圣莫尼卡议案的研究中，我们力求给出一个明确的定义。

更一般地说，自 1988 年以来日益突显的情况是，我们需要对各项议案的详细特征进行持续审视。我们不仅迫切需要这种细节性的研究来平息不同城市中的各种具体争论，而且，这种研究似乎也是大致了解生存工资法案和最低工资法案如何发挥作用的最可靠的途径。鉴于此，我们认为有必要将不同研究汇集成册。

本书的版式属于混搭风格，介于编著与合著之间。书中的各个章节，要么是由我们四个人当中的某个人独立撰写的，要么是由某几个人合写的。因此，如同编著一样，各个章节都单独列出了作者。而且，如同编写论文集一样，我的任务就是从 1999 年以来我们出版的所有作品中做出挑选，并考虑如何排序和统一编排。此外，我还为各个部分写了序言。珍妮特也为本书的编撰做出了巨大的贡献。

另外，与大部分编著不同的是，本书所收录的文章仅仅来自我们四个人。另外，我们四个人在过去的 7 年中密切合作，在所有的研究中，不断拓展并改进一般方法论。可以说，我们每个人对于本书各章都做出了自己的贡献。

目　　录

第一部分

问题的提出

第一部分从宏观上介绍了美国针对生存工资产生的一些重大问题和广泛争议，没有纠缠于细节。第二部分将对此展开论述。第一部分的第1、2、3章皆出自我本人。

第1章介绍了我们在这个问题上的研究现状，并为手头的一些基本问题提供了一些基本的研究准则。首先是一个最基本的问题：什么是生存工资？当然，后文会重新讨论这个主题，既从问题的实质角度，又根据已经变成法律条文的各种措施的范围来对生存工资和最低工资做出区别。最后，我们将进一步区分我们及其他学者关于此问题所做的不同类型的研究。

第2章是针对我于2001年12月在特拉维夫大学发表的一篇演讲。在9·11事件之前的数月里，我就接到了去特拉维夫大学做演讲的邀请，在9·11事件之后，我问主办方，特拉维夫的师生是否依然真正有兴趣听听美国的生存工资这个话题。哈伊姆坚持说，实际上他们以色列人已经听说了美国的生存工资运动，并急于探索在以色列发动一场类似的运动。碰巧，就在我前往特拉维夫大学前的几个星期里，我已经在纽约雪城做过两次类似的讲座——一次是在雪城大学，另一次是在纽约当地的公共教堂。显然，在雪城大学和在特拉维夫大学一样，许多人并未被恐怖袭击及其余波所吓倒而停止探索创建更平等的社会的道路。对生存工资的倡导有利于实现这个更广泛的目标，同时，针对这个目标，这次演讲也提出了一些基本观点。

第3章讲的是保罗·克鲁格曼（Pual Krugman）对我和斯蒂芬妮合著的《生存工资：构建公平的经济》一书的尖锐批评以及我们所做出的回应。克鲁格曼的批判和我的更简短的回应分别发表在《华盛顿月刊》9月刊和11月刊上。

从某种意义上说，1998年我们与克鲁格曼的交锋显然已经成为历史。他当时写道，我们上一本书中含有"很多愚蠢的观点"，他还预测说生存工资运动"注定要失败"。这是因为这场运动的支持者和我们这些作者一样没有充分领会这句格言："市场的非道德性是其本质的一部分，不可能以立法的形式加以消除。"我不知道克鲁格曼现在是否仍然认为我们的观点是愚蠢的，但是鉴于生存工资运动的历史来说，我可以自信地说他不会再坚持他所做出的生存工资运动注定难逃失败厄运的预测。

不管克鲁格曼现在如何看待生存工资运动——他现在定期在《纽约时报》专栏中撰写文章，强烈支持提高最低工资标准，全面呼吁反对不平等的、不断加剧的两极分化的薪资待遇——但事实是他的批评得到了生存工资反对者的支持。经常有人引用他的观点来为反对生存工资的论点。这些评论家通常只是简单地依靠权威的影响力，就像"如果波林和卢斯连克鲁格曼这位著名经济学家、著名的自由主义者都不能说服，无法让他相信生存工资是个好主意，那么不言而喻，他们的书以及整个运动必定彻底错了"。

在这种经常性的引用中，我从来没见过有哪次讨论或考虑过我对克鲁格曼的回应——不管是赞同还是反对——尽管自 1998 年以来在《华盛顿月报》中一直可以找到我对克鲁格曼的回应。因此，我认为有必要在这里全面描述下这次交锋，这样可以有助于澄清争议中的一些基本问题。当然，除此以外，读者们可以对这个辩论做出自己的判断。

第 1 章

概述

罗伯特·波林

当代生存工资运动于 1994 年始于美国的巴尔的摩。当我在 1996 年 8 月受到玛德琳·贾尼斯的拉拢时，本人作为一名研究人员参与其中，她当时被认为是洛杉矶运动的组织者和领头人之一（她如今依然担任洛杉矶新经济联盟的主任）。我当时在位于洛杉矶以东 50 英里的加州大学河滨分校的经济系任教。

玛德琳打电话来问我是否愿意对洛杉矶议案进行专业性的评价，该议案拟建立一个每小时最低 7.50 美元，额外还有 2 美元的医疗福利的生存工资制度，其对象是所有没有参加私人保险的工人和那些为与洛杉矶市政府签订有服务合约的企业工作的所有工人。这将意味着，与当时在加州风行的每小时 4.25 美元的全国最低工资相比，不算医疗福利，持有城市服务合约的公司的员工的生存工资上调了 76%。

在她来电话以前，我对生存工资运动几乎闻所未闻，也完全不了解这个术语或类似运动的早期历史。我也只是对有关生存工资、最低工资或任何形式的工资任务等诸多问题有一些肤浅的认识。鉴于我的背景，我对玛德琳的初步反应是，她可能想要考虑与该地区的专业人士一起来研究。玛德琳解释说，她已经给几个专家学者打过电话，但是他们都拒绝了她的邀请。

在我接受任务之前，玛德琳同意我可以完全自主地进行研究并自由地发表所有结论，无需经过她和该议案的其他支持者的审查。当时，我召集并组建了加州大学河滨分校的一个小型研究团队，其中包括当时的研究生马克·布伦纳（Mark Brenner）和斯蒂芬妮·卢斯（她当时在威斯康星大学就读，但在河滨居住）。我们的想法是，我们会花 2~3 个月来尽量把这项研究做到最好，然后再回头研究玛德琳打电话之前我们正在做的各个项目。

从 2007 年 3 月开始写此书起，往前追溯 10 年，洛杉矶市的标准于 1997 年 3 月经洛杉矶市议会修改后通过，如今全国大概有 140 部可以与洛杉矶市的标准相提并论的生存工资法。[1] 另外约有 30 项提案正在讨论中，同样是在全国范围内的各种社区中进行讨论。[2] 此外，在 2006 年 11 月结束的全国大选中，民主党自 1994 年以来首次掌控国会两院，同时，有 6 个州通过公民投票的形式来提高该州的最低工资，使之远远高于现有联邦最低工资 5.15 美元/小时。这 6 项提案以 2/3 的压倒性的票数通过——亚利桑那州每小时 6.75 美元（66% 的比例通过），科罗拉多州每小时 6.85 美元（53%），密苏里州每小时 6.50 美元（76%），蒙大拿州每小时 6.15 美元（74%），内华达州每小时 6.15 美元（69%），俄亥俄州每小时 6.85 美元（56%）。这意味着，截至 2007 年 1 月，占美国总人口 70% 的 29 个州和哥伦比亚特区将执行高于联邦最低工资标准。

而且，就在民主党获得了压倒性选举胜利的第二天，即将上任的众议院议长南希·佩洛西（Nancy Pelosi）宣称，提高自从 1997 年起就一直维持在

5.15 美元/小时的联邦最低工资标准是 2007 年 1 月新召开的国会会议的首要目标。事实上，从 2007 年 1 月 10 日起，众议院以压倒性的票数同意分三步来提高联邦的最低工资标准，到 2009 年中期时最低工资标准已达到 7.25 美元/小时。在几周之后，参议院以对企业实行税收优惠为附加条件通过了这项最低工资的提案。截至 2007 年 3 月，不管参众两院之间谈判达成何种结果，乔治·W. 布什总统都将签署命令，使之成为法律。

把联邦最低工资提高到 7.25 美元/小时的提案无疑受到大家的欢迎。同时，有必要强调的是，2009 年中期 7.25 美元/小时的最低工资不同于生存工资。其实，在刨除通货膨胀因素后，2009 年中期的 7.25 美元/小时可能只是在 1997 年 5.15 美元/小时的联邦最低工资的基础上上涨了 4 个百分点。这样一来，本书中提到的 1997—2007 年间法律规定的 5.15 美元/小时的最低工资和 2009 年生效的 7.25 美元/小时的最低工资其实是等效的。我会在本章结尾部分就此做进一步阐述。

从我们 1996 年的第一个方案开始，一直到我们在本书中提到的最新的研究（2006 年的亚利桑那州议案提出要在全州实行 6.75 美元/小时的最低工资），研究的前提都是我们几乎没有对这个问题想当然。或者更准确地说，我们的确想当然地认为生存工资计划的支持者会承诺去帮助低工资工人及其家庭来提高生活水平。即使我们从来不认为公开承认这场运动的宗旨会对我们开展谨慎且可靠的研究构成障碍，我们显然也在帮他们分担（履行承诺）。我们也认为，这是理所当然的：面临涨工资任务的企业将承担更高的劳动力成本。这样，无论涨工资计划会对低收入工人的生活水平产生何种影响，这些企业都会有明显且自然的动机去反对这些计划。这种对生存工资提案的天然反对和纯粹原则上的反对不同，后者认为政府没有权利干涉雇主和雇员在工资方面的私人决策，因为双方都认为原来的工资水平足以吸引工人投入工作。此外，研究生存工资法律的效应与判定这种纯原则上的反对的功绩没有丝毫关系。

除了这些最基本的问题之外，在进行研究之前，我们并没有假定已经预知生存工资法令是否终将帮上那些目标对象，即低收入工人。我们非常认真地对待生存工资的反对者们的说法：这些计划最终伤害的恰好是那些目标对象。反对者们断言这种"后果始料不及的法律"将会出现这样的结果：面对劳动力成本的强制性上升，各企业会解雇现有工人，在未来雇用低工资的工人，用低学历工人来代替高学历工人，或者最终甚至会通过搬迁来避开强加到自己头上的成本上升。反对者们还声称，这些措施的财政负担将迫使受到这些计划影响的政府或其他机构（大学）减少他们的其他承诺，如扶贫工作，或针对负担不起学费的大学生开展的奖学金计划。我们在下面几章中呈现的研究结果体现了我们为解决每一个具体问题及其他一些相关问题所做的努力，一切都是为了提出一个总体目标——也就是说，生存工资的提议是否值得倡导，如果值得，是在什么情况下？

我们总体的研究结果是，政策干预在本书所探讨的生存工资法令和提高最低工资的做法中都得到了有效地发挥。它们能够给那些目标对象带来重大或适当的好处。虽然这些措施的成本也是实实在在的，但是在提议和实施这些措施的初始阶段，那些受到影响的企业、政府或承担这些成本的其他实体并不会承受过重的成本负担。事实上，由于工资增长迄今为止已经处于提议和实施阶段，所涉及的成本广泛扩散到受影响社区里的非贫困阶层——包括非贫困的消费者、企业、政府和私人机构（大学）——所以，负担并不重，甚至是微不足道的。当饭店和旅馆的价格出现适度上涨的时候，也许最大的成本是由中产阶级消费者承担的。正如我们在后面几章中详细讨论的，餐饮业和酒店业中的低工资工人的比例最高、人数最集中，因此，要提高生存工资和最低工资，餐饮业和酒店业的成本上升的比例也是最大的。

在我们不断积累研究成果的10年里，我们也观察到，在反对者们所提出的观点中出现了一个决定性的、慢慢演变的转变。正如我在第2章中所讨论的，当我们1996年首次开展洛杉矶研究计划时，当时这座城市的经济开发副市长加里·门多萨（Gary Mendoza）就已经公开说"如果生存工资计划得以通过，整个产业可能被毁掉或迁至海外"。在丹佛和休斯敦，在生存工资计划以压倒性的多数票顺利通过时的早期，这些城市也出现过类似的情况。在休斯敦，反对派"休斯敦保护工作委员会"大量散发广告和邮件，声称生存工资法案将导致"警察和消防队员冲上街道，企业税赋加重，成千上万人失业，食物和处方药之类的生活必需品的价格暴涨，小企业破产倒闭，街道到处都是坑坑洼洼的"。

在 2007 年以前，大约有 140 个市政府已经通过了生存工资法案，同时，29 个州和哥伦比亚特区已经实施或即将实施高于联邦水平的最低工资标准。至此，类似 10 年前在洛杉矶和丹佛出现的那些主张已经明显自生自灭了。事实上，亚利桑那州的讨论导致 2006 年 11 月针对 6.75 美元最低工资的倡议发起了一次投票，那次讨论我和珍妮特都参与其中。在那次讨论中，反对者几乎没有提出任何经济方面的论据。他们已经转向了一个新的领域，声称最低工资法将威胁到该州公民的隐私。之所以会产生这样的后果，是因为符合涨工资要求的工人会求助于外部代表来维护自己的合法权益。碰巧，根据联邦最低工资法律，工人及其代表在当时已经有了这样的机会。除去这些问题，从更广泛的角度来看，通过强调这些批评，反对者显然已经从早期的"经济灾难说"中撤退出来了。

虽然反对者们的批评声减弱了，但我们是否应该从中做出推断，认为那些经济问题（尤其是生存工资法案的意料之中或意料之外的结果是否通常会占上风）已经不再有争议了呢？显然不是。事实上，即使在 2006 年亚利桑那的讨论中，反对者们也不愿意讨论在全州范围内实行 6.75 美元最低工资所产生的影响，但这并不意味着如果把最低工资提高到 8 美元或 9 美元，即在全国范围内实现地方水平的生存工资，他们依然会做出相同的反应。简而言之，无论时下的主流政策是什么，生存工资在美国是否行得通这个最基本的问题依然很值得研究。当然，如果我和我的合作者们当时不这么认为的话，也就没有理由编写这本书了。

1.1　一些初步问题

在继续对手头的各种问题进行详细讨论之前，有必要简要考虑一下几个初步问题。这些问题包括我们在后面各章中所采用的研究方法的差异；生存工资一词的含义；生存工资和最低工资倡议的区别。此外，还有一些关于如何使联邦最低工资提高到更加接近生存工资的某个水平上的初步想法，这些想法源于联邦政府最低工资标准到2009年要提高到7.25美元/小时的计划。

1.1.1　区别不同的研究类型

从特征上说，我们在本书中的研究以及他人在此问题上的研究有两种基本的表述方法：前瞻性研究和回顾性研究。本书第二、三部分呈现的是前瞻性研究，它确定的是在生存工资或最低工资的新法令通过后可能出现的情形。回顾性研究考察的是，在实施新标准一段合理的时间后实际发生的情况。从原则上讲，回顾性研究是一种更可靠的方法，因为它是基于对过去经验的观察而不是对未来的预测。但是，从实际上讲，前瞻性研究必定在政策制定过程当中起到至关重要的作用。从定义上看，研究人员不可能针对一项仍然有争议的政策来进行回顾性研究。是否支持这类提案，社会大众和政策制定者不得不做出决策；同时前瞻性研究必然为他们的决策指引方向。

在实践中，这两种研究类型的区别并不像时间维度可能显示出的区别那么一清二楚。这是因为，包括我们自己的研究在内的前瞻性研究有一个主要成分，即有关过去经验的现有数据，这些过去的经验是与当前的政策争论有关联的。此外，如果前瞻性研究和回顾性研究都能准确地描述出现实，那么两种研究的结果应该是相对应的。因此，回顾性研究的结果可以用来确证在前瞻性研究中所采用的方法。

我们还可以根据所采用的基本数据来对不同类型的研究做出区分。在我们所有人的研究中，有很大一部分工作是基于公开的政府统计数据，这一类数据与对所有公共政策审议形成经验支持的数据属于同一类型。然而，在我们的一些研究（包括第4章中的对新奥尔良生存工资的研究；第8章中对圣莫尼卡的研究；第10章中对波士顿、哈特福德和纽黑文的研究）中，我们还自行做过调查。当然，这些调查肯定会给我们的研究结果带来一些远景，并使其具有一定深度。正如我们的研究结果所证明的，特别是第 5 章对圣菲市的研究所证明的，我们仍然可以对这些措施的影响进行进一步的评估；如果我们完全依赖的是公开的、可免费获取的数据，那么我们的估计结果是非常准确的。

这样，这个问题不单单在于研究所采用的数据类型，而在于研究者是否能够合理使用手头最好的、可获取的数据。因此，在第 14 章中，我们批评了另外两个学者所采取的研究方法，他们是大卫·纽马克和斯科特·亚当斯。他俩根据美国劳动部的当前人口普查（CPS）的结果，得出了有关生存工资对工资、就业和贫困等问题产生影响的结论。我们所争论的肯定不是当前人口普查数据的有效性，因为我们在各种场所也十分依赖这些数据。我们所批评的是，他俩使用这种不可或缺的工具时的方式不当。

1.1.2 何谓生存工资？

我们在后面章节中会回答什么是生存工资的问题，在第 2 章开头仅是非正式地提及，在第 7 章中会较为详细地阐述。但预先引出这个问题是有必要的，尤其是有助于辨别、掌握解决这个问题的两种截然不同的方法。首先，在不同的社群中，哪种工资水平能达到最低的充裕程度（能够使工人获得最低工资而且依靠该工人收入生活的家庭成员能够维持最低限度的物质需求）？其次，相应地，哪种工资水平能够让这样的工人和其家人维持最低层面的尊严？

第二个同样合理的问题必然把物质富裕和尊严的问题放在一边，相反，它问的是，应该设定多高的最低工资标准才不会对企业造成过大的成本压力，从而使得"后果始料不及的法律"开始生效。

毫无疑问，各项关于最低生存工资法令的比较严肃的研究都必须直视我们面前的这两个问题。

1.1.3 生存工资标准与最低工资标准有什么不同？

人们一般用生存工资和最低工资来区分两种不同类型的倡议。但在下面的论述中，我发现人们趋向于用这两个术语以及它们之间的差异来表述不同的东西。那么，争论的问题是什么呢？

最低工资标准作为一个简单的术语，它指的是不受时间和地点限制的标准。因此就像我在前面所提到的，联邦最低工资的新标准规定到 2009 年中期时达到 7.25 美元/小时，但很少人会认为这就是生存工资。事实上，如第 2 章所讨论的，市一级或州一级的生存工资运动最主要的动力源自这样一个前提：至少目前联邦（很可能全州）的最低工资标准都不能被认为接近生存工资标准。

同时，当生存工资运动事实上已经成功地将生存工资提案变成了法律时，生存工资的新标准就变成了受该法律管辖的企业必须向工人支付的法定最低工资。在这种情况下，生存工资标准变成了最低工资标准。因此，生存工资的倡议实质上是受该法律管辖的企业提高最低工资的途径。

在过去的 12 年中，随着生存工资运动的发展，大概有 140 项市级标准已经变成了法律，它们有两个关键特征。第一个关键特征是，这些城市的生存工资标准实质上比联邦，甚至比全州的最低工资都要高。因此，当洛杉矶法令于 1997 年 3 月获得通过时，生存工资标准被定为 7.25 美元/小时，比全州现行的生存工资 5.00 美元/小时高出了 45%。同样，最初巴尔的摩工资法案规定的生存工资标准是 6.15 美元/小时，比马里兰州推行的最低工资 4.25 美元/小时高出了 45%。

第二个关键特征是，这些市级标准所覆盖的工人数量和企业数量都很少。它们通常只适用于与城市签有服务合约的企业，如向城市建筑提供门卫、泊车或园林服务的企业。在已执行生存工资法令的城市中，大部分的企业没有被要求把工人工资提高到生存工资的标准。例如，在第 10 章详细讨论的波士顿案例中，生存工资法向大约 2 000 名工人提供了最低生存工资为 9.11 美元/小时的法律保障。但是，其他大约 171 000 名受雇于波士顿的企业的工人只挣得了介于州最低工资 6.75 ~ 9.11 美元/小时之间的工资。我把这些目标对象的极其有限的工资标准称为仅适用于签有市政合约的企业的生存工资法律。我提出这个说法，是因为它强调了一点：这些标准的鲜明特征不是源于最低工资水平本身，而在于企业是以何种方式才会受到该法律的管辖。

当然，仅适用于签约企业的生存工资增长所带来的好处不仅是实实在在的，而且还受到数量有限的那些涨工资了的工人的欢迎。但除此以外，这些目标对象的有限的标准也许具有更加重要的意义：它们已经成为各个社区广泛讨论如何制定公平的最低工资的基层平台。特别是，正是通过这样一些讨论，一些城市已经形成了政治联盟，在全州甚至更广泛的区域内发动各项倡议。

截至本书写作完成时，以立法形式呈现的或即将在 29 个州及哥伦比亚特区执行的提高州立最低工资标准的规定普遍适用于本州内的所有企业，而不是简单地适用于与州政府签订了服务合约的企业。除此之外，在新奥尔良、加利福尼亚州的旧金山和圣莫尼卡、威斯康星州的麦迪逊以及新墨西哥州的圣菲和阿尔伯克基，适用于所有企业（不管企业是否签有城市服务合约）的标准都在某个时候以市议会投票或公投倡议的形式获得了通过。在旧金山、圣菲和阿尔伯克基等城市，生存工资的标准现在变成了法律。因此，我们可以把州立标准和这些城市法令称为区域性标准。

一般地，州立标准制定的最低工资标准远远低于我们认为合理的生存工资标准，因此，在 2006 年年末，高于联邦最低工资的州立最低工资的范围是 5.85 美元/小时~7.63 美元/小时。可是，完全可以把目前在旧金山和圣菲实施的地方性标准视为生存工资标准：在圣菲市，对于拥有 25 个以上职工的企业，圣菲市制定的最低工资为 9.5 美元/小时；在旧金山，所有企业对每周工作两小时以上的职工最少要按 8.82 美元/小时的标准支付工资。大体上看，在讨论生存工资和最低工资措施时，总的观点是两种类型的不同处在发生作用，即制定出的各自的工资标准及其所覆盖的不同范围。表 1.1 通过一些例子列出了这两种类型的区别。

表 1.1 　　　　　　　　　　生存工资法与最低工资法的区别

适用范围	工资标准	
	法定的最低工资较低	法定的生存工资较高
只针对签有市政合约的企业工人	覆盖范围窄	覆盖范围窄
	工资标准低	体面的"生存工资"标准
		·在 140 个市级标准中占大多数
		·洛杉矶 2006 年的标准是 10.64
		(9.39+1.25)美元的医疗补助
		·波士顿 2006 年的标准是 11.95 美元
全区适用范围	覆盖范围宽	覆盖范围宽
	很低的"最低工资"标准	体面的"生存工资"标准
	·全州适用的 2006 年最低工资法中大多数的工资范围是 6.15~7.63 美元[a]	·圣菲市 2006 年标准是 9.50 美元
		·旧金山市 2006 年标准是 8.82 美元
	·新奥尔良 1999 年提案的最低工资标准是 6.15 美元	

资料来源　ACORN Living Wage Resource Center, http：//www. livingwagecampaign. org/index. php?id=2071.

注：[a] 我们把西弗吉尼亚州 5.85 美元的最低工资标准排除在这个范围以外，是因为西弗吉尼亚州排斥洲际贸易，导致其覆盖范围异常狭窄。

这不是简单的分类问题。在对这些问题的讨论中，普遍发生的情况是，人们认为只有符合表 1.1 右上角的标准才是生存工资的标准，而覆盖面狭窄的、仅适用于签约企业的工资标准要相对较高。同时，人们经常认为最低工资法律适用于从地理位置上分布更广泛的企业。换而言之，这些术语的使用方法意味着生存工资标准不可能适用于整个城市、整个州或整个国家内的所有企业，即表 1.1 的右下角的内容不是一项可讨论的选择。但事实上，这些具有广泛基础的生存工资标准当然是可行的。从原则上说，这是毫无理由的：一项生存工资标准只适用于少量的签有城市服务合同的企业，而不能在整个地理范围内通用。实际上，圣菲和旧金山目前已经在全市范围内执行这些标准了。

1.2　把联邦最低工资标准变成生存工资标准

正如我所指出的，到 2009 年把联邦最低工资标准提高到 7. 25 美元是顺应民心的举措，但是对于我们这个国家的居民来说，这个标准还是有点低，这一点有必要再次强调。相对于 1997 年 5. 15 美元的联邦最低工资标准，剔除通货膨胀因素后，2009 年中期 7. 25 美元的最低工资标准真实的增长率可能仅为 4%，这个事实间接地反映了这个问题。

但是，当我们在考虑通货膨胀率和劳动生产率（一般工人一年内所生产的商品和劳务的总和）所提升的综合效应时，7. 25 美元的最低工资还不够高的问题变得更加突出了。在 1997—2009 年间，每年的通货膨胀率在 3% 左右。这就意味着，在此期间 5. 15 美元的最低工资的购买力将下降 40% 左右。同时，在此期间，平均劳动生产率的上涨幅度将大大超过 30%。这使得企业要向低工资工人多支付 30% 的（剔除通货膨胀因素后真实的）工资，同时企业的利润也会至少增长 30%。虽然生产率一直在上升，但剔除通货膨胀因素后的最低工资反而降低了，这个事实意味着在盈利机会大大增加的同时，低工资工人却没有从该国的生产率提升中得到任何好处。

鉴于以上这些考虑，勾画出一条体面的最低联邦工资的路径是有必要的，这样便于后文对构成不同地区的可取且可行的生存工资标准的内容展开详细的讨论。

事实上，圣菲法令提供了一个我们应该如何谨慎地推进全国性的生存工资标准的模式。这项于 2004 年制定的标准，截至 2008 年 1 月，联邦标准工资从 5. 15 美元提高到 10. 50 美元，具体实施分三步走。但是，在每次工资提升计划实施之前，圣菲市首先要判断上一次工资提升计划是否引起了"就业负效应"。有关圣菲市的研究报告表明，在实行了 8. 50 美元的最低工资后，就业增长是安全的，之后圣菲的最低工资才于 2006 年 1 月升至 9. 50 美元。

一旦确认上一次标准上调没有造成就业负效应，改组后的联邦政府就可以要求到2009年中期实施新制定的最低工资标准（7.25美元），并且要求此后每两年提高一次。到2011年，最低工资标准可能提高到9美元，也就是说，基本达到全国各地区最低的生存工资标准。超过这个标准的更高标准可以与通货膨胀率和平均劳动生产率联系起来。如果通货膨胀率和平均劳动生产率在过去10年里一直保持不变的话，这就意味着，联邦最低工资每两年的增长幅度大概为10%～12%。到2013年，该标准将会提高到10美元左右。

即使到2013年联邦最低工资标准会定在10美元，对全国大部分地区来说也仍然不够高。州和地方社区都将需要继续制定本地区的生存工资标准。但是，在考虑到就业效应以后，根据平均生产率和通货膨胀率的上升幅度来提高该标准的观点，生存工资标准至少应该使国家更接近民众们所支持的水平，更接近经济能够快速吸收的水平，更加接近低收入者理应享有的水平。

1.3　本书的结构

本书共分为五个部分。每部分都有相应的概述，并提供了浅显的脉络。第一部分还包括第2章和第3章，对目前的主要问题进行了概述。第二部分由第4～6章组成，包括三个前瞻性研究，对那些在新奥尔良市和圣菲市及亚利桑那州等地制定的工资标准对企业的影响进行了评估。第三部分包括第7～9章，介绍了一些前瞻性研究，对圣莫尼卡和亚利桑那州的工资提案对工人及其家庭的影响进行了评估。第四部分由第10章组成，对波士顿、哈特福特及康涅狄格州的纽黑文市的仅适用于签约企业的标准进行了回顾性研究。第五部分包含4项单独的技术研究。第11章侧重于探讨提高最低工资的波纹效应——也就是说，企业提供给工人的工资增长超出法定水平的程度。第12章详细探讨了提高最低工资是否具有出乎意料的就业负效应。第13章、第14章介绍的是一些批评，其对象是其他作者所写的关于生存工资对工资、就业和贫困等方面的影响进行评价的文献。

第 2 章

生存工资的经济逻辑和道义使命

罗伯特·波林

我和斯蒂芬妮·卢斯在写作我们的第一部书《生存工资：建立一个公平的经济体制》（*The Living Wage：Building a Fair Economy*）时，开头回顾了两句格言。其中一句是出自《申命记》："不可欺压贫穷困苦的雇工。"我认为，只要你信奉犹太人的价值观，或者是信奉其他任何宗教的价值观或伦理价值观，你必然会去思考如何创造为劳动人民提供生存工资的劳动力市场。

而另一句出自罗伯特·布拉奇福德（Robert Blatchford）早在 1895 年所写的《生存工资和供求规律》（*The Living Wage and The Law of Supply and Demand*）一书："只要当你听到或读到向你说明生存工资违背经济规律的演讲或文章时，就要向该演讲者或该作者反问以下两个问题：1. 经济规律实际上是如何运行的？2. 在哪本政治经济学书上能找到这个经济规律？我想在任何情况下，演讲者或作者都将无法回答你的问题。"

关于生存工资的这本拙著试图抓住这两句格言的精髓——隐藏在生存工资背后的道义责任和经济逻辑，并考察它们是否在美国、以色列或其他任何地方（在经济上）行得通。

正如我们从布拉奇福德 1895 所写的那句引语中所看到的，美国的生存工资问题一直以某种方式长期存在着。在当代，美国工人运动于 1994 年率先在马里兰州的巴尔的摩市爆发。它爆发的原因很直接，它不是由学者们，也不是由工会成员或其他社会活动家引发的，而是由在食物救济站、无业游民收容所及类似地方服务的宗教人员所引发的。这些人致力于服务穷人，他们在 20 世纪 90 年代早期开始逐渐察觉到了两个现象：一个是人们对他们的服务需求逐渐上升，另一个是享受他们服务的那些人中有很大一部分人有工作——每天都去上班的他们带着家人到食物救济站和无业游民收容所来吃住。

因此，这些宗教工作人员得出一个直接的且不需要经济学家的帮助就能弄明白的结论。这个结论就是：如果那些人有工作，通常是全职工作，却仍然带着家人到食物救济站来，那么他们在工作上赚取的工资就不是生存工资，他们的工资一定远低于生存工资。但同样是这些人，即使他们赚得了法定的最低工资，但他们的潜意识仍会认为：他们赚到的是法定的最低工资，绝不是生存工资。

这就是导致美国 1994—1995 年在巴尔的摩市所爆发的生存工资运动的"星星之火"。此后，该运动一直迅速蔓延，经过 12 年左右的时间一直持续到现在，目前，美国大约有 140 个城市实施了生存工资法。另外，在 2007 年，至少有 29 个州（占全美总人口的 70% 左右）实施的最低工资标准高于联邦规定的最低 5.15 美元。自 1996 年以来，我一直担任其中几个州和市的研究员和顾问，对此感同身受：从一些活跃人士为生存工资奔走告急到他们的想法变成法律需要付出漫长的时间，并完成大量的工作——包括政治程序的审核、法律文件的起草、不可避免的立法争议以及其他阻碍。所以，我们在 12 年的时间内把一个不存在的现象演变成目前在全国风行的事实，这是意义非凡的。

当然，在全国各地也存在着持强烈意见的反对者。其中最明显且最坚定的反对者莫过于一个由多家商业集团提供资助的名为"就业政策研究会"（*The Employment Policies Institute*）的团体。然而，即使这个强悍的反对者也不得不承认生存工资运动获得了成功。在 2001 年，时任就业政策研究会公关部主管的约翰·道尔（John Doyle）先生说道："生存工资这个短语已经变得耳熟能详，而且正在改变政治讨论的动向。"（Debare 1999，B1）显然，道尔认为这并不是一个值得赞许的发展趋势，但是生存工资运动发展得轰轰烈烈，他不得不接受这个事实。

正如我所指出的，生存工资的思想在美国早已有之。确切地说，生存工资的概念是促成 20 世纪 30 年代通过最初的最低工资法的动机——出台最低工资法是为了建立合宜的生存工资标准。实际上，生存工资运动导致 30 年代通过了最低工资法，但其诱发因素，除了其他因素之外，还有天主教神父约翰·A. 瑞恩（John A. Ryan）于 1906 年所写的《生存工资及其道德层面和经济层面》（*A Living Wage，Its Ethical and Economic Aspects*）一书，该书当时极为畅销。

回溯到 20 世纪 30 年代，当时通过了最初的最低工资法，起初只是在州一级实施，然后普及到全美国。一位对最低工资法的拥护者及美国著名的政治家在 1934 年断言："如果企业对工人支付的工资低于生存工资，且依靠这种工资水平维持生存的话，那么这家企业就没有任何权利在美国继续存在。"[1] 这是一种十分强硬的观点——如果不向工人支付生存工资，企业就没有权利继续存在。1934 年说出这番话的人是美国总统罗斯福（Franklin D. Roosevelt），你能想象出乔治·W. 布什（George W. Bush）、比尔·克林顿（Bill Clinton）、乔治·老布什（George Bush Sr.）、罗纳德·里根（Ronald Reagan）、吉米·卡特（jimmy Carter）、查理德·尼克松（Richard Nixon）等人说出这种话吗？

回溯到 20 世纪 40 年代，在全球范围内考虑这个问题，联合国的《世界人权宣言》第 23 条第 3 款写到："每一个工作的人都有权利享受公正且合适的报酬，用以保证本人及其家属有一个符合人类尊严的生活条件，必要时企业须辅以其他方式的社会保障。"[2]（倘若该宣言写于现在，其起草者自然会明显认识到职场女性应该享有和男性相同的权利。）

可见，生存工资的思想在美国乃至全球已经存在了相当长的一段时间。但是，为什么当代生存工资运动在美国发展得如此迅速？我认为，从根本上讲，有三大因素在起作用。

第一个因素是，有一批为解决该问题而四处奔走告急的活跃分子，他们关心经济公平且愿意为之而奋斗。没有他们的努力，现在的一切都不会存在。

第二个因素是，我们所说的政府工作外包给私人部门的情况，在这个时候，诸如市政府、高校等过去常常直接雇用工人、提供各种服务的公共部门，开始将这些工作以合同的形式转包给私人企业。起初，当这种外包出现在 20 世纪 80 年代的美国时，支持者们通过直接分析来证明其合理性。其合理性在于：私人部门比公共部门更有效率——政府不善于做事而私人部门善于做事。因此，将公共部分的服务外包给私人企业会提高效率。

事实证明，在实现上述"效率"过程中至关重要的外包因素是，当同样的工作交由私人企业而非公共部门来做时，工人的工资就下降了。这其中没有任何阴谋。当同样的服务由私人部门而非公共部门提供时，市场的"神奇之处"在于工人的工资会下降，而且通常下降得很明显。以芝加哥为例，1997 年的一项研究表明，以下几种实行了外包的工作，其工资变化情况如下：在 1990—1995 年间，巡逻人员、电梯工、收银员、泊车员以及保安等的工资下降了 20% ~ 25%。也就是说，这些工人的生活标准大大降低了。这就是市场的"神奇力量"（Mason and Siegel 1997，5）。[3]

第三个因素更加直截了当，是一些关系到美国最低工资在过去 40 多年来发生变化的基本事实。我们可以用一些简单的图示来说明这一点。图 2.1（a）揭示的是美国最低工资随时间的变动情况（以 2005 年的美元来表示，从而排除了通货膨胀的影响）。单看这个图就可以弄清楚美国生存工资变化趋势背后的根本性力量。从图中可以看出，美国联邦最低工资的价值发生了大幅度的下降。在 1968 年，最低工资为 8.98 美元（以 2005 年为基期的美元货币尺度来表示）。这意味着什么呢？这意味着一个拿最低工资的人到得克萨斯州的某家麦当劳快餐店里打工，如果麦当劳遵守法律的话，比如说这个人是一个 18 岁并且第一次工作的小姑娘，那么她将会得到每小时 9 美元的薪水。这是在 37 年前发生的事。现在同样是这位姑娘，在今天每小时将只赚到 5.15 美元。我们由此可以看出，这些年来最低工资水平绝对是下降了。要明白一点：37 年过去了，最低工资的提高速度并没有减缓，但是，其价值存在着高达 43% 的大幅度的绝对下降，从 8.98 美元下降到 5.15 美元。

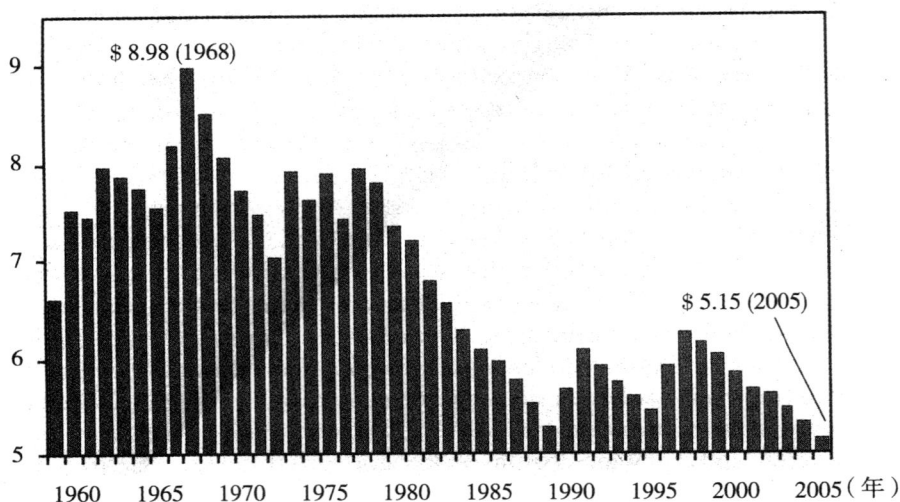

图 2.1（a）　美国最低工资（1960—2005）

资料来源　美国劳工部，美国人口普查局。

我们仅从图 2.1（a）中就能看出美国社会发生了重大转型。但图 2.1（b）可能更切中要害，它向我们展示的是相对于政府对三口之家制定的贫困线的最低工资。我的问题是，如果一位全职工作的工人（这本身是一个强假设）并且在一年当中一直挣的是最低工资，那么相对于官方贫困线（官方贫困线是一个极低的门槛，我会回头阐述这一点）而言，他的薪水降低到何种程度了？在 1968 年挣最低工资的工人当然不能享受贵族般的生活，但起码他或她的家庭生活水平要比贫困线高出 20%。而如今，正如我们所见，这位工人的生活水平比联邦政府制定的三口之家贫困线低了 30% 多。

我不知道大家有多适应充满华丽词藻的克林顿时代，但是克林顿宣称要

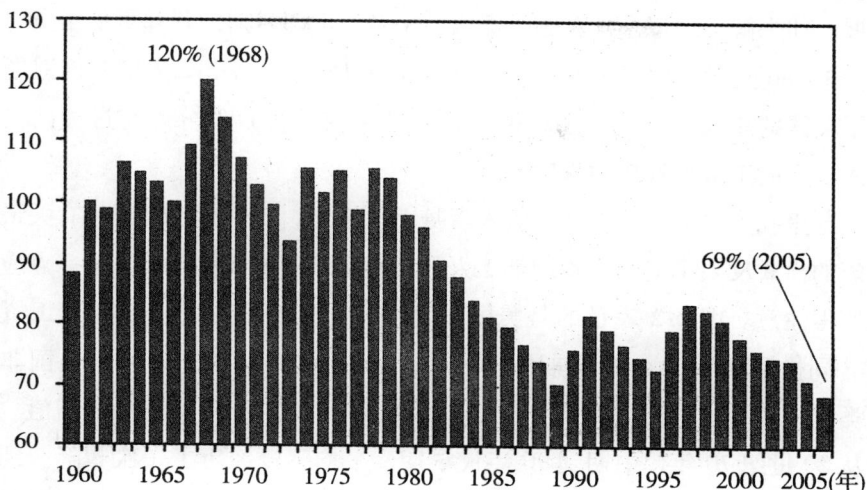

图 2.1（b） 政府对三口之家制定的贫困线的最低工资（1960—2005）

资料来源 美国劳工部，美国人口普查局。

回报那些遵纪守法者，也就是，"如果你爱岗敬业且遵纪守法，那么你将得到公平的回报"。在这个例子中，这些赚取最低工资的工人的确遵纪守法，他们有工作并且是全职工作，但是他们的生活水平到头来仍比政府制定的官方贫困线低31%。

我针对过去37年中最低工资急剧下降的现象再提出一个看法。在劳资谈判中，经常出现的一个观点是：当生产率提高时，雇主愿意给雇员加薪；当生产率没有提高时，雇主不会给雇员加薪，但是雇主会在生产率的提高后所创造出更大的"利润蛋糕"时加薪。所以我提出的这个观点是很简单的。从1968年最低工资标准到目前的最高值，美国经济的生产率出现了大幅提高——1968—2005年间大约提高了110%。

这里来做一道小计算题。如果政策制定者从1968年最低工资的峰值8.98美元开始，按百分点逐渐调高最低工资，使最低工资随着平均生产率的增长而增长的话，将会发生什么情况呢？不是让最低工资增长率比平均生产率的增长率高而是让两者绝对一致。顺便说一句，在20世纪70~90年代的相当长时期内，虽然美国生产率增长得极为缓慢，但是一直在向好的趋势发展。如果解出这道小计算题，那么结果是，美国目前的联邦最低工资将会达到 18.86 美元，比当前的联邦最低工资 5.15 美元高出 2.7 倍。这道题表明了美国的总收入蛋糕（生产率增长所带来的果实）的分配与过去两代低收入工人的工资相背离的程度。

这里我关注的焦点是在低收入者身上。但是，我们所观察到的有关最低工资的模式反映了美国非管理类工人的工资更一般的变化趋势，这一点应特别值得注意。图 2.2 表示的是美国非管理类工人的平均（中位数）工资模型（同样是以 2005 年为基期的实际美元来表示的）。该图表明，美国非管理类工人的平均工资在 1972—1973 年间达到 18.22 美元/小时的最高值。然后从 20 世纪 70 年代中期到 90 年代早期，平均工资经历了一次骤降。到了 90 年代中期，也就是在克林顿时期，平均工资持续停滞在下降后的较低水平上。在 1997 年，平均工资开始上涨，上涨趋势一直持续到 2003 年。因此，我们经常听到克林顿时期经济繁荣的说法。在克林顿时期，实际工资连续上涨了 3 年。在小布什任期内，实际工资又涨了 3 年，到 2004 年开始下降。即使实际工资出现了总共连续 6 年的增长，但截至 2005 年，美国平均实际工资也只增长到 16.11 美元/小时，比 32 年前也就是 1972—1973 年间的最高水平还低了 12%。与此同时，1973—2005 年间的平均生产率上涨了 79%。从图 2.2 的模型中最上面的一条线可以清楚地观察到长期平均生产率的增长。

这里针对这种平均工资模式提出了一个有趣的看法，它是被在 1987—2005 年任美联储主席的艾伦·格林斯潘（Alan Greenspan）提出的，他被公认为是美国最重要的经济决策者之一。众所周知，格林斯潘无论何时在发表公开言论时都会故意含糊其词——听起来很深奥，却没有实质的内容。当然，他偶尔也会说出一些实质性的东西。在 1997 年 7 月，格林斯潘不得不向国会作一年两度的报告，他先谈到了有关经济的"特别的"和"异常的"现象，接着他试着对这些现象加以解释。他说，取得这些卓越成就的一个主要因素是"人们对工作有越来越强烈的不安全感，结果是工资降低了"。[4] 这就是美国最重要的政策制定者的话，它清楚地表明了美国经济运行良好的原因在于工人没有享受工资的上涨。格林斯潘明确地区分了经济表现与绝大

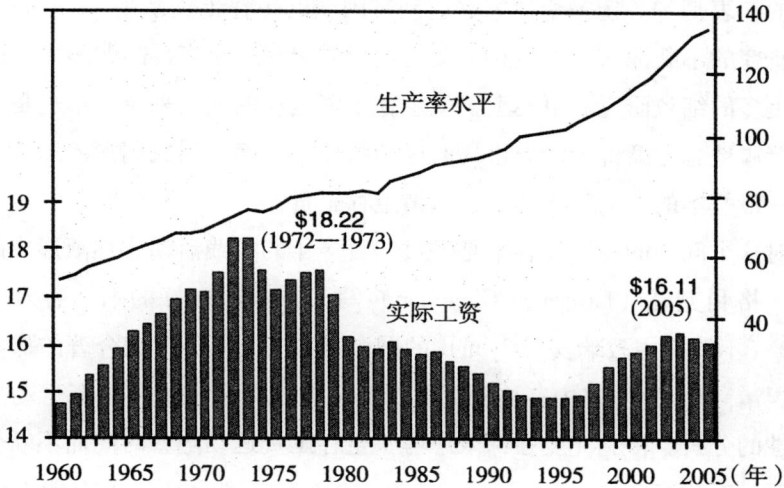

图 2.2　美国的平均实际工资和生产率水平

　　注：平均实际工资是私人部门里非管理类工人的平均小时工资（以 2005 年美元表示）。生产率水平是指私人企业里所有人每小时的产出。

多数经济实际参与者应得的回报两者之间的关系。对于那些只挣工资的人，当格林斯潘在描述"特别的"和"异常的"经济现象时，显然没把他们当回儿事。

　　在我看来，这是一个基础背景，是推动生存工资运动向前发展的激励因素。因此，生存工资运动不仅仅关乎提高最低工资，还关乎解决美国的收入分配和经济公平性等广泛的问题。生存工资运动是一个途径，通过它我们可以抵制不公平待遇，并制定具体的措施，而分配不公在美国已经持续了一代人的时间。迄今为止，虽然生存工资运动成绩斐然，但仍有很长的路要走。

2.1　何谓生存工资？

　　图 2.1 阐明了最低工资和政府制定的官方贫困线之间的关系。在生存工资运动的早期，我们的目标是确定一个生存工资水平，使之至少能保障一个三口或四口之家的生活达到官方规定的贫困线。因此，显而易见，生存工资

运动的初衷是"界定一个让家庭达到贫困线的生存工资水平"。但是，随着人们研究的不断深入，对生存工资的这个界定越来越变得问题多多。这也导致了更多的细致研究。事实上，就生存工资运动的成就来说，不过是让人们更加严肃地思考廉价劳动力市场的运行状况。的确，当我们深入思考这些问题时，最基本的一个问题就是：何谓生存工资？

对这个问题的一般性答案是经过一百多年的实践活动才逐渐形成的。劳伦斯·格利克曼（Lawrence Glickman）写了一本非常好的书，名为《生存工资》（不要跟主教瑞安（Ryan）的同名书和我与斯蒂芬妮合著的那本同名书相混淆）。在这本书中，格利克曼对美国近百年来的生存工资运动进行了历史性的分析。格利克曼在深入思考了生存工资运动随着时间而不断变化的事实后，对生存工资给出了如下定义："生存工资是让工人有能力维持家庭，维持自尊，并既有途径又有闲暇参与到美国公民生活的工资水平。"（1997，66）由此可见，格利克曼只给出了生存工资的概念，但没有给出具体的数字。

当深入思考格利克曼的定义时，我突然发现它与诺贝尔奖获得者、著名经济学家阿马蒂亚·森（Amartya Sen）提出的贫困标准概念非常相似。森改变了人们对贫困问题的思考方式，贫困并不是用"收入"，而是用森所说的"能力"的实现状况来衡量的。在森看来，生活在贫困线之上的人们都具备一系列的"能力"。因此，在森的定义中没有出现任何收入数字。森所说的能力包括诸如读写能力、过健康长寿生活的能力、自由行动的能力——这里我们再次引用格利克曼的话——"能够积极参与社会公民生活的能力"（Sen 2000，89～90）。同样，这个定义是一个概念，但它为我们思考"如何界定生存工资"奠定了基础。

当然，我们依然面临着为这些概念设定一些有意义的数值的挑战。人们经常要我确定生存工资水平的具体数值，即问我生存工资到底是多少。现在让我们试着确定一下。哈佛大学的学生曾占据了学校主要的管理大楼，为了为学校的所有雇员请求生存工资，我做了一个确定生存工资水平的尝试。为了确定一个数值，我们必须以官方贫困线作为起点。生存工资标准最起码要保证工人及其家庭的生活水平高出官方规定的贫困线。但是，我们在这里会立即遇到一个问题，即美国的贫困线完全不足以用来衡量最低生活标准的门槛。

美国的官方贫困线有什么问题呢？美国的贫困线确定于 1963 年，即在约翰·F. 肯尼迪（John F. Kennedy）和林登·约翰逊（Lyndon Johnson）时代的早期。政府为了实施约翰逊提出的"向贫困宣战"的政策，确定了贫困线，把它作为衡量工人是否贫困的标准。政府如果开始"向贫困宣战"，那么当然需要对宣战的对象做个界定。当时普遍接受这样的界定方法：先选定一篮子可满足不同规模的家庭营养所需但相对单一的食物，然后用购买这一篮子食物的花费为依据来确定贫困线，政府称之为"基本食物计划（Economy Food Plan）"。[5] 该计划最初是由农业部根据其 1955 年对家庭食物消费的调查数据制订的。他们认为，该计划旨在满足"人们在资金不足时的临时性应急之用"（Peterkin 1964，12）。由此，贫困线就简单地被确定在购买"基本食物计划"中食物花销的 3 倍的水平上。之所以定为 3 倍，是因为这里假设穷人将 1/3 的收入用来购买食物。基本上说，美国从 1963 年至今，就存在着某些衡量贫困的方法。自 1963 年以来，以美元计算的贫困标准本身所发生的唯一的重大变化就是：随着生活成本的增加，贫困标准每年都有所提高。

用这种方法衡量贫困有什么问题呢？主要问题在于，没有把贫困家庭的其他花销考虑在内，而这些开销相对于食品成本一直在增长。这里指的其他开销包括交通费用、住房支出，尤其是抚养孩子的花销。克林顿政府制订了所谓的福利方案，这是导致孩子抚养成本增加的一个主要的政策原因。这个方案给予那些自己抚养孩子的单身母亲以现金补贴。在这里我不想讨论旧的福利方案的优点，但是取消该方案所造成的影响是不可否认的。支持取消这一方案的观点认为：那些母亲们应该去找一份有收入的工作来养活自己而不是靠政府接济。现在，如果那些母亲出来工作，那么就需要有其他人来照顾她们的孩子。于是这项新产生的照顾孩子的成本就成为贫困家庭的一项主要的额外支出。因为根据规定，我们应该照顾这些可怜的单亲家庭。

所以说，抚养孩子以及住房和交通等成本相对于食物支出来说已经在上涨，但却根本没有在官方贫困标准里体现出来。这个问题十分严重，乃至国家研究委员会委托了各路优秀的研究者来研究这个问题，以期制订出衡量贫困的替代方案。在此，我不想回顾该委员会做出的所有研究成果，但要做一个简单的总结。该委员会的报告（Citro and Michael 1995）列出了 8 项独立的研究，它们采用不同的方法来制定衡量贫困的其他方案。简单计算一下这 8 个替代方案的贫困标准的平均值，就会发现，这些方案的平均值比官方贫困标准高出 42%。也就是说，根据这项研究结果的平均值来看，实际的贫困线比官方贫困线大概要高出 40%。

在我们确定官方贫困标准的时候，另一个根本没有考虑到的因素就是生活成本的地区差异。在有关哈佛大学的教职工的例子中，我们需要考虑到波士顿地区的生活成本比全国平均水平高出 25% 这一事实。

所以，我们要综合考虑这两个数值：（1）实际贫困线要比官方的贫困线高出 40%；（2）波士顿的生活成本比全国平均值高出 25%。两者相加，这意味着波士顿地区实际的最低工资标准应该比官方贫困标准高出 65%。但为了稳妥起见，我们选择向下取舍，认为波士顿实际的贫困线要比联邦的贫困门槛高出 60% 左右。

那么这一点是如何体现到生存工资标准里的呢？我在图 2.3 中插入了一些相关数字。图 2.3 首先指出，马萨诸塞州截至 2005 年的最低工资为 6.75 美元，比当年 5.15 美元的联邦最低工资高出 31%。其次，该图又列出了在假定家庭中有一位成员全年都做全职工作（总共 2 080 小时）的情况下，让一个三口之家和一个四口之家维持高于波士顿地区贫困线（官方标准的 160%）所需的最低工资。正如我们所见，在 2005 年所需要的最低工资分别是 11.97 美元和 15.35 美元——这大概是马萨诸塞州最低工资 6.75 的两倍，更别提 5.15 美元的联邦最低工资了。

在图 2.3 中，最后一个柱形图显示的是 23.97 美元，是一个有代表性的数字，它是从一组研究生存工资运动的研究人员的成果中得到的。这些研究人员一直致力于所谓的基本预算研究，目的是确立维持一个家庭生活水准高

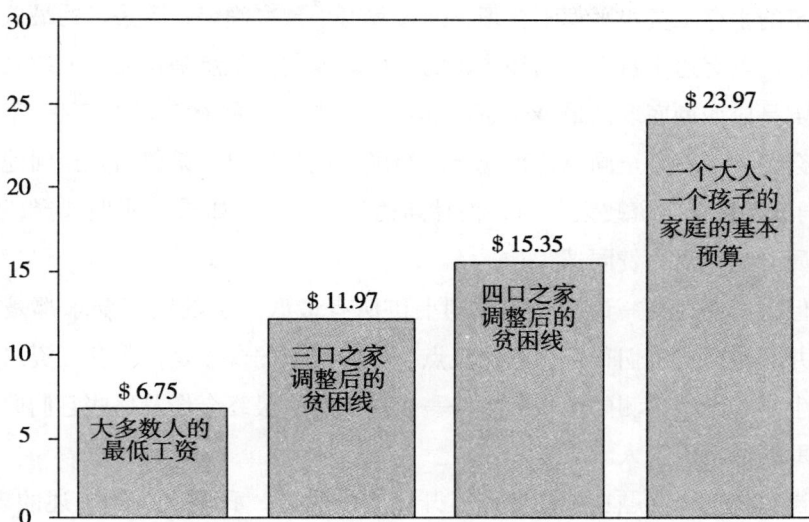

图2.3　2005年波士顿地区生存工资的其他标准（假设全年
全日制工作，工作时间为2 080小时）

资料来源　美国人口普查局，经济政策研究所（2005）的家庭基本预算计算器，详见 http：//www. epi. org/content. cfm/datazone_fambud_budget。

于贫困线但仍处于基本水平所需的工资水平。下面是经济政策研究所得出的适用于波士顿地区的最低工资水平，这个工资水平适用于由一个大人和一个孩子组成的家庭，大概为51 540美元。

那么适用于哈佛大学的雇员以及整个波士顿地区的生存工资是多少呢？我们无法像我们所做的计算那样给出精确的界定。但是，其合理的变化幅度应介于图2.3所示的工资水平之间，即12~24美元之间（以2005年的美元计算）。

2.2　意料之中和意料之外的结果

让我们回到与我和斯蒂芬妮·卢斯早期合著的那本书中提到的第二句格言相关的问题上来——生存工资是否真的有效呢？生存工资的反对者们在讨论这个问题时，通常不研究具体的生存工资水平应该是多少。他们认为，任何给定的生存工资水平都不合理，通过政府干预来确定一个法定的最低工资水平的观点有违于自由市场经济学的戒律。他们的观点是：无需上调最低工资，倒是应该彻底取消最低工资。实际上，艾伦·格林斯潘在2001年7月的国会证词中就完全同意这种观点。当国会议员伯尼·桑德斯直接问他是否"赞同废除最低工资政策"时，格林斯潘回答道："如果让我做选择，那么我的回答是，当然赞同。"[6]

但事实上，这一论断，即原则上讲所有最低工资的法定要求都是有害的，并非是反对者们普遍认同的观点。更为流行的观点是，生存工资法很容易产生一些无法预测的消极后果——生存工资法最终会伤及那些它们原本打算救助的低工资工人。

当我就这个问题在不同城市展开调查的时候，我屡次听到上述的观点。最认同这种观点的人通常是企业代表，例如商会代表。在刻意强调这些预料之外的后果的情景时，他们很少甚至从来没有提到这样的事实：企业能够给工人支付最低工资，这也许意味着他们所代表的企业其实能实现更高的利润。虽然我不承认这种明显的可能性，却经常听到这种无谓的争论。这些企业代表不去努力避免工资由于生存工资法的出台而上调（这可能符合其自身的利益）这一恶果，倒是反复强调最低工资将对工人不利。对于这种观点，生存工资支持者们的回应通常是："你们只不过是贪婪的资本家，我们都明白这一点，所以我们无法相信你们的任何主张。"

事实上，我一贯主张，不论反对生存工资法的人有多大的欺骗性，他们关于可能出现的意料之外的消极的言论依然是相当严肃的。的确，生存工资的支持者甚至应该比反对者自身更加重视反对派的观点。那么反对派的观点有哪些呢？一直以来，他们的观点基本包括以下三个方面：

第一个观点是，生存工资标准对工人不利是因为这些标准会减少就业机会。也许这些措施可以提高工资水平，但同样也会减少在低工资劳动力市场上可获得的工作的数量。即使劳动力市场上工作的总量没有减少，但由于雇主现在不得不支付更高的工资，他们依然可以选择雇用更具资质的工人并解雇现有的低工资工人。

第二个观点是，企业将会搬离生存工资标准较高的地方而选择去劳动力雇佣成本较低的地方。

第三种观点是，很多最终不得不支付生存工资的实体已经有效地利用了它们的资金。给工人支付生存工资可能不是发挥其资源最大化的途径。我们现在来考察一个投入了大笔财政预算来提高工人生存工资的城市。该城市的财政预算中有很大一部分已经计划用于扶贫。于是，该城市必须从扶贫预算中抽出资金来提高低工资工人的工资。而且，享受最低工资标准上调的低工资工人中有很大一部分是来自中等收入家庭的青少年，他们只是想买苹果公司的高级音乐播放器来享受罢了。

上述第三种观点有一些新的说法，值得一提。我还记得哈佛大学一位著名的经济学教授说过这样一段话，大意是：

我们当然知道，哈佛大学有 190 亿美元的捐赠款，我们完全有财力提高员工的工资。但是，人们向哈佛捐赠，不是为了供养这里的员工。他们捐款给哈佛是为了支持教育。比如，如果我们从预算中拿出 400 万美元来提高工资，这也许在预算中只占一小部分，更何况我们有那么大的捐赠额，但是，它毕竟是 400 万美元。如果将这些钱用做奖学金资助贫困学生或者用于同等重要的医疗研究等领域，那么 400 万美元就是一笔很大的金额。

以上就是反对派的三种观点。同样，即使这些反对者是出于私利或者愤世嫉俗的目的而做出的如此论断，我也认为其中的每一个观点都对生存工资的支持者们构成了重大的挑战。下面我们对它们依次加以分析和评价。

首先是减少就业机会。这种观点基于一个非常简单的理论前提：如果提高商品的价格，那么该商品的需求就将降低。这个观点很简单，即如果提高低工资工人的工资水平，那么对这些工人的雇佣需求就会减少。总会有人反复地重复申述这个观点。那么这种逻辑有问题吗？就其本身而言，这一逻辑没有什么问题，但实际上，这种观点有它自身的局限性。在教科书的惯例中，当然也包括在政策讨论中，有一个经常被忽视的重要细节，这就是"别无其他情形"，即"所有其他条件都相同"这个条件。也就是说，当其他因素保持不变时，这个理论前提是正确的。所以，当提高商品价格时，如果其他因素保持不变，那么对该商品的需求将减少。但事实是，事物总在发生变化——当提高生存工资或最低工资时，经济中的其他因素也随之发生了变化。同样，生存工资法本身也将引起经济发生变化，甚至那些从事与先前的工作相同的工人也会发生变化。

举个例子来说，最近一次提高联邦最低工资标准是在 1997 年，当时像以往一样，这些观点甚嚣尘上。但是，在实施新的最低工资标准后，1997年 10 月 27 日的《华尔街日报》有过这样的一篇报道，其标题是："毛毛雨：最低工资涨了，但对快餐连锁店的影响甚微"（Chicken Feed：Minimum Wage Goes Up But a Fast-Food Chain Notices Little Impact）。该报道说，"虽然1996—1997 年间的最低工资有所上调，但是我们却平安无事地度过了 1997年，这在很大程度上归功于经济的持续坚挺"，"据估计，有将近 1 000 万拿低工资的美国人享受到了加薪待遇，但身处当时繁荣时代的人们几乎没有注意到这一点"。（Wysocki 1997，A1）

因此，当我们将某些可能因最低工资变化而变化的其他因素考虑在内时，首先要考虑的是商业周期，即在上调最低工资标准时，经济是处于扩张阶段还是收缩阶段。如果处于扩张期，如 1997 年的美国经济一样，那么对产品的需求会很旺盛。在这种情况下，提高最低工资所导致的企业成本的变化相对较小，在企业的可控范围之内。一般来讲，由于市场对产品的需求很旺盛，企业可以消化掉这些成本。但在企业能够用更多的机器替换工人之前，若裁员的话，企业很有可能要缩减经营规模（至少短期内是如此）。但企业肯定不希望在产品需求很大的情况下再去缩减经营规模。实际上，商业周期对就业的影响不亚于最低工资变动所带来的影响。

这里读者可能已经注意到，我刚才提出了一个关键问题，但没有给出任何数据和解释，甚至都没有特别强调。这个问题就是，提高最低工资给企业带来的成本增加是"相对较小"的。我何以知道成本增加是"相对较小"的？如果我反过来说成本增加是"难以承受"，或者说"很大"，甚至都未曾提及成本增加是小还是大，那么我此前讨论中的其余部分显然发生了主旨上的变化。所以说，整个讨论是否成立事实上依赖于成本增加是"相对较小"的假设。

我之所以知道成本增加是相对较小的，是因为我和合著者们反复对这些成本增加进行了估算。我们假设这些成本增加源于全市或全州的各种最低工资标准，并使用到各种统计资源和估计技术。在各种情况下，我们都发现成本增加是相对较小的。这并不是说，不管生存工资标准有多高（比如 20 美元/小时～25 美元/小时），成本增加都相对较小。但在我们研究过的增长范围内（从新奥尔良和佛罗里达的 6.15 美元一直到加州圣莫尼卡的 10.75 美元），我们发现成本增加始终不大。

例如，在 2006 年我和珍妮特考察了一项提高亚利桑那州最低工资议案的影响。该议案建议把全州的最低工资标准从 5.15 美元的联邦标准提高到 6.75 美元，相当于亚利桑那州的最低工资标准上调 31%。该议案在 2006 年 11 月获得了 66% 的多数票支持，并在 2007 年通过立法。我们发现，对亚利桑那州的一般企业而言，假设该企业不裁员并保持现有业务规模，成本增加大约占其总销售收入的 0.06%。

当然，各行业的成本增加存在很大的差异，这取决于低工资工人在整个运营预算中占多大的比例。例如，在亚利桑那州（其他地方也一样），经营过程中几乎没有低工资工人的行业是金融保险业。当亚利桑那州的最低工资从 5.15 美元/小时提高到了 6.75 美元/小时的时候，该行业里的一般公司面临着占其总收入 0.02% 的成本增加。相比之下，快餐行业由于主要依靠低工资工人运营，它面临着最高的成本增加。但即使是快餐行业，我们估计其成本增加也仅会达到销售收入的 1.7%。对于这一成本增加最高的行业，它的成本增加依然在"相对较小"的范围之内。

大幅提高生存工资会出现什么情况呢？新墨西哥州圣菲的基本情况是这样的：全市的最低工资在 2004 年由 5.15 美元/小时提高到 8.50 美元/小时，上调幅度为 65%（圣菲市 2006 年又将其最低工资提高到了 9.5 美元）。在这种情况下，圣菲市的一般企业的成本增加是其销售收入的 1.1%，饭店的成本增加平均增长了 3.3%。

即使最低工资像圣菲市那样增长 65%，一般企业将要面临的成本增加也只占其收入的 1%，这怎么可能呢？有两个基本的因素：其一，对大部分企业（例如保险公司）来说，低工资工人在企业的整体经营（包括工人总数和非劳动力运营成本）中所占比例很低。其二，即使工人在生存工资新标准通过立法后应该享受加薪，但在该法颁布之时，大多数工人挣得的也不是最低工资。这样，按照该法，亚利桑那州一般工人的工资将提高到 6.75 美元/小时，他们原来的工资是 6.00 美元/小时，而不是 5.15 美元/小时。所以，这位工人实际的工资增长率是 13%，而非 31%。在 2004 年，圣菲的原本收入不足 8.50 美元/小时的一般工人现在的工资是 6.91 美元/小时，而非 5.15 美元/小时。所以说，平均增长率实际上是 23%，而非 65%。

现在回到我以前的观点。《华尔街日报》认为，1996—1997 年的最低工资增长简直就是"毛毛雨"，其原因在于，在商业周期中经济扩张期的影响远远超过了相对较小的成本增加所带来的作用（快餐业所面临的成本增加最大，也不过如此）——现在，我可以说为成本增加"相对较小"的说法找到了数据。

此外，商业周期的跌宕起伏性并非是唯一可以发生变化的其他因素。另两个可能随着最低工资上调而变动（哪怕是微小变动）的因素是：企业对客户索取的价格及企业的营运效率。其实，这里我们可以做出这种预期：恰恰是由于最低工资标准的提高而出现了价格的适度增长和/或生产率的提高。请注意，这些变化和商业周期的波动性不同，后者的发生与最低工资的变化不相关。

提高价格后的情况可想而知。以亚利桑那州的凤凰城为例，我们的研究结果是，一般的五金商店将不得不把产品价格提高 0.1 个百分点且假设购买其产品的客户人数保持不变，才能弥补最低工资上调至 6.75 美元后所带来的成本增加。也就是说，一把锤子的价格要由 10.00 美元升至 10.01 美元。有可能出现这样的情况是：购买锤子的人数不变，并且几乎没有人注意到价格的微小上涨。即使在麦当劳，巨无霸的价格也只需上涨 2%，就足以弥补由 6.75 美元的最低工资所带来的成本增加。在最低工资标准上调的情况下，如果巨无霸的价格从 3.00 美元涨至 3.06 美元，尤其所有其他快餐店也同样提高价格，巨无霸的销量会下降吗？有数据显示，客户的需求，尤其是那些诸如在饭店就餐之类的随意性的购买需求，不太可能受到如此小幅度价格上涨的影响。

在营运效率方面，有一点很关键：在实施新的生存工资标准后，即使雇用原有工人，企业实际上雇用的也算是一批新工人。并且，工人实际的工作成效与他们的薪酬相关。如果薪酬客观，他们会变成更好的工人，进而企业的生产率往往得到提高，这是极其重要的一点。

我们可以从非常技术性的角度来谈这个问题，但作为研究的一部分，我和同事们的早期工作只是直接向企业发问。我们知道，有些企业支付的薪酬比其竞争对手支付的高，所以我们对这些企业直接提出了"你们如何生存"的问题。

事实上，我们在洛杉矶做这项调查时，去了一家企业。这家企业正与一家支付最低工资的企业相竞争，其竞争对手是一家享受洛杉矶市提供的巨额补贴并支付很低工资的企业。我们约谈的这家企业的薪酬支付水平要比对手企业的高出 30%～40%。我们问这家支付高薪的公司是如何生存的。答案是，"提高工人士气是我们的生存之道"。具体而言，这意味着这家企业工人的流失率很低，而支付最低工资的那家企业，工人的流失率则非常高。支付高薪酬的企业几乎不存在缺勤的情况，因此有关管理、招聘和培训等方面的费用很低。所以，这是另一个在生存工资上调时发生变化的因素——"所有其他条件都相同"这个条件不成立。

我必须强调这一点，是因为在许多场合，已经有人指责我：在争辩设立生存工资标准不会导致就业损失时是在"否定需求定理"。我在此重申，我没有质疑"价格上升，需求下降"这个基本逻辑，但我想强调的是，这个逻辑成立的条件是"所有其他条件都相同"。这是一个根本性的问题。忽略这一点的人其实对需求定理理解得稀里糊涂。

同时，企业将迁出实施生存工资法的城市。当我在 1996 年首次涉足研究洛杉矶的生存工资议案时，洛杉矶市负责经济发展的副市长就是这样告诉我的。他为人老练，拥有宾夕法尼亚大学沃顿商学院的 MBA 学位。

他认为，如果洛杉矶通过了生存工资议案，所有产业都将迁出洛杉矶。当时的提案是将最低工资从 4.25 美元/小时的联邦标准提高到 7.75 美元/小时，并附加医疗福利，但这仅限于签订市政合约的企业工人。我不得不认真对待这位副市长的说法。当然，他的说法也得到了决策层、新闻界以及商界的高度重视。

为了得到可靠的统计数据，我和同事们费尽心思做了很多详细的计算。我们得出的答案是，对于一般企业而言，成本增加将占其经营总成本的 1% ~ 1.5%。成本的增加包含了企业按照生存工资标准所需承担的一切成本——包括法定工资增长和额外的非法定工资增长，即我们所谓的"波纹效应"。波纹效应说的是，如果把工资提高到 7.75 美元，那么现在能够挣得 7.76 美元 或 7.80 美元或 8 美元的工人会出现什么情况？他们的工资也会提高吗？波纹效应是假设他们的工资也会上升，只是涨幅比较小；但无法弄清他们的工资到底能增加多少，因为根据定义，他们的工资提高不是法定的。但是，我们兼顾到了这种波纹效应。我们对 1% ~ 1.5% 的平均成本增加的估计结果中囊括了所有的成本增加，其中包括波纹效应和额外的工资税。

基于以上结果，我们认为，大多数企业不会由于这么小的成本增加就对企业经营做出任何大的调整；相反，它们宁愿做出一些小的调整。事实上，在大多数情况下，尤其是当它们想通过竞标来赢得市政合约的时候，它们会自行吸收这些成本增加。私人企业很愿意通过竞标来争取与市政府签署市政合约，它们不会因为 15% 的成本增加而放弃赢得这些合约的机会。

在这一点上，我们是根据前瞻性研究做出的预测而得出的结论，已被后来的回顾性研究所证明；回顾性研究考察的是实际出现的情况，而不是我们认为有可能发生的情况。单个企业（更不用提所有行业）会因为这个生存工资标准而迁出洛杉矶吗？我们结论是，一般企业一定不会迁出。它们可能会试着把额外成本转嫁出去，但在竞争性的招标情况下，可能做不到。同样，这些都是有吸引力的合同。企业有可能更愿意承担成本增加 1%，而不是放弃市政合约。

请记住，这些成本增加发生在一个生产率平均每年以 2% ~ 3% 的幅度不断提高的经济体中。这就是说,在生产率不断提高的情况下,一般企业经过 4 ~ 6 个月就会消化掉一次性的 1% 的成本增加。换而言之,在半年左右的时间里,一般企业的生产率提升(所产生的收益)都流向了那些一辈子都没有涨过工资的低工资工人。

但是接下来的问题是,相当多的非一般企业怎么办?我们发现,在洛杉矶有 86% 的企业的成本增加低于 1%。但有些企业会有很大的成本增加,一路上升到将近 30%。这些企业不会消化掉 30% 的成本增加。我的观点很简单:这些企业的成本增加需要转移出去,转移的途径是通过向消费者索取更高的价格,或者是在市政合约中获得更优惠的条款,当然前提是当地市民重视这些企业的活动。

我曾多次讨论过这个问题,这里想谈谈我在纽约州罗切斯特市的经历。2000 年我在那儿做演讲的时候,来自纽约州罗切斯特市天主教家庭服务中心的工作人员和我进行了交谈。该中心主任提出了一个挑战性的问题,她说:"原则上我们都支持生存工资,但我们却支付不起,我们将不得不关闭我们的服务中心。给我一个能够摆脱这个困境的答案吧。"

我对她的第一反应是:"贵中心的工人流动率是多少?"她说:"60%。"所以我的回答是:"要做的事情是降低工人的流失率,从而节约你们的管理成本。"我并没有说过节省成本会完全弥补天主教家庭服务中心的工资上涨,这将达到总体经营预算的 20% ~ 30%。我只是说过这有望节省下来一大笔钱。

但她并没有就此打住,她接着问:"好的。但是,剩下的缺口怎么办?"我的回答是:"如果你签有市政合约,比方说你的总成本要上升 20%,那么如果罗切斯特的市民想要实施这一生存工资标准,他们就会为此付出代价。他们会通过增加税收来消化掉剩余的成本,就这么简单。"

在洛杉矶,我们发现,所有企业中仅有约 0.5% 的企业像罗切斯特市的天主教家庭服务中心那样要承担很大的成本增加,增幅在 20% ~ 30% 之间。但是,如果当地社会看重这些企业提供的服务,就像罗切斯特的市民看重天主教家庭服务中心为社区做出的贡献,那么成本增加中有很大一部分将不得不通过税收来解决。例如，在洛杉矶有一个名为"福利送餐（Meals on Wheels）"的项目，主要为无法外出的贫困老人送餐。在洛杉矶有人对我说："我们将不得不削减福利送餐服务。"我说："不，不必要这样做。如果洛杉矶人既需要送餐服务也需要生存工资，那么他们会为两者支付成本。这里没有什么两全其美的办法。"

所以，一般来说，企业做出的必要调整是很小的，但这些调整并非是一无是处的（而且没有什么好法子可以使得这些调整后带来的影响消失）。然而，如果把生存工资视为一项原则，就必须做出这些调整。我们稍微回顾一下1968年，当时联邦最低工资大致在9美元/小时左右，在这种经济形势下，在麦当劳工作的工人能挣到9美元/小时的最低工资。由于当时的经济实际运行得很好，因此，失业率仅为3.6%，生产率增长得也很快。

考虑到所有这些方面后，还有一个问题我实际上没有提到，即生存工资标准是如何影响工人本身的。我认为，我们可以假设工人挣得体面的工资始终对工人及其家人更有好处，所以没有必要在这一点上纠缠。不过，我想用一个故事来结束本章的讨论，故事是洛杉矶于1997年实施生存工资法之后发表在《洛杉矶时报》上的一段文字：

让学界、政界和劳工领袖们去辩论生存工资的定义吧！对机场清洁工乔斯·莫拉莱斯来说，生存工资意味着两个具体的东西：一张床和一辆车。在两年前，莫拉莱斯睡在康普顿的车库里的平底纸板箱里。每天天亮前，他迷迷糊糊地走到街角的汽车站坐车去洛杉矶国际机场上班，通勤时间长达两个小时。在那个街角，他两次遭劫。没有医疗保险的他认为自己特别幸运：每次都安然无恙。现在，莫拉莱斯夜间睡的是柔软的双人床，开车上下班，通勤时间缩减了一半，并且他可以睡到5点。他不再担忧黎明前的抢劫，如果他受到伤害，医疗费用将由保险支付。造成这种变化的原因是，1997年的生存工资法把洛杉矶清洁工和其他2 000名底层工人的工资提高了将近2美元/小时。现在，这位36岁的移民每天做8小时的清扫、除尘和倒垃圾的工作，就可挣到59美元，还享受医疗福利待遇。虽然这点钱还不够多，但与其原有工资相比，已经上涨了36%，达到了莫拉莱斯所谓的"合理工资"

（Salario Digno）的标准。在一间壁橱大小的房间里，这是莫拉莱斯和另外45 位 2 号候机楼的清洁工取拖把并换上海军蓝工作服的地方，他说道："大家都认为在机场工作，我们肯定赚了不少钱。其实不是这么回事，但现在，我们至少可以挣得生存工资，可以挺胸抬头做人了。"（Cleeland 1999）

第3章

关于最低工资法案的辩论

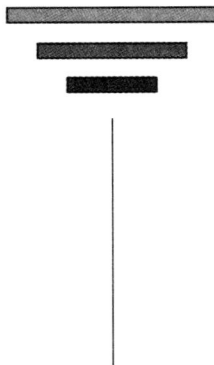

保罗·克鲁格曼　罗伯特·波林

本章第一部分是保罗·克鲁格曼对罗伯特·波林和斯蒂芬妮·卢斯于 1998 年 9 月合著的《生存工资：建立一个公平的经济体制》一书所作的评论，该书评发表于《华盛顿月刊》（*Washington Monthly*）1998 年 9 月期。[1] 接下来是罗伯特·波林的回应，其精简版发表于《华盛顿月刊》1998 年 11 月期。[2]

3.1 保罗·克鲁格曼的评论："道德经济学：生存工资运动的全部要义"

经济学的教科书一贯热衷于谈论价格体系的优点。在市场经济中，你不需要去命令人们节约使用或额外付出努力去制造某种稀缺商品：稀缺性自然会抬高其价格，纯粹自利性的假设会使余下的事情水到渠成。反之，你也不需要专门去说服他人来利用未得到充分利用的资源：丰富意味着廉价，自利性假设同样会再次发挥作用。

然而，市场机制存在一个问题：市场是绝对冷酷无情、无关道德的。在市场体系中，劳动只是一种商品；一个人应得的工资与他或她养家糊口或广泛融入社会所需要的开支毫无关系。一些保守派曾设法让自己相信，这不会带来任何道德困境，即任何工资水平都是公平的。同时，我们猜想，仍然存在一些执迷不悟的社会主义者，他们相信能够彻底废除市场对收入的决定权。但是，在经过以大萧条（它基本上终结了纯粹的市场信念）为标志的一个世纪之后，大多数人开始支持某种福利国家的体制：这个体制以市场为基础，但政府会从中干预，以避免收入分配出现极度的不平等。

但是，如何实现这种体制呢？经济学家的标准解答，也是美国这个福利国家运行的主要方式，它涉及"后市场（after-market）"干预：让市场裂开缝隙，随后利用累进税和再分配转移支付政策使最终结果更公平。然而，许多自由主义者一直觉得这个答案不令人满意。相反，他们希望提高"市场工资"，特别是通过支持劳资双方的集体谈判和实施最低工资标准的途径来实现。

在美国若干大城市中得到广泛支持的"生存工资"运动，是基于上述传统途径的一种变化形式。正如罗伯特·波林和斯蒂芬妮·卢斯合著的新书《生存工资》所描述的那样，实际上，它并不是通过传统的最低工资法，而是通过要求与当地政府有业务往来的企业执行最低工资标准来对工资设定一个下限。除了新出现的执行问题（我知道律师会向你解释有关为了合约工程而设立皮包公司，但其他业务则不受其监管），这基本上没有本质的差别：生存工资运动不过是一种通过地方行为来提高最低工资的措施。

那么提高最低工资会带来什么效应呢？任何一个初学经济学的学生都能给出答案：提高工资会降低劳动力的需求量，从而导致失业。然而，这种理论预测很难得到实际数据的证实。事实上，两位备受尊敬的劳动经济学家大卫·卡德（David Card）和艾伦·克鲁格（Alan Krueger）的研究发现，在进行过或多或少的受控实验的地方，例如，当新泽西州提高最低工资而宾夕法尼亚州没有这么做时，就业增加的效应可以忽略不计。到底是什么具体原因导致了这样的结果，引起了极大的争议。卡德和克鲁格提供了一些复杂的理论原理，但他们的大多数同事都没有被说服；中间派的观点是，实际上，最低工资"确实"减少了就业，但是影响甚微，并且被其他力量所抵销。

然而，值得注意的是，这个相当不确定的结果是如何被一些自由主义者当做一条基本原理来使用，并把大幅提高最低工资当做自由主义议程的一个核心的组成部分——为了证明生存工资"能够在逆转美国大多数工人在 25 年来所体验到的工资下降趋势方面发挥重大作用"（该书封底有此论述）。显然，这些倡导者们都愿意相信，劳动力的价格（不同于汽油或者曼哈顿的公寓的价格）能够基于公平的考虑而不是按供求因素去设定，不会带来令人不快的副作用。这种信仰意识在书中显而易见：作者不仅把卡德和克鲁格的结论当做真理，还提出了其他一些经不起推敲的论据。

例如，两位作者详细地解释道，因为在受最低工资议案影响的企业中，只有一小部分工人会受到影响，所以总成本仅仅会上升一个或两个百分点——从而其结果是，不但就业量不会有明显下降，而且额外的成本能够被利润吸收，而不会转移到价格中去。这后一种说法是一点也不符合逻辑的：我们从什么时候开始认为，成本的增加如果足够小就不会转嫁给消费者？并且认为因为受影响的工资仅占成本的一小部分，从而"受影响工人"的就业水平不会因此而受损。这些观点充其量只是毫无根据的推论。试想一下，如果一部新出台的地方法规要求超市以每加仑 25 美分的价格去销售牛奶，由此带来的收入损失在各家超市的总销售额中只占很小的比例——但是你真以为牛奶仍会像以前一样供应充足吗？

他们还认为存在这样的情况：企业由于支付了高于市场工资的报酬，从而以工人流动率降低和工作忠诚度提升的结果作为补偿；所以，提高最低工资标准也会产生类似的好处。显然，经济学家会回应说，如果支付高工资这么好，那么企业为什么不愿意主动提高工资呢？但无论怎么说，他们的观点都犯了一个基本错误：较低的工人流动率和高昂的士气并不是因为企业支付了高工资，而是支付了"相对于其他企业"来说较高的工资。这正是要求所有企业都提高最低工资的做法不会奏效的原因。书中出现这个疏忽是因为，这本书用了不少篇幅对地方政府试图通过投资刺激来创造就业岗位的做法进行了颇为深刻的批评，认为这些尝试大体上将以零和博弈的战况收场，两位作者怎么会没有注意到这一类似的情况呢？

尽管书中有诸多荒谬之处，但波林和卢斯却是勤勉而诚实的——其结果是，这本书所带来的教训和影响可能是他们当初没有想到的。其中最有趣的部分是他俩对生存工资议案假设中的家庭预算会产生哪些影响的估计——这些估计也许为我们搞清楚这一切提供了线索。

例如，考察"Y 计划"（内容无所谓）对一个假想的客户的影响，他目前的收入为每小时 5.43 美元。根据作者的估计，只要他或她保持全职工作，生存工资法将使其挣得的收入从 10 860 美元提高到 14 500 美元，并获得 2 500 美元的医疗保险（顺便说一下，这将使雇主的雇佣成本增加 57%；你必须充分相信卡特和克鲁格的理论，并且不担心会突然出现大规模失业）。他们的研究数据显示，这个家庭目前缴税不到 900 美元，但可以获得 9 700 美元左右的福利，诸如食品券、劳动所得收入的税收抵免之类的税收和补贴、医疗保险等。他们的计算结果还表明，从生存工资议案中获得的绝大部分收益将被这些其他的再分配政策中的收入削减所抵销。事实上，按要求提高的工资和福利中只有大约 1/5 体现在可支配收入中，其余部分作为福利削减被拿走了。

至少对于我来说，会产生这样一个明显的疑问：为什么要采取这种做法呢？为什么为了给工人一丁点额外收入就大幅提高雇主的用工成本呢？这样必然会带来非常大的风险：这些工人会在价格机制的作用下退出市场。为什么不把钱直接给他们呢（比如提高税收抵免额度）？

有一个答案与政治有关：从收入补助转向生存工资立法的目的是把收入再分配的成本转移到预算之外。如果你相信美国应该多为穷困的工人考虑，并且又不可能指望政府的预算内支出，那么这可能是一个很巧妙的转移。事实上，在那些赞成提高国家最低工资标准的经济学家中，盛行这样一个观点：他们向同事们承认这并不是帮助穷人的最佳方法，但认为这是政治上唯一可行的方案。

然而，我认为这里还存在着另一个更深层次的问题，那就是，即使没有政治上的限制，生存工资的倡导者们也不会对任何依靠后市场再分配手段的计划感到满意。他们不愿意人们"坐享"一份像样的收入，而是希望他们去"赚取"它，而不是卑贱地靠救济度日。事实上，波林和卢斯自豪地展示了他们的估计结果，即挣到而非救济的可支配收入份额的增加额。

简言之，生存工资本质上所关乎的并不是生活标准，甚至也不是经济学，而是道德。倡导者们本质上反对工资是一种市场价格，就像苹果或者煤的价格一样由供求关系决定的。正是由于这个原因，而非实践中的细节，打着生存工资旗号的更广泛的政治运动最终注定要失败，因为市场经济的非道德属性是市场经济本质的一部分，不可能通过立法来消除。

3.2 罗伯特·波林对克鲁格曼的回应

在保罗·克鲁格曼对我和斯蒂芬妮·卢斯的新书《生存工资：建立一个公平的经济体制》的书评（1998 年 9 月）中，他拒绝相信我们有关生存工资立法的论点，并指出书中有很多荒谬之处。在过去的 4 年中，已经有 20 多个城市通过各种形式制定生存工资法，另有大约 50 个城市目前也在立法考虑中。所以说，生存工资运动代表着广泛的社会底层对抗 25 年来最低工资标准下降所做出的努力。与 1968 年最高的 7.37 美元/小时（按 1997 年的美元计算）相比，目前 5.15 美元/小时的最低工资水平下降了 30%。但是，保罗·克鲁格曼声称我们的书包含"很多荒谬之处"，而且推而广之，说生存工资运动"注定失败"，原因是我们作者和广泛的生存工资运动都不能使经济正常运行。克鲁格曼的评论恰恰证明了与其本意相反的观点。如果我们认为克鲁格曼的辩驳代表了生存工资的反对者所能提出的最极端的情况，那么生存工资的支持者们就有理由相信：即使有时候得不到政治力量的支持，但经济逻辑是站在自己这一边的。

市政府的预算必然会承担因生存工资法上涨的工资和福利所产生的全部费用吗？

我们的研究表明，大多数与政府签有合约的企业要接受生存工资法令的管辖，如果遵守生存工资法，其总成本就将出现微不足道的上升（大约是一个百分点）。因而我们判断大多数受影响的企业会通过获得更高额的合约的途径来轻而易举地自行消化掉这笔数额不大的成本，而不是将其转嫁给政府预算。这一点很关键，因为它意味着：假设洛杉矶的工人每年的工资总共增加 5 000 万美元，而政府预算只需要增加该总额的一小部分。

但是，克鲁格曼称此为"一流的如意算盘"，指出企业总是将增加的成本（即使不大）转嫁给客户。当然，企业总是试图转嫁这些成本，但能否转嫁成功将取决于它们所处的竞争环境。当企业为争取市政合约而竞标时，市政府不必以商业标准来选择，而是会看其是否能支付得起工人的基本工资。企业要么消化1%的成本增加来赢得市政合约，要么把合约拱手让给竞争对手。值得注意的是，在巴尔的摩和洛杉矶，相关的研究表明，生存工资法令的通过并没有对其后的合约招标方式产生重大影响。

生存工资法会像所有最低工资法一样导致低工资者失业吗？

克鲁格曼反复谈到他所谓的标准的经济学入门学生会有的观点：当提高任何东西的价格（比如低工资的劳动力）时，需求必然会下降（企业会减少低工资工人的雇佣数量）。但是就连克鲁格曼也承认，如果只是作为一个假设，只有当"所有其他条件保持不变"时，这个规律才会成立。事实上，在现实生活中，所有其他条件很少保持不变。对本地区所生产出的商品和服务的需求会出现波动，这种波动是影响工作岗位的一个重要因素，其影响会超过一部城市生存工资法律所带来的任何影响。正如我们在这本书中所说的，当商品和服务的需求强劲时，不论城市是否实施了生存工资法，低工资者的失业率都会很低。同样，当产品需求像在经济衰退期间那样下降时，不论城市是否通过了生存工资法，工作岗位都会减少。

但是，在工作的总体需求保持稳定的条件下，如果企业决定雇用有能力的高工资者来代替现有的低工资工人，会出现什么情况呢？即使在这种

"最坏的情况"下，工作机会也没有减少，因为这些下岗工人依然能够填补那些赚取生存工资的人留下的工作机会。这种情形适用于我们正研究的生存工资法律，这些法律无论好坏，也只能影响到极小比率的低工资工作。例如，在洛杉矶地区，生存工资法最多可以提高 7 ~ 10 000 名工人的工资，但仍有 240 万工人的工资低于 7.25 美元的最低生存工资。

因为所有企业都要支付生存工资，所以它们感觉不到生存工资会提升工人士气，提高生产率。

克鲁格曼在这方面与我们存在分歧，但他的推理是混乱的。首先，克鲁格曼忽略了上面提到的一个事实：现在已经成文的生存工资法仅仅影响到一小部分的企业。这些企业里的工人将真正享受到特权待遇。因此，按照克鲁格曼的逻辑，这些工人获得的工资增长可以通过降低工人流动率和缺勤率来激励工人，从而提高生产率。

但是，这里有一个更基本的问题。克鲁格曼声称，只有工人觉得自己的工资待遇比其他企业的工人待遇更好时，才会表现得积极。这里面或许有对的成分，但条件仅限于人们都像克鲁格曼一样，接受关于工作激励因素的狭窄的以自我为中心的观念。工人会根据自己的主张对真正的尊重和团结一致、相互帮助的行为（比如支付像样的工资和福利并维持良好的工作环境）做出积极的反应吗？或者，只要工人感觉到从事其他工作的工人也享受到和自己一样好的待遇时，就会对上述行为置之不理吗？直到目前为止，相关研究也不能给出一个确切的答案。所以，克鲁格曼充其量不过是在妄下结论，尤其是考虑到这一点：在任何情况下，挣生存工资的工人比在其他企业工作的工人的待遇相对要好。

为什么不让市场出现裂缝，从而出现收入差异，然后通过政府转移支付来消除收入差异呢？

在提出这个观点的过程中，克鲁格曼没有考虑到我们做出的工人因工作挣到的 1 美元收入和因政府扶贫而得到的 1 美元之间的区别。从美国关于福利政策的长期争论中可以清楚地看出，如果有选择的机会，绝大多数人更愿意通过工作挣得一份像样的收入，而不愿意接受政府的转移支付。但是克鲁格曼否认了人们的这种倾向，因为在他看来，当生存工资成为法定要求的时候，市场没有足够的力量产生裂缝。但是，通过对市场赢家征税来进行转移支付，从而弥补市场输家来扭曲市场结果。克鲁格曼未曾解释为什么说通过政府转移支付来干预市场的做法总体上比让人们挣得生存工资更加公平、更有效率。在这种情况下，我们必须试想，在没有最低生存工资标准的情况下，政府对穷人进行转移支付是如何有利于企业的发展。政府之所以进行转移支付，是因为它们允许企业支付低于贫困线的工资，但同时，把可以化解那些（即使拥有全职工人的）家庭困难的成本转移给了公众。

克鲁格曼总结说："市场经济的非道德性属于市场经济本质的一部分，不可能通过立法来改变。"

自亚当·斯密以来的经济学家已经认识到，市场经济体（由贪婪和竞争所主导的）能够在很长一段时期里持续存在，前提条件是必须有社会制度的支持，这种社会制度也支持着人类对团结与互惠的共同倾向（今天的俄罗斯就是一个离开了制度支持的市场经济运行状况的典型例子）。如果我们在此认真对待克鲁格曼的逻辑，那就意味着不仅要废除城市的生存工资法令，而且要取缔有关最低工资、童工、甚至奴隶劳工等法律。这些法律如果不是一系列通过立法来消除市场固有的非道德属性的尝试（其实这些尝试到目前为止很成功），那又是什么？的确，克鲁格曼的逻辑依然是对那些非道德的市场环境中的输家提供了政府转移支付。可以这样理解，打个比方说，即使奴隶不能从奴隶主那里得到食物，也可以通过政府的食品券来维持生存。

当全国最低工资在1968年达到最高的7.37美元时，最低工资制度已经成为帮助全职工人且努力养家的人们摆脱贫困的合理的有效手段。不幸的是，经过过去的那一代人的努力，尽管现在的生产率比1968年提高了50%，但美国已经放弃了这个成就，甚至像克鲁格曼这样的经济学家也如此轻率地援引"经济规律"来证明这种急剧倒退是合情合理的。

第二部分

生存工资法对企业的影响

生存工资法以及相关的最低工资倡议确实能使它们的目标帮助对象受益吗？这个问题的答案并不是那么显而易见的。由于生存工资的思想总能引发强烈的道德共鸣，所以许多人觉得这个问题很奇怪，甚至令人费解。答案不太明显的主要原因在于，我们必须首先弄清企业对于这些法律强加于它们的劳动力成本的增加会做出何种反应，然后才能针对工人从工资上涨中的获益情况发表一些看法。

正如第 1 章所述，这个问题可归结为：企业是否会对成本的增加做出如下回应——解雇工人，减少未来的雇佣数量，并以更具资质的工人替换现有的低工资劳动力，甚至从实施生存工资法的地区搬迁出去。生存工资法的反对者始终认为这恰恰是企业将要做出的反应。如果说反对者们是对的，那就意味着，不管生存工资支持者的本意有多好，生存工资标准都将无法使低工资工人及其家庭（这些标准的目标受益人）获益。

反对者观点背后的逻辑很简单。生存工资法确实会使企业的成本增加，企业当然需要对生存工资法所造成的经济新形势做出回应。然而，反对者普遍没有考虑到：企业是否选择解雇工人或者搬迁取决于它们将要面临的成本增加的幅度，以及鉴于成本增加，企业还可以合理采取哪些其他方案来消化所增加的成本。

考虑到这些问题的核心，我们研究的出发点始终是尽可能仔细地估计出生存工资法强加于企业的增加成本。一旦我们明确了增加的成本可能有多大，接着就是考虑企业对于即将承担的新增成本可能会做出何种反应。解雇和搬迁对企业来说确实是两种可能性比较大的选择，但是也许还有花费更低且难度更小的调整途径。其他的选择包括：稍微提高价格来弥补新增成本；同样小幅度地提高产量；接受利润小幅缩减的事实。

我们已经开展了很多项独立的研究来对生存工资法导致企业的成本增加进行了估计，本部分列出了其中的两个。以这些估计结果为基础，就可以对企业可能会如何应对这些举措进行比较准确的判断。第 4 章来自 1999 年我们对新奥尔良市的最低工资议案所做的研究。第 5 章侧重研究的是圣菲市2004 年实施生存工资法的情况。本部分还列举了提高生存工资会给企业带来哪些好处，其中包括那些由于贫困社区居民在工资增加后购买力大增而带来的好处。首先，我们在第 4 章对新奥尔良市展开这个话题的探讨，然后在第 6 章再进行更全面的研究，进一步考察提高最低工资给整个亚利桑那州注入消费活力的问题。

在新奥尔良和圣菲的研究中有许多重要的异同点，从两项提案的发起史和我们围绕这些举措所展开的研究工作两个角度来分析，它们构成了本部分的核心。

首先，这两项提案的宗旨都是为了设定适用于整个城市并且高于联邦最低工资的工资底限。换而言之，它们是两个早期的地区性标准，不同于那些只是针对签署有市政合约的企业的法律（它们的覆盖面要狭窄得多）。

两项提案都得到了强大的民意支持，新奥尔良提案在 2002 年 2 月得到了 63% 的支持率，圣菲市议会在 2003 年 2 月 27 日的通宵听证会后获得了 87.5%（7/8）的支持率。在这两项提案通过后，它们都遭到了反对者的强烈反对而被付诸法庭。在这两起案件审理过程中，当在初审阶段考察这些问题的时候，我都担任了有关生存工资法令的经济问题的专家证人。在这两起案件中，我的口头证词都是基于我们的书面研究成果；接下来的两章就是从中节选出来的，我和斯蒂芬妮·卢斯、马克·布伦纳所做的研究针对的是新奥尔良案，和马克·布伦纳所做的研究针对的是圣菲案。

这两项提案有什么不同？首先，新奥尔良市的法律相对来说显得温和一点，它提议全市最低工资提高 19%，即达到 6.15 美元/小时。这个数字此后将自动做出调整，以维持比联邦政府最低工资高出 1 美元的水平（在该标准被提出的 1999 年，联邦最低工资是 5.15 美元/小时，2007 年 7 月之前一直维持在这个水平）。而圣菲市的提案是从 2004 年开始在联邦最低工资的基础上先增加 65%，即达到 8.50 美元/小时，并规定随后几年逐渐增加，如 2006 年达到 9.50 美元/小时，2008 年达到 10.50 美元/小时。当然，必须在市议会对先前的法定工资增长对本市劳动力市场的影响进行审查后，这一系列标准才能实施。

从这两项提案的发起史来看，最重要的差异在于，它们各自所产生的最终结果不一样。新奥尔良提案于 2002 年 3 月得到了区级法院的法官罗斯玛丽·莱德（Rosemary Leder）的支持，随后它在当年 9 月被路易斯安那州的最高法院驳回。在对新奥尔良市是否该确立高于联邦政府或州政府最低工资的工资水平这个问题上，路易斯安那州最高法院判决认为，路易斯安那州立法机关的决定权既非新奥尔良市的选民机构又非其他的法人实体所拥有。作为终局性的法律权威，路易斯安那州立法机关以压倒性的多数票反对新奥尔良的新工资方案，坚称 5.15 美元/小时的联邦最低工资水平对那些低收入群体及其家人来说已经足够了。

而在圣菲市，在由区法院的丹尼尔·桑切斯（Daniel Sanchez）法官于 2004 年 6 月做出的判决中，以及在新墨西哥上诉法院 2005 年 11 月做出的判决中，其提案均获得了支持。在 2004 年 6 月区法院宣判后，这项提案立即以法律的形式确定下来。最低工资第一步提升就达到了 8.50 美元/小时，并在以后按照计划实施了第二步，于 2006 年 1 月达到 9.50 美元/小时。这些标准是在新墨西哥大学的商务与经济研究中心完成了相关研究后实施的。这项研究还发现，执行 8.50 美元/小时的最低工资标准对圣菲市的劳动力市场并没有不利的影响。

新墨西哥大学的研究人员得出的结论并没有得到人们的普遍认可。特别是，肯塔基州立大学的研究员艾伦·耶洛利斯（Aaron Yelowless）在一篇由就业政策研究所 2005 年发表的论文中发现，对于城市受教育程度最低的工人而言，在执行 8.50 美元/小时的最低工资标准后的第一年里，失业率大幅上升。第 13 章将详细回顾相关数据以及耶洛利斯的经济计量模型。

不过，就业方面的基本数据是直观的。在 2004 年 6 月到 2005 年 7 月的 14 个月内，圣菲市实行了 8.50 美元/小时的最低工资标准，其总体就业水平上升了 2%。即使圣菲市是新墨西哥州唯一一座实行最低工资标准高于 5.15 美元/小时的联邦最低工资标准的城市，这一增长率恰好等于整个新墨西哥州的就业增长率。在圣菲市的休闲和酒店娱乐业方面——尤其是餐饮业和旅馆住宿业，这两大产业受 8.50 美元/小时的最低工资标准的影响最严重，就业率增长得更为显著，达到 3.2%。如此高就业率的增长速度超过了圣菲市其他产业领域和新墨西哥州整体的增长速度，当然，这也是事实。正是在这 14 个月内，圣菲市的餐饮业和旅馆住宿业为了适应 8.50 美元/小时的最低工资标准而率先做出了一系列的调整。

在我们对以上两项提案的研究中，我们使用了两种有着重大区别的方法来估算企业将要面临的成本负担。在对新奥尔良的研究中，在斯蒂芬妮·卢斯的带领下，我们对当地企业进行了广泛的调查，并从中得出了研究结果。在这次调查中，一共有 444 家新奥尔良的企业做出了回应，这些企业的职工总数是 68 751 人，占全市总劳动人口的 23.4%。从这次调查中的各企业的反馈来看，最低工资标准导致新奥尔良的一般企业的运营成本整体上提高了 0.9%。这个数字当中包括法定工资的增加、波纹效应、工资税的增加等。一如既往，在所有行业中成本上升幅度最大的是餐饮业和旅馆住宿业。根据调查数据，我们估计，相对于运营总预算来说，新奥尔良的餐饮业和旅馆住宿业的成本分别上升了 2.2% 和 1.7%，这些结论将在第 4 章中详细介绍。

而在圣菲的案例中，我们无法进行商业调查，仅是依靠公开的财务数据来进行可资比较的成本估算。估算结果发现，该市的有代表性的（中间）企业的总成本增加额为其销售额的 1.0%，而餐饮业及酒店业的成本增加额与销售总额之比为 3.3%。

简言之，在比较新奥尔良和圣菲的这两项研究中，我们在非常有力的数据的基础上得出了相同的研究结果：由于这两座城市实施了新的最低工资标准，由此引起的成本增加会给企业带来多重的负担。虽然这两个城市各有特点，而且它们最低工资标准提案也存在差异，同时（对这两个地区的调查）我们使用了不同的调查方法，但是，我们却得到了相似的研究结果。总体上看，我们对这两个城市使用的是不同的成本估算方法，但结果却如此一致，这个事实有力地证明了这个结论：我们的经验研究结果是在可靠的估算方法的基础上得到的。

正如第 5 章所讨论的，在对圣菲市进行研究的过程中，我们的研究方法和结果得到了进一步的有力支持。我们利用（圣菲案中的）公开的数据得出这样的结论：餐饮及酒店业的成本增加占其总销售额的 3.3% 以内，这是与我们的研究结果有关的最重要的数据。在研究圣菲案的过程中，我们得到了 4 家饭店的实际工资和销售额的数据，而这 4 家饭店是起诉圣菲案中的原告。在第 5 章中，根据这些原告自身的数据，我们推断出 8.50 美元的最低工资标准所导致的成本增加的平均幅度占这几家企业销售额的 2.9%。也就是说，我们根据圣菲市可公开获得的全行业数据估算出来的平均成本增加额与销售额之间的比率为 3.3%，这与我们根据那 4 家被告自己的商业记录所获得的平均数据相比，误差不超过 0.4 个百分点。

必须提到最后一个与新奥尔良案有关的问题。2005 年 9 月，卡特里娜飓风袭击了新奥尔良，随后当地的贫民又遭受了一场灾难。我们想要提出的问题是这样的：倘若当初不顾路易斯安那州立法机构和最高法院的反对，而顺应绝大多数当地选民的意愿，通过立法把新奥尔良的最低工资标准定在了 6.15 美元，那么卡特里娜飓风对当地贫民带来的破坏性会不会小一些呢？在全面研究新奥尔良的最低工资标准后，我们估计当地低工资工人及其家庭的纯收入（考虑到诸如食品券和劳动所得收入的税收抵免之类的税收和补贴的变化后的收入）每年本应该增加 4%。对于自己有工作且带一个孩子的单亲母亲来说，这意味着纯收入从 13 300 美元左右增加到 13 900 美元，即大概增加了 600 美元。这笔额外增加的 600 美元可以让这位单亲母亲轻松买下一辆不错的二手车，也可以让这个单亲家庭购买从新奥尔良到巴吞鲁日的车票（在巴吞鲁日不会遭到卡特丽娜飓风的袭击），或者可以让他们在飓风袭击之后在巴吞鲁日的一家中等酒店里住上几周。[1] 但是，由于路易斯安那州最高法院违背新奥尔良绝大多数市民的意愿而否决了这项提案，该市的贫困家庭当然没有机会把这些选择变成现实。

第 *4* 章

新奥尔良市的最低工资标准：
6.15 美元的最低工资标准对企业意味着什么

罗伯特·波林　马克·布伦纳　斯蒂芬妮·卢斯

2002 年 2 月，在路易斯安那州的新奥尔良市，市民就提高最低工资的倡议进行了投票，约 63% 的多数选票同意全市的最低工资在联邦最低工资的基础上提高 1 美元。该提案意味着，除法律上明确规定不享受最低工资待遇的工作以外，新奥尔良市的所有工人的小时工资将不得低于 6.15 美元，这比当前 5.15 美元/小时的全国最低工资高出 19.4% 。这部新奥尔良的法律还意味着，当联邦政府每次提高联邦最低工资时，新奥尔良市工人的最低工资都将在联邦最低工资的基础上再上调 1 美元。

具体而言，新奥尔良的这项提案是全市标准和全州标准的混合体。这是因为，它虽然是一条市政法令，但与全州范围内的各项标准相对应，它涵盖市区内所有工人，而不是仅仅涉及那些签署有市政合约的企业的工人。该提案主要的预期后果是显而易见的：提高新奥尔良市内处于贫困或接近贫困的家庭的生活水平，并且提高比例要尽可能地超出贫困家庭总数量的40%。不过，这项提案最多只可能惠及该地区1/2的低收入家庭，因为在低收入家庭中，只有1/2的家庭有成员参加工作。

在我们调查期间，新奥尔良有些人确实有工作且工资不足6.15美元/小时，这些人的平均工资为5.50美元/小时。这意味着，这些工人平均每小时的工资将被提高65美分。如果以新奥尔良市低工资工人每年平均大约工作1 700个小时来计算，这相当于每年增长1 100美元左右。对于新奥尔良的贫困家庭（有家庭成员参加工作）来说，每年1 100美元的涨幅虽然不能产生太大的作用，但仍然有助于大大改善他们的生活水平。我们估计，这类家庭的税前收入将增加12%左右。在对税收以及领取食品券和享受劳动所得税收抵免资格等方面的调整后，贫困家庭的净收益将提高3%~4.5%。

但是，要计算这项提案可能带来的利益有一个关键的前提：在最低工资法令施行以后，在新奥尔良市从事低工资工作的工人将保留相同的工作。不然，经济学家们早已认识到对最低工资的法定要求和类似的劳动力市场干预都能产生意想不到的负面后果。最低工资提案得到的最广泛的认可且最具争议的负面后果是低工资工人失业的问题。但是，就市政法令而言，如新奥尔良市的提案，一个同样严重的意想不到的潜在后果是企业为了回避提高最低工资的法定要求而被迫迁出城外。

新奥尔良提案的这些意想不到的负面后果将有多么严重？作为一个简单的会计问题，可以很明显地看出，面对市政府提高最低工资的提案，企业裁员或搬迁出城并不是新奥尔良市企业可能做出的唯一回应。根据成本结构和生产过程的不同，企业也可以通过以下3个途径来应对成本的增加：（1）提高价格；（2）提高生产率；（3）通过压缩工资或者削减股份的方式在企业内进行收入再分配。这三个调整机制有这样一个共同的优点：与裁员或搬迁相比，在合理范围内进行小幅调整，便于企业更快地执行这些方案，且成本更低。[1] 除了上述各种调整机制以外，新奥尔良市的一些企业也有可能受益于支出乘数，因为提高最低工资的法令导致低工资工人及其家庭的收入提高了 3% ~4.5%。

本书力图确定新奥尔良提案最有可能带来的影响。本研究的基础是我们在 1999 年对新奥尔良市企业所做的一项全面调查，这项调查涉及就业水平、劳动力成本以及总经营预算。截至 1999 年，新奥尔良大约总共有 12 700 个商业企业，在 1999 年 1 月至 3 月这段调查期间，大约雇用了 29.333 万名工人。在调查中，我们得到了 444 家企业的全面回应，这些企业总共雇用了 68 751 名工人，雇佣人员占新奥尔良劳动力总数的 23.4%。借助标准的统计方法，我们根据这些反馈对整个城市做了估算。有关调查方法、数据来源和计算情况等细节可参见 Pollin，Brenner and Luce（2002，附录 1）。

本章将展示对新奥尔良企业进行调查的主要结果。并且利用这些结果和其他数据资源来考察企业有多大可能采取以下 5 种可能的回应中的某种组合来消化这些成本——提高价格、提高生产率、企业内收入再分配、裁员及搬迁。最后，考察最低工资标准可能产生多大的支出乘数。

4.1 对受生存工资法管辖的工人和企业的估计

4.1.1 法定效应

新奥尔良市的工人总数为 293 330 人，我们估计其中有 77 175 人（占总劳动力的 26.3%）的工资低于 6.15 美元/小时。然而，在调查期间，由于被豁免或违法，有 19 008 人其工资低于 5.15 美元/小时的全国最低工资水平。我们假设这些工人享受不到更高的全市最低工资待遇。[2] 另外，我们估计新奥尔良的 11 117 名公共部门的工人目前的小时工资在 5.15 ~6.14 美元之间，达到该市处于同一工资等级的劳动者人数的 20%。当前形式的最低工资提案将不会覆盖到这些工人，这显然大大限制了这部法律的适用范围。但是，新奥尔良提案将覆盖到那些以小费作为部分收入的工人。目前，针对每月至少有 30 美元小费收入的人群，联邦最低工资标准为 2.13 美元；新奥尔良提案将这一标准提高到 3.08 美元。这样一来，不算公共部门的工人，包括新奥尔良的劳动力市场上，在最低工资法令管辖范围内的那些有小费收入但小时工资低于 3.08 美元的工人，我们估计的结果是最低工资法的覆盖对象大约有 47 050 名工人。

表 4.1 给出了最低工资法覆盖的企业和工人的数量，以及我们对最低工资提案导致的劳动力成本的增加进行的估计。从表 4.1 可知，在该法覆盖范围内的 47 050 名工人中，有 25 477 人（占 54.1%）是全职工人，20 341 人（占 43.2%）是兼职工人，还有 1 232 人（占 2.6%）是小时工资在 2.13 ~ 3.08 美元之间且有小费收入的工人。

一方面，对于小时工资水平在 5.15 ~ 6.14 美元之间的工人，目前的平均小时工资为 5.50 美元，因此平均小时工资将提高 65 美分。平均而言，这些工人不是全职工人，他们每周工作 32.7 小时。假设这些工人每年的工作时间是 50 周，[3] 那么他们每年的工资将增加 1 063 美元。另一方面，对于有小费收入的工人，目前平均工资为 2.39 美元/小时，所以平均工资将提高 69 美分。这些人平均每周工作 23.3 小时。如果再假设他们每年工作 50 周，他们每年的工资将提高 804 美元。通过把这些数字加总，我们可以得出结论，最低工资法将导致工资总共提高了 4 970 万美元。此外，受管辖企业还须支付的薪金税额占这一工资增加额的 7.65%，即 440 万美元。这样算来，所有 12 682 家企业的强制成本为 5 350 万美元，即每家企业要承担 4 218 美元。

4.1.2　波纹效应

波纹效应（Ripple Effects）指的是雇主给雇员涨工资的幅度超过法定要求的现象。雇主选择这种具有波纹效应的工资增长幅度，是为了在享受法定工资增长的最低工资工人和工资高于最低工资标准的工人之间维持一定的薪酬等级。就新奥尔良提案而言，有以下 4 类人可能享受到这种波纹效应的工资增长：（1）在这部法令通过之前，小时工资在 5.15 ~ 6.15 美元之间且

表 4.1　　在最低工资调至 6.15 美元/小时后，新奥尔良企业的

工资上涨和成本增加的情况

受管辖的企业总数	12 682
受管辖的工人人数	
全日制工人	25 477
兼职工人	20 341
有小费收入的工人	1 232
工人总数	47 050
法定的工资上涨	
只有工资收入的工人	
在法令颁布之前的平均小时工资	5.50 美元
平均年工资的增额	1 063 美元
（65 美分/小时（工资增额）× 32.7 小时/周 × 50 周/年）	
有小费收入的工人	
在法令颁布之前的平均小时工资	2.39 美元
平均年工资的增额	804 美元
（69 美分/小时（工资增额）× 23.3 小时/周 × 50 周/年）	
法定的工资上涨总额（包括 7.65% 的工薪税）	5 350 万美元
波纹效应的工资增加	
接受波纹效应的工资增加的工人总数	27 314
波纹效应导致成本增加的总额	1 790 万美元
法定的工资上涨与波纹效应导致成本增加的总额	7 140 万美元
成本增加占营业预算的比例	
法定工资增额占运营预算的百分比	0.7%
总成本占运营预算的百分比	0.9%

资料来源　PERI New Orleans Employment and Wages Survey（1999），Current Population Survey Outgoing Rotation Group 1997 files，Bureau of Labor Statistics，U. S. Department of Labor（1999 年 PERI 新奥尔良就业及薪酬调查，当前外出流动群体人口调查 1997 年档案，美国劳工部劳动统计局）。

工资增长后将超过6.15美元的工人；（2）小时工资超过6.15美元但如果最低工资政策变成法律时也享受涨工资待遇的工人；（3）小时工资在2.13~3.08美元之间，涨工资后超过3.08美元的有小费收入的工人；（4）小时工资在3.08~5.15美元之间的有小费收入的工人。在对提高联邦最低工资和州最低工资所带来的波纹效应的最近研究中，我们一致发现这些效应相对很弱。例如，我们考察了加利福尼亚州，在1996—1998年期间，该州提高了州和联邦两个级别的最低工资标准，从4.25美元提高到5.75美元，全州最低工资涨幅为35%（Pollin and Brenner 2000）。我们还发现，到1998年9月，1995年10月的小时工资在4.25~4.99美元之间的工人的名义工资增长了51%。对1995年10月小时工资在5~5.75美元的工人来说，到1998年9月，其工资增长幅度比那些最低工资工人的要低25%。对1995年9月小时工资在5.75~7.24美元之间的工人来说，其工资增长幅度大概是那些最低工资工人的1/3。这些研究结果与对加州（Reich and Hall 2000）同样的研究或对其他州（卡德和克鲁格1995年有过总结）的类似研究的结果是一致的。

由于波纹效应的工资增长不是强制性的，所以从本质上说，对这种效应的强度所进行的任何估计都比我们针对6.15美元的法定增长目标已经计算出的数字更具有猜测成分。然而，我们在文献中描述了波纹效应的基本模式，为大致估计效应的强度提供了指导。我们进行这种大致估计的方法是，为那些目前赚取小费的工人构建起（滑动的）比例尺度，使其工资递增到7.14美元/小时（即在新奥尔良法定提高的基础上1美元1美元地增加）。在目前的5.15~5.64美元/小时的最低工资范围内，这个尺度从50美分开始。平均而言，对于那些在1999年小时工资为5.33美元的工人来说，把他们的工资全部提高到6.15美元的最低工资水平将意味着平均提高率变为16%。

对那些只拿最低工资的工人，这里我们以16%的提高比例为基准，我们可以对其他三个工资类别的工人的工资增长比例进行假设。假定目前小时工资在5.65~6.14美元之间的工人工资的增长比例是8%；在6.15~6.64

美元之间的是 4%；最后，在 6.65～7.14 美元之间的是 2%。如表 4.1 所示，这些效应将覆盖到 27 314 名工人，占接受法定涨薪的 47 050 名工人的 58%。我们计算出这一连串的波纹效应中劳动力成本的增加额将达到 1 790 万美元，其中包括对增加的 1 660 万美元的工资征收的 7.65% 的工资税。

4.1.3　最低工资成本在企业运营总成本中的比例

如表 4.1 所示，把法定的和波纹效应的成本加总起来，我们估计的总成本达到 7 140 万美元，即共有 12 682 家企业，平均每家要承担 5 630 美元。相对于这些企业的经营总成本来说，最低工资的总成本数字更有针对性。正如我们在表 4.1 中给出的报告，平均而言，最低工资法法定的直接成本将占到受管辖企业经营成本的 0.7%。如果加上我们对波纹效应工资增长的估计额，将使最低工资法的平均总成本占到企业经营成本的 0.9%。[4]

要评价最低工资法对新奥尔良企业的影响，这个总成本比率是至关重要的第一基准。但是很显然，我们需要研究的不仅仅是对成本的平均影响，更要研究对不同类型企业的成本影响。因此，我们现在根据企业规模和行业的不同来考察成本比例的变化情况。

4.1.4　各企业规模上的差别

表 4.2 显示的是，我们根据企业规模所估计的最低工资成本与运营预算之比，其中最受影响的是中等规模的企业（工人人数在 50～499 之间的企业）。对于这些企业，最低工资成本将导致其运营预算增加 1% 左右。相对而言，小企业受到的影响较小。对于工人人数在 1～24 人之间的企业，最低工资成本将使其运营预算增加 0.5%，仅略低于工人人数达到 49 人的企业的比率。对于工人人数超过 500 人的大企业，这个比率又回落到 0.5%。普遍的看法是，最低工资法的变更对小企业的成本影响最大。表 4.2 中的结果表明，至少在新奥尔良，情况不是这样的。

表 4.2　　　　　**新奥尔良最低工资法律对不同规模的企业的影响**

企业规模 （工人人数）	最低工资总成本在 企业运营总成本中的比例
1~9 人	0.5%
10~24 人	0.5%
25~49 人	0.6%
50~149 人	1.0%
150~499 人	0.9%
500 人以上	0.5%

资料来源　PERI New Orleans Employment and Wages Survey, 1999.

　　杰罗姆·利维（Jerome Levy）的经济税收研究所在 1998 年展开了一项全国性调查，调查的是小企业业主对提高最低工资的态度，表中针对小企业的研究结果有助于解释其调查的结果。[5] 调查发现，绝大多数小企业没有根据 1997 年全国最低工资标准的提高而做出重大调整，如果全国最低工资提高 6 美元/小时，这些小企业不会预先做出这种调整。更具体地说，在 1997 年最低工资提高后，仅有 6.6% 的小企业改变了它们的聘用或雇佣政策。当然，这些企业中仅有 10.8% 的小企业表明它们已经裁员了——换而言之，在 1997 年最低工资标准上调后，样本企业中总共只有 0.7% 的小企业进行裁员。在 1997 年最低工资上调后，小企业没有针对其雇佣政策做出重大调整，这显然与新奥尔良调查数据是一致的，即最低工资标准变更对小企业的影响很小。

4.1.5　行业差别

　　表 4.3 是根据最低工资成本与运营预算的比率进行了行业分组，列出了相对于运营预算的最低工资成本的数据。该表中的第 3 栏、第 4 栏给出了新奥尔良经济中行业规模的信息。我们从以下两个方面来衡量行业规模：占总产出的份额和占总劳动力的份额。表中只给出了总产出或工人总数超过新奥尔良市总量 1% 的行业的数据。

表4.3 新奥尔良最低工资法对不同行业的影响

（1） 行业类别	（2） 最低工资成本在 总营业成本中的比例	（3） 最低工资成本在 总产出中的比例	（4） 最低工资成本在 工人总数中的比例
餐饮业	2.2%	2.8%	6.0%
旅馆住宿业	1.7%	2.9%	3.9%
商业服务业	1.5%	2.6%	5.3%
食品商店业	1.5%	0.9%	2.5%
批发贸易业	1.5%	4.7%	3.6%
个人服务业	0.9%	0.5%	1.4%
其他零售业	0.8%	6.4%	14.4%
教育服务业	0.8%	3.0%	5.6%
交通运输业	0.7%	14.9%	7.4%
制造业	0.5%	8.7%	3.8%
公共医疗服务	0.5%	6.2%	7.5%
金融、保险和房地产	0.5%	12.3%	5.5%
其他服务	0.4%	7.3%	11.0%
建筑业	0.2%	4.4%	4.2%
法律服务业	0.1%	3.7%	3.2%
采矿业	0.0%	11.0%	2.8%

资料来源 PERI New Orleans Employment and Wages Survey, 1999；IMPLAN Pro Software package, 1996；ES-202 data for New Orleans County, Bureau of Labor Statistics, U. S Department of Labor.

如表4.3所示，仅餐饮行业（饭店、咖啡厅和酒吧）的成本增加就超过其运营预算的2%，而且成本增加刚好超过2%。对旅馆住宿业的影响次之，成本增加是运营预算的1.7%。这两个行业占新奥尔良总产出的6%，占总雇佣人数的10%。除此以外，另外三个行业（商业服务、食品商店、批发贸易）所面临的成本增加超过运营预算的1%。这三个行业共占总产出的8.2%，占总就业人口的11.4%。如果考虑新奥尔良余下的企业，那么结果显示：占新奥尔良总产出 86%、总就业人口 79% 的那些行业因为最低工资法令而导致的成本增加小于运营预算的 1%。

4.2　应对劳动力成本上升的其他调整方案

正如我们所说的，针对最低工资法给企业带来的成本增加，新奥尔良的企业将通过以下 5 种方式的某种组合来回应：（1）价格效果；（2）生产率；（3）企业内收入再分配；（4）就业效应；（5）企业搬迁。至少在初期，价格、生产率和企业内收入再分配这种组合有可能成为新奥尔良企业的首选渠道，因为与搬迁相比，通过这些渠道来做出调整以适应相关法令，执行起来更容易且成本更低。一旦我们能对这些调整进程可能会产生的效果做出合理的评估，我们就能更好地评估由最低工资法所引起的裁员或搬迁等问题。

4.2.1　价格效果

花费最低、对企业破坏性最小的调整就是简单地提高价格，以反映成本增加，但企业是否能成功实施这种策略取决于其经营所处的竞争环境和对其产品的需求价格弹性。

作为最低工资研究所必需的开拓性工作，卡德和克鲁格（1995）在观察各种各样的情景之后得出的结论是，提高价格是首选途径，企业以此消化最低工资标准上调所导致的成本增加。实际上，他们的结论是，美国新泽西州的快餐店能够把价格提高到与总成本增加额相等的水平，涨幅接近 3.4%。对于我们的研究目的来说，这个结论特别值得注意：因为我们对新奥尔良的 4 家快餐店所进行的调查中得出的平均成本增加与营业预算的比率为 3.9%，这与卡德和克鲁格在新泽西州观察到的价格加成近乎一致。

但是，这些结果主要是基于全州或全国最低工资标准的上调会对快餐店的价格构成何种影响。我们能否对这些结果进行归纳，使之适用于新奥尔良市受城市最低工资法管辖的所有企业吗？当然，在新奥尔良经营的所有企业都将面临同一部新的最低工资法。但是，与新奥尔的其他企业相互竞争的企业将可能更有能力提高其价格，因为它们的竞争者将经历相似的强制性的成本增加。相应地，那些在新奥尔良以外的市场中竞争的企业涨价的难度会更大。

在表 4.4 中，我们对新奥尔良的产业进行了分类，依据是这些产业主要是与新奥尔良市外的企业竞争，还是与新奥尔良市内的企业竞争，或者既与新奥尔良市内的企业又与市外的一些企业竞争。对这些产业分类的核心问题在于，企业在产品市场出售的主导产品是否恰好在新奥尔良。[6] 在详细考察相关酒店业和饭店之后，我们将接着讨论分类问题。每个产业的数据见表 4.3。

表 4.4　　　　　　　　　　新奥尔良各行业的竞争环境

行业与市场环境	最低工资成本与运营预算的比率
在市外竞争的行业	
制造业	0.5%
法律服务业	0.1%
采矿业	0.0%
在市内竞争的行业	
餐饮业	2.2%
旅馆住宿业	1.7%
个人服务业	0.9%
交通运输业	0.7%
建筑业	0.2%
在市内外竞争的行业	
商业服务业	1.5%
批发贸易业	1.5%
食品商店业	1.5%
其他零售业	0.8%
教育服务业	0.8%
金融、保险和房地产	0.5%
公共医疗服务	0.5%
其他服务	0.4%

资料来源　PERI New Orleans Employment and Wages Survey, 1999.

在新奥尔良市外竞争的行业

与新奥尔良市外的企业展开竞争的本土企业，相对于新奥尔良市外的竞争者而言，将处于不利的地位，这是因为它们需要面对劳动力成本增加的问题。因此，在行业中其他因素都保持相同的情况下，新奥尔良的企业如果通过提高价格来转嫁成本增加，客户群就会流向市外的竞争对手而带来损失。然而，这些产业所面临的成本增加可以忽略不计，如表4.4所示，制造业的成本只增加了0.5%，法律服务业只增加了0.1%，采矿业的成本实际上没有增加。就此而论，我们假设这些企业基本上不需做出重大的价格调整，因而也就不会因为新奥尔良实施最低工资法而处于竞争劣势。

在新奥尔良市内竞争的行业

新奥尔良市内的大部分企业的竞争形势可能与卡德和克鲁格等人对快餐业的分析近似。也就是说，既然市场上所有的企业都面临着相似的成本增加，它们就应该通过提高其价格以反映成本增加。如表4.4所示，我们把5类产业划分成：成本增加率为2.2%的餐饮业、成本增加率为1.7%的旅馆住宿业、成本增加率均低于1%的个人服务业、交通运输业、建筑业。这些数字表明，旅馆住宿业和餐饮业需要提价2%弥补额外的成本，但个人服务业甚至交通运输企业的提价幅度应该控制在1%之间。考虑到这些价格加成的幅度都很小，还不可能对这些企业的产品需求造成重大影响。例如，新奥尔良市的居民就不经常在饭店吃饭，那些来本市的游客也会和朋友们呆在家里而不是去住旅馆。

一些对新奥尔良地区的旅馆住宿业进行细分的数据有助于证明这一点。我们这里所借鉴的行业数据是由HRG & Torto Wheaton 研究机构（以下简称HRG）编制的，HRG对新奥尔良地区的三个亚市场进行了区分。[7] 我们比较其中两个亚市场：市中心亚市场和梅泰里（机场）亚市场。第一个亚市场包括"坐落在伊贝维尔街以西的中央商务区的旅馆，也包括靠近会议中心和花园区的旅馆"。第二个亚市场包括坐落在新奥尔良西部10号洲际公路走廊沿线的旅馆。这些旅馆都在城区以外，因此不受最低工资法的管辖。[8]

这两个细分市场的区别非常明显。平均来说，就全面开放的服务市场而言，市中心的旅馆价格高出97.2%，每间客房收入（酒店的总收入除以所有房间的数量，其中包括空客房）高出 47%。对有限服务（经济）型旅馆来说，位于市中心亚市场的旅馆在价格和收入上都要略高出 50%。[9] 很明显，换而言之，与梅泰里地区相比，在市中心区旅馆住宿的客户要支付非常高的额外费用。这表明，如果市中心的旅馆为弥补最低工资法所导致的劳动力成本增加而提价 1%～2% 的话，那么两个市场之间的差别并不会出现重大的改变。这种成本增加将意味着，就全面服务型旅馆而言，市中心的旅馆如今要比梅泰里的贵出 98%～99%，而不是 97%。有限服务型旅馆的价格差将由原来的 52% 上升到 53%～54%。

简言之，有关新奥尔良的旅馆的每间客房的价格和收入的相关数据支持了这样一个观点：位于市中心区的旅馆提价 1%～2% 不会对本地区旅馆市场上的其他旅馆的竞争力造成重大影响。反过来也意味着：至少对新奥尔良的旅馆住宿业来说，为了应对最低工资法所导致的成本增加，小幅提价是一个可行手段。[10]

在新奥尔良市内和市外都展开竞争的行业

就像每个产业内的企业种类有很多一样，在新奥尔良市内外都展开竞争的产业也极其多样化。比如说，商业服务业既包括广告公司又包括建筑维修公司，批发贸易业既涉及耐用品又涉及非耐用品。对于其中的一些企业而言，如保洁企业或生鲜食品批发商，与顾客保持亲近是很重要的。这样的话，这些企业的主要竞争对手可能就集中在新奥尔良市内。相比之下，广告公司和销售耐用品的批发商都不可能仅仅面对当地的竞争对手。鉴于以上差异，很难一概而论同一类别下的各个产业和企业如何对全市最低工资上调做出反应。尽管如此，表 4.4 所列出的这一类别下的 8 个产业中，只有商业服务、批发贸易和食品商店这 3 个行业的最低工资成本与运营预算的比率高于 0.8%。因此，下面让我们更深入地了解这三个产业。

商业服务业和批发贸易业

这些类别下的企业（比如诸如非耐用品或建筑公司）当在本地市场中竞争时，应该同在本地市场中运营的其他企业一样，能够在不严重影响其客户群的前提下提高其产品价格。那些要面对来自新奥尔良以外的竞争对手的企业，例如广告公司或者耐用品经销商，会不得不面对更加棘手的问题。对于这些企业而言，可能很难把平均1.5%的成本增加中的大部分（不用说全部）转嫁到客户身上，因此，寻求其他的调整机制对于这些企业而言尤为重要。

食品商店业

同在其他大城市一样，新奥尔良的食品商店业经营的市场环境也存在很大差异，这取决于它们是位于贫困区还是非贫困区。在非贫困区，这些商店的客户一般都有私家车，因而有能力开车出城去购买价格较低的食品。在新奥尔良的这些市场中经营的食品商店也许难以维持上调的食品价格。

然而，对这个因素形成抵销作用的是，在大多数中产阶级居民区，价格很少成为顾客做出食品购买决策时的唯一因素。在吸引中产阶级的食品购买者方面，便利性和质量至少是同等重要的因素。[11] 虽然折扣店已经在所有主要大城市区域的郊区出现，但它们并没有将顾客从质量更高但价格也更贵的商店里吸引到折扣店里。那么总体上看，这些居民区内的商店将能够把成本增加部分转嫁到客户头上，再通过其他一些调整机制的组合消化掉剩下的成本增加。

对于贫困区内的商店而言，情况会有所不同。这是因为贫困区的顾客通常无法到很远的地方去采购价格更便宜的食品。因此我们预期：在其他因素都相同的情况下，贫困区内的食品商店可能会提高价格，幅度大致相当于成本增长的1.5%。[12]

那么这将引发其他问题：贫困区食品价格1.5%的上升会对该地区贫困居民的生活水平造成多大的影响？这个食品提价幅度将构成最低工资政策的另一个意想不到的后果吗？问题的答案首先取决于食品券在家庭食品预算中占多大比例。如果假设食品券占家庭食品预算的100%，那么无论食品的市场价格如何波动，食品价格上调不会对该家庭的生活水平产生任何影响。

但实际上，一个家庭的全部食品预算不会完全由食品券承担。在路易斯安那州，很可能有70%左右的家庭有资格享受食品券计划。[13] 对这些确实享受食品券计划的家庭来说，食品券在食品支出预算中所占的比例也随着家庭的需求而变化。平均来看，食品券可能在一个贫困家庭食品支出预算中占到 50%。如果我们采用政府的官方估计：食品支出占贫困家庭总预算的1/3。这就意味着：食品价格上调 1.5% 将导致贫困家庭的生活成本提高 0.25%（对于接受食品券的家庭而言）～0.5%（对于没有食品券的家庭而言）。[14] 反过来，这个问题的严重性取决于该贫困家庭是否有家庭成员参加工作。在新奥尔良大约 50% 的贫困家庭中都至少有一名成员工作。对于这些家庭而言，虽然生活成本上升了 0.25%～0.5%，但这会被（最低工资上调后）个人可支配收入约 3%～4% 的增长所抵销。因此，即使最低工资上调幅度与食品价格的全面上涨幅度不相上下，而且也没有食品券的额外支撑，最低工资上调的净效应仍然会导致个人可支配收入平均增长 3% 左右。

对于大多数全家人都无工作的贫困家庭来说，情况就不同了，这取决于我们对新奥尔良 50%～60% 左右的贫困家庭选择多高的门槛。如果他们也没有接受食品券，他们的生活成本将增加 0.25%～0.5%，且增加的部分无法通过家庭收入增长来抵销。但如果他们的生活不发生任何其他变化，最低工资上调——哪怕幅度很小——也会对这些家庭造成伤害。

4.2.2　生产率

通过发挥绩效工资的效应——工人努力程度提高，工人流动率和缺勤率降低，以及招聘、培训、监督的成本都降低，新奥尔良的企业至少会获得生产率的适度增长。为了发挥绩效工资的效应，全市最低工资标准的上调可以通过以下两个渠道实现：无论是工资绝对上涨，还是相对于超出城市范围的不受最低工资标准覆盖的工人的工资增长，都将提高工人的工作积极性。

这可能对旅馆住宿业和餐饮业尤其重要，正如我们所见，根据新奥尔良最低工资提案，这些产业成本增加的相对幅度最大。目前，有关工人流动率和流动成本的研究为数不多。但现有数据清楚地表明，尽管企业之间的差距很大，但这两个行业的工人流动率都非常高。我们通过对加州圣莫尼卡的旅馆和饭店业老板的调查发现，两个产业里的平均流动率每年都在 50% 的范围内，更换工人的平均成本介于 500～700 美元之间。而且，以前进行的行

业研究与我们得出的流动成本很大这一研究结果大体上一致（例如，
Fernsten and Croffoot 1986，Worcester 1999）。这并不是说效率工资收益有可
能弥补受最低工资法管辖的企业的成本增加。但是，对大多数企业来说，相
对于总经营预算本身的成本增加不大，这个事实说明效率工资收益可能吸收
了很大一部分的成本增加。

4.2.3　企业内收入再分配

正如我们所提到的，提高最低工资标准可能引起两种类型的向下再分
配：低工资工人与高工资工人之间的工资压缩、利润份额减少。通过假定波
纹效应较弱，我们已经在估算过程中考虑到了这点（很大程度的工资压
缩）。任何利润份额的下降当然会遭到企业主的抵制。但是，企业有能力提
高生产率，这会对企业主的抵制起到缓和作用，这是因为，由于生产力的提
高，即使利润份额降低，也可能出现绝对利润水平上升的情况。也就是说，
生产率的提高意味着企业的总收入蛋糕会越做越大。当收入蛋糕越来越大
时，即使企业主的收入比例降低了，他们仍可以获得更高的总收入。

以新奥尔良的一般企业的情况为例，对于这些企业来说，最低工资成本
增加与运营预算之比大约是1%。我们甚至不用考虑效率工资可能导致生产
率提高的情况，就可以合理假设一般企业也有可能每年至少把生产率提高
1%，在这种情况下，生产率提高了1%将意味着低工资工人的工资可以得
到提高，而且也可以均摊所有其他经营费用，企业其他工人真实的工资或获
利水平都没有降低。当然，当年的生产率增长将完全由低工资工人受益。但
同样，在随后几年里，高收入工人和企业主将得到生产率增长的所有收益，
而低工资的工人依然享受的是上调后的法定最低工资。

实际上，这也会出现某些变化。研究表明，在最低工资标准上调后的最
初一段时间里，工资差距有逐渐恢复到以前水平的趋势（Spriggs and Klein
1994）。那么总体上看，由于新奥尔良最低工资法所导致的企业运营成本的
增加幅度平均只有1%，所以不难设想出这样的情景：低工资工人的工资增
长有很大一部分是通过企业收入的再分配来实现的。

4.2.4　就业效应

相对于全国标准，新奥尔良的最低工资提案要求把最低工资上调 19.4%，这与新泽西州 1992 年把最低工资上调 18.8% 的标准基本一致。因此我们可以根据对新泽西经验的研究（最新的研究是 Card and Krueger 2000，Neumark and Wascher 2000）合理推断出这样的结论：新奥尔良的城市最低工资标准上调不会造成大量失业。实际上，我们可以进一步推断，新奥尔良上调最低工资标准的影响将不及新泽西那么大。这是因为这两项调查都只研究了快餐行业。根据我们对新奥尔良快餐行业的调查，最低工资增长与运营预算的比率还不到 4%，这一数字是所有新奥尔良企业平均比率的 4 倍左右。

对就业政策另一个可能的影响是劳动力的替代——企业用具有更高资历的工人代替现有的拿最低工资的工人，这在没有净失业的情况下也可能发生。由于与城外同类工作的工资相比，新奥尔良市内的工作要支付更高的工资，所以新标准下的新奥尔良的工作缺口可以吸引劳动力大军中那些更有资历的人。为了大致描述劳动力替代的范围，表 4.5 首先考察的是收入分别在 5.15 ~ 5.64 美元之间和 6.15 ~ 6.54 美元之间的两组工人的差异。我们的样本是从当前人口调查中 5 个南部州的样本池中抽取的（新奥尔良和路易斯安那这两个州的数据样本均过小，不足以提供可靠的数据）。

需要强调的是，这些数据只适用于给劳动力的替代程度设定极端的外部界限。这是因为在考察这些数据时，我们实际上提出了一个问题：如果新奥尔良的受管辖企业全部重新招聘低工资工人，并把招聘广告中的工资水平由 5.15 美元改为 6.16 美元，那么新进工人的整体水平会发生怎样的变化？

正如表 4.5 所示，如果工资水平从 5.15 美元上升到 6.15 美元，那么没有中学文凭的工人在数量上会下降 15.8 个百分点。相应地，具有中学、专科和大学学历的工人的比例都会上升 4.5 ~ 6.5 个百分点不等。另外，当提高工资水平后，青年工人的数量下降 18.8 个百分点，这不足为奇。在 6.15 美元的工资标准下，女性工人比例下降，但奇怪的是，非本土的说英语的工人的比例上升。

表 4.5　　　　　　南部五个州的低工资工人的个人特征（1999）

| | 小时工资类别（以 1999 年的美元为准） | | 两种工资类别的差异 |
| | (1) | (2) | (3) |
	5.15 ~ 5.64	6.15 ~ 6.54	栏（2）-栏（1）
高中学历以下	46.0%	30.2%	−15.8%
高中或同等学力	31.5%	38.0%	+6.5%
大学本科及以上学历	20.7%	25.2%	+4.5%
20 岁以下	1.9%	6.6%	+4.7%
平均年龄（岁）	30.6	33.9	+3.3
女性	65.5%	61.5%	−4.0%
英语为第二语言者	13.9%	20.8%	+6.9%

资料来源　Current Population Survey Outgoing Rotation Group 1999 files，Bureau of Labor Statistics，US Department of Labor.

注：除了路易斯安那州以外，样本中的南部诸州还包括亚拉巴马、阿肯色、佐治亚和得克萨斯等 4 个州。

从以上数据中界定了劳动力替代效应的外部界限后，下一步就是要弄清为什么实际的劳动力替代效应可能会温和得多的原因。首先是因为，在现实中，企业不大可能在执行全市最低工资标准之后立即全部重新招聘，它们也不想这么做。而且，正如上文所讨论的，当最低工资提高后，工人不太可能辞职，他们的工作积极性会相应提高。同样，只要现有工人的表现令人满意，即使他们的学历不高，企业也不太可能辞退他们。这是十分正确的，因为在几乎所有的最低工资覆盖范围内的工作中，区分工人素质的标准并不是一张文凭。更高效的工人正是那些能够为工作付出更多努力的人，这一点雇主只能通过观察来发现。

当认识到这些因素后，我们依然认为在学历和年龄方面会发生一些替代，当然，这些替代效应的强度不会太大。

4.2.5　企业搬迁

我们发现，最低工资法对新奥尔良市的一半企业所带来的成本增加占其运营预算的 0.9%。对成本增加比率在这个水平左右的企业来说，搬迁的动机不大。但是，对于许多运营预算增加幅度更高的企业来说，不搬迁依然是明智之举。例如，如我们所见，饭店和旅馆是成本增加比率最高的两个行业，分别达到运营预算的2.2%和1.7%。不过，这些企业的客户群有地域性。所以，对这些企业来说，采用提价、提高生产率、收入再分配的某种组合来做出调整要比企业搬迁更有效率。

哪种类型的企业可能会有更强的搬迁动机呢？这种企业有两个基本特征：企业的客户群不局限于新奥尔良；当提高全市最低工资标准后，企业面临着运营成本的大幅增加。为了找出新奥尔良有多少这种企业，表4.6给出了全部12 439家私人企业的分布情况，依据就是其最低工资成本与运营预算的比率。我们发现，26.5%的企业没有雇用低工资工人，另有71.8%的企业的确雇用了低工资工人；平均的成本增加占其运营预算的0.7%；剩下的209家企业占总数的1.7%，其所面临的成本增加比率超过5%，平均达到6.6%。我们认为，成本增加比率不低于5%的所有企业至少会认真考虑通过搬迁来规避最低工资上调后所带来的成本增加。但是这种做法对于其中任何一家企业来说是否可行，则取决于其业务性质。从表4.6中可知，这209家企业平均分布在4类产业中，它们分别是其他服务业、批发贸易、其他零售贸易和商业服务业（而不是饭店业和旅馆住宿业）。

表4.6　按照最低工资成本与经营预算的比率的增加所划分的新奥尔良企业

工资增加/经营预算	企业数量	所占比例	最低工资成本/经营预算比率的平均增加
0%	3 294	26.5%	0.0%
0%~4.9%	8 936	71.8%	0.7%
5%~9.9%	209	1.7%	6.6%
成本比率超过5%的企业所在行业的概况			
行业	企业数量	所占比例	最低工资成本/经营预算比率的平均增加
其他服务业	61	29.3%	5.1%
批发贸易	55	26.4%	8.8%
其他零售贸易	47	22.5%	5.2%
商业服务业	46	21.8%	7.3%

资料来源　PERI New Orleans Employment and Wages Survey, 1999.

其中，批发贸易业的业务不受地域的限制，所以搬迁的可行性应该最大。同时，如果厂址接近客户源对这些企业很重要，搬迁可能会威胁到客户群。搬迁也有可能增加其运输成本。零售企业可以搬迁，但它们那时可能会流失一部分有购买习惯的老客户，至少会流失一部分考虑到购物的便捷性的客户。有些商业服务企业，比如广告公司，可以在不流失客户的情况下搬迁。但是，对于那些低工资工人高度集中的企业，比如保安公司，不管该公司总部在哪，都得对工作在新奥尔良市的工人支付更高的最低工资。在这些情况下，企业无法通过搬迁来规避新奥尔良更高的最低工资。最后，其他类型的服务行业显然涉及更广泛的范围内的企业，包括那些经营修理店、电影院和停车场的企业。这里的情况也一样，有些企业具有流动性，而另一些企业没有。

作为一道计算题，让我们允许209家企业中有100家，其最低工资成本与运营预算的比率不低于5%，假设这些企业将迁出新奥尔良。如果它们执意迁出，将对该市和该州的经济带来什么影响呢？

首先，我们假设这些企业为了避免支付较高的最低工资，而坚决要迁出新奥尔良。然后，我们可以预计，为了维持以新奥尔良为基础的业务和客户群，这些企业只是要求搬迁到该城市的范围之外。在这个问题上，有一个至关重要的暗示：这些企业的搬迁不会导致就业净损失。也就是说，工人不用迁移就能够保住他们的工作，反过来，这座城市的房产市场也不会发生任何变化。

因此，新奥尔良经济受到的主要损失是，政府将无权对这些企业征税。这方面的税收大概相当于销售税和使用税的5%。但由于我们的假设是这些企业只是迁至市外，所以路易斯安那州并不会失去4%的份额（销售收入/使用税收入）。根据我们粗略的估计，如果这100家企业真的搬迁，那么新奥尔良市的税收的总损失为200万美元左右。[15]这确实是一笔很大的绝对成本，并且它有可能低估企业搬迁对该市带来的总成本，因为我们并没有尝试计算与这100家企业相互关联企业的商业前景。同时，准确地说，有关总成本的数据在1999年该市批准通过的4.991亿美元的预算中占0.4%。

4.3 企业利益：乘数效应

新奥尔良的最低工资法不仅给企业带来成本增加，而且还将通过乘数效应产生收益，这是因为低收入家庭会额外消费掉其可支配收入的 3% ~ 4.5%。同时，这种乘数效应同联邦政府实施扩张性宏观政策所引起的效应不是一回儿事；在后一种情况下，额外购买力的增加是由于联邦借款增加或利率下降所导致的。在实施最低工资法和类似标准的情况下，低收入家庭在购买力上的增加来自收入再分配——主要来自市内消费者，他们在以更高的价格购买商品，同时让渡了一部分购买力给低收入家庭；也来自于企业主和更多的高工资工人，由于企业为适应最低工资提高做出了一些调整，因而企业主和高工资工人在流入企业的总收入中所得到的份额变小了。

所以，新奥尔良在实施最低工资标准之后，即使整个城市的总体消费没有发生明显变化，但它所产生的乘数效应主要是由市内的消费模式的变化所导致。尤其是那些在新奥尔良低收入区经营的零售企业的业务应该有所增加。相应地，在高收入区经营的零售企业的消费增长可能会略有下降。[16] 但正是因为高收入区的消费金额更大，这种些微下降并不会引起注意。

低收入区的消费支出会有多大的增加呢？在波林、布伦纳和卢斯的研究（Pollin, Brenner and Luce, 2002，附录 2）中，我们给出了详细的估计方法。得出的主要结论如下：

根据按照最低工资法的法定要求涨薪或由于波纹效应涨薪的工人的总体数据，我们估计了那些在新奥尔良低收入区生活的工人人数。[17] 这些街区位于该市的上城区、中城区和东部商业区。值得一提的是，其中包括中心城区（木棉区）、艾伯维尔的圣托马斯以及费希尔。总的来说，这些街区的人口占了新奥尔良总人口的 33.6%。

根据我们的估计，享受到最低工资上调的工人中约有 40% 的人住在这些街区。总体上看，他们将使自己所在的街区增加 2 000 万美元的额外可支配收入。[18] 当然，他们不会在他们住的街区里花完这 2000 万美元。平均来看，他们的消费金额将使这些区的零售企业的销售增加2.7%。

这种街区零售企业的销售增长所带来的好处虽然不大，但很重要。与1990—1999年间美国的国内生产总值或路易斯安那州的生产总值的平均增长率相比，这个增长幅度已经很大了。这意味着，有了这个2.7%的销售增长，低收入区的零售企业实际上就能比正常的销售增长速度向前跃进了一年以上。最终我们注意到，对零售商店的好处也可能减轻这些企业为适应其最低工资成本而在提高产品价格方面的压力。反过来说，对那些没有成员参加工作的贫困家庭来说，这种效应会有助于减少小额福利损失，我们先前已经确认了这一点——这些家庭将必须以略高的价格来购买食物，却不能通过最低工资的上涨来抵销食品价格的上涨。

4.4　结论

我们的研究结果表明，通过某种价格效果（提高价格）和生产率的途径（提高生产率）或企业内收入再分配的方法，新奥尔良的企业应该能够吸收由于最低工资法令所带来的大部分（甚至是全部的）的成本增加。这个结果最基本的来源是我们在调查研究中得出的主要结果——最低工资成本增加对于新奥尔良的一般企业来说，相当于其经营预算的0.9%左右；对于该城市的餐饮业（这是平均成本增加最高的行业）来说，也只占经营预算的2.2%。这也表明，相应地，受管辖企业解雇低工资工人或者搬迁至新奥尔良市外的动机应该不强。但是，由于最低工资法的出台，一些资质最差的二人有可能会遭到淘汰，当然，这种影响同样是相对温和的。当然，有数量相对较少的新奥尔良企业可能将搬迁，由此对地方税收收入造成的损失大约相当于该城市预算的0.5%。但是从总体上看，新奥尔良企业（针对最低工资法）可能会经历相对缓和的调整过程，因为7 100万美元的工资增加和收入税的负担将被广泛地分散给全市的12 700家企业和市政府。

第5章

圣菲市的生存工资标准：
8.50美元的生存工资标准对企业的影响

罗伯特·波林　马克·布伦纳

圣菲市议会于2003年3月通过了本市的生存工资法，该法案的主要条款如下：

·工资水平：从2004年1月开始施行8.50美元的生存工资；从2006年1月开始施行9.50美元的生存工资；从2008年1月开始施行10.50美元的生存工资。

·就业门槛：工人人数不低于25人，每月按人头评估。

·豁免情况：不包括非营利性企业，它们的主要资金来源是联邦医疗补助计划。

·工资计算："为了确定是否遵守最低工资标准而计算企业所支付的工

资时，医疗福利和幼儿看护等价值应视为工资的一部分。"[1]

·小费抵薪：对于正常情况下每月小费收入超过 100 美元的工人不设小费抵薪和佣金抵薪制。

·市政合约承包商：适用于工人人数超过 25 人且合同金额不低于 30 000美元的市政服务承包商。

·城市雇员：适用于全日制长期雇用的城市工人。

·补贴对象：接受不低于 25 000 美元的补贴和经济发展津贴的援助金额。

圣菲市生存工资法最初确定的工资标准是 8.50 美元/小时，我们在评价过程中侧重关注的是这个标准的影响。如果要评价当生存工资标准被继续提高（比如提高到 9.50 美元或 10.50 美元）后，它可能产生的影响，那么得等到当地经济在该标准实施一段时间从而获得一定经验后，再进行评价会更加合适（有关 8.50 美元的工资标准在头一年里对圣菲市就业的影响问题，可参见第 13 章）。

本章先简要回顾了我们的数据来源和所采用的统计技巧，然后评估了生存工资法对其所管辖企业所带来的成本增加，其中包括法定工资增长、非法定的波纹效应工资增长和当地供应商的成本转移，最后评价了企业对其成本增加做出调整的可能途径。就企业的调整机制而言，我们主要关注的是受生存工资法管辖的企业以提高价格的形式将增加的成本转嫁给消费者的可能性。我们还考察了企业在给最低工资工人加薪后，其工人流动成本下降的可能性。

5.1　统计方法和数据来源

本研究有两个基本数据来源。主要来源是美国联邦政府收集和公开的数据。另外，我们还有对圣菲市提起诉讼的 4 家企业的具体的工资数据。如果把这两个截然不同的资料来源结合起来，那么它们可以为我们所研究的问题提供一系列独特的视角。[2]

有必要在此强调一下，在采用政府公开的数据和我们做出的统计结果中存在以下主要问题。

1. 年份估计。我们在研究中给出的数据反映的是圣菲市 2003 年的现实状况。在有些情况下，我们不得不依靠前几年的数据。例如，圣菲市企业数目的数据来源于 2001 年。为了充分反映 2003 年的实际情况，在不得不使用 2003 年以前的数据时，我们对数据做了适当的调整。在 2004 年报告的附录里，我们解释了对前几年的数据进行调整的方法。

2. 圣菲市的数据。这些数据旨在尽可能地反映出圣菲市的各种情况。和年份估计一样，利用可获得的政府数据来源，我们并不能始终达到这种有针对性的程度。例如，圣菲市工人的数据就是大都市区（大都市统计区，MSA）的数据，而不是该市自身的数据。如有可能，我们在此对数据做出了适当的调整，以反映该市本身的情况。然而，考虑到我们采用的是大都市区的而不是该市本身的数据，如果有影响的话，就有可能过高地估计生存工资法。这是因为在整个圣菲大都市区，在该市以外工作的雇员的工资水平往往比市区内雇员的工资水平低。因此，如果市区以外的低工资工人也得到了工资增长的话，那么在市区范围内工作的工人得到的实际工资增长的可能性会更小。

3. 对所管辖企业的估计。圣菲市生存工资法仅适用于雇员人数不低于 25 人的企业。但是，从可获得的数据来源看，我们不能把企业局限在这个狭窄的范围内，这是因为，我们所依赖的公开可获得的数据是针对雇员人数不低于 20 人（而不是不低于 25 人）的企业。因此，我们所有的估计都是基于雇员人数不低于 20 人的企业。但我们相信，这并没有对我们提出的各项主要结论构成实质性的影响。例如，如下文所见，我们按照自己的资料来源估计，截至 2001 年，圣菲市雇员人数不低于 20 人的企业有 471 家，我们正是按照这条基准线做出估计的。新墨西哥大学（UNM）的初始基准线研究依据的是尚未公开的 2002 年的政府数据，该研究指出，生存工资法将涉及 423 家企业（Reynis 2004, 33）。换而言之，我们的估计依据是 2001 年的数据，且包括了雇员人数在 20 ~ 24 人之间的企业，而新墨西哥大学的估计依据是 2002 年的数据且不包括雇员人数在 20～24 人之间的企业，在考虑到这个事实后，两种估计结果其实相当接近。

4. 主要研究结果的佐证。当研究人员基于一组数据得出数据时，用其他来源的数据来佐证这些结果是很重要的。但这并不是说，从一种来源中获得的统计数据必须和来自其他来源的数据保持绝对一致。主要目标在于，针对某个问题，我们根据不同数据来源得出的结果要在大体上保持准确性。例如，如果我们估计雇员人数不低于 20 人的受管辖企业总数为 471 家，那么新墨西哥大学认为雇员人数不低于 25 人的受管辖企业总数为 423 家的估计结果就体现了两种数据来源的结果之间大体上是相同的。但如果这两种估计结果之间的差异达到 100～200 家左右，则意味着某个或两个估计过程中存在某种缺陷。

我们在此提出的结论在以下几个方面得到了佐证：

·我们对受生存工资法管辖的企业在数量和所涉工人的特征这两方面的估计结果与新墨西哥大学的研究结果非常相似。

·我们的主要成果（对生存工资成本与企业销售额之比和供应商成本与销售额之比的估计结果）都得到了 4 家原告企业中的 3 家所提供的工资数据和销售数据的佐证。

·我们对生存工资或销售额所导致的成本增加做出的主要估计结果与以前对不同城市类似比率所做的估计结果是一致的。

5.2 对生存工资法带给企业成本增加的估计

我们从以下三个范畴来考察成本：（1）工人人数不低于 20 人的企业在保留现有劳动力的情况下，法定的成本（有所增加）；（2）非法定的波纹效应成本；（3）当地供应商转移的成本（圣菲市有一些企业的供应商是该法适用范围内的本市的其他企业，这些供应商以抬高价格的形式将自己的成本增加转移出来，就形成了这种成本）。

我们对生存工资法的成本进行估计的基本方法虽然需要大量的详细计

算，但这其实很简单。我们首先估计出那些可能受到生存工资法管辖的企业数量，然后对这些受生存工资法管辖的企业所雇用的工人建立档案，重点关注那些小时工资低于 8.50 美元的圣菲市的最低工资工人。[3] 在此基础上，我们就能够计算出受管辖企业因生存工资法所带来的成本增加（前提是假设这些企业维持现有的劳动力）。接着，我们再加上非法定的波纹效应和供应商转移两方面所带来的成本增加。我们还可以计算出所涉企业的成本增加总额占其销售总额（总收益）的比例。这个比率帮助我们解决了一个根本问题：生存工资法有多大的可能影响到受管辖企业的经济活力？由此，我们可以进一步思考，企业为适应其成本增加，将如何调整其业务？

接下来，我再考察有关法定工资增加和波纹效应工资增加的数据，并估计出这些成本增加占受管辖企业的销售额（总收益）比例。我们先估算出各个行业的平均成本与销售额之比，然后再按照行业分组列出不同行业分组中的平均成本与销售额之比。只有在按照行业分组并对这些成本与销售额之比进行估计后，我们才能估计当地供应商成本转移的效果。原因很简单：要衡量当地供应商的成本转移影响，我们首先需要了解，身为圣菲市其他企业的供应商（受本市管辖的企业），它们将承担多大的法定成本和波纹效应成本的增加。

5.2.1　法定成本

表 5.1 给出了我们对圣菲市的生存工资法所辖的有关企业和工人数量进行的估计，这些企业将接受 8.50 美元的法定最低工资标准。从表中可以看出，圣菲市有 471 家企业的工人不低于 20 人，这些企业总共雇用了 9 250 位小时工资在 5.15 ~ 8.50 美元之间的工人。在这些低工资工人中，有 5 685 位属于全职，3 565 位属于兼职。这些工人平均每周的工作时间是 33.3 小时，每年平均工作 50 周。这相当于每个工作年度的平均工作总时间是 1 665 小时。如果把这些工人转换成每周工作 40 小时的全日制工人，就相当于小时工资水平在 8.50 美元以下的工人人数是 7 404 人。

表 5.1 　　　　　在生存工资调至 8.50 美元后，圣菲市

企业的工资上涨和成本增加的情况

受管辖企业总数	471
受管辖工人总数	9 250
全日制工人	5 685
兼职工人	3 565
全职等效工人	7 404
工人工资	
法令实施前的平均小时工资	6.91 美元
小时工资的平均增加额	1.59 美元
每周平均工作的小时数	33.3 小时
每年平均工作的周数	50 周
法定成本总额	
所有工人工资的年增加额	2 450 万美元
所有工人工资税的年增加额	190 万美元
法定工资成本增加的总额	2 640 万美元
每家企业平均的成本增加额	56 051 美元

资料来源　2001 County and Business Patterns, U. S. Census Bureau; Current Population Survey Outgoing Rotation Group 2001-2003 files, Bureau of Labor Statistics, U. S. Department of labor.

注：计算细节请参见 Pollin and Brenner, 2004 原版报告附录 I。

表 5.1 还给出了小时工资低于 8.50 美元的工人的平均工资，我们估计该平均小时工资为 6.91 美元。那么这部分工人的工资要上涨到 8.50 美元的法定标准，就得上涨 1.59 美元。有必要强调这一点：即使圣菲市当前适用的最低工资是 5.15 美元的全国最低标准，也并不意味着，一旦圣菲圣菲市实施了生存工资法，受管辖工人就将接受 3.35 美元/小时的加薪（也就是说，他们的工资不会从原先的 5.15 美元的法定标准上涨到 8.50 美元的全市最低标准）。由于一般工人接受 1.59 美元的加薪，那么如果我们假设这些工人依然恰好保持每年 1 665 小时的工作时间，那么平均年工资将增长 2 647 美元。[4]

通过这些数据，我们就能够估计出圣菲市 9 250 名工人（相当于 7 404 名全日制工人）的工资增加总额为 2 450 万美元。为了估计生存工资法对全部受管辖企业所带来的直接成本增加额，我们必须考虑其工资税的增加。如表 5.1 所示，在工资增长 2 450 万美元的基础上，工资税的增加额将达到 190 万美元。就其本身而论，该市 471 家受管辖企业的法定成本增加总额将达到 2 640 万美元，这相当于这 471 家中每家企业的平均成本大约增加了 56 051 美元。

5.2.2 非法定的成本增加：波纹效应

如第 4 章所述，为了维持新的最低工资法实施之前的那种工资等级，各企业决定提高非法定的波纹效应的工资水平。在圣菲市的工资法实施后，有以下两类人可能得到这种工资增长：

1. 在新法实施之前，工资水平高于 5.15 美元的联邦最低工资但低于 8.50 元的圣菲市生存工资的工人。在新法实施之后，这些工人中有部分人将获得工资增长，从而使其工资水平超过圣菲市生存工资标准的底限。

2. 当前工资高于 8.50 美元的圣菲市生存工资，但是在生存工资政策通过立法后仍获得工资增长的工人。

确定波纹效应大小的关键问题在于，我们要估计出受管辖企业在最低工资工人接受法定工资上涨后的工资平等性会有多大程度的提高。工资压缩（Wage Compression）和工资压实（Wage Compaction）等术语被用来描述某家企业乃至整个经济中工资越来越平等的情况。近期对因联邦最低工资和州最低工资标准上调而出现的波纹效应的研究发现，标准上调往往会相当迅速地降低较高的工资水平，这意味着，工资水平会变得更加平等，即在受管辖企业内部，工资压缩的现象的确会普遍发生。

有人对波纹效应的大小提供了一些评论。Pranzo 企业的某代表指出："在与现有的工人及商业伙伴进行了很多次的讨论后，我发现当前工资超过 8.50 美元/小时的工人希望每小时再上涨 2 美元。我最乐观的估计是上涨 4.5%，但也许这个比率太低了。我不知道如何预计这个数字，因为没有哪座城市对这么一小部分人实行了如此大幅度的涨薪，没有历史数据可依。"

所以，Pranzo 预计会经历较大的波纹效应。同时要承认的是，他做出的这种判断并没有多少数据。这似乎意味着，我们更需要根据历史经验和对相关数据的分析做出一些临时性的估计。

5.2.3　对波纹效应的估计

对波纹效应的估计结果可见表 5.2。

表 5.2　　　衡量波纹效应:执行 8.50 美元法定生存工资
标准给企业带来的间接工资成本

（1）以前的工资范围	（2）以前的平均工资	（3）假定的平均工资增加额（对工资在 7.75 ~8.49 美元之间的工人而言）	（4）当前的平均工资	（5）每周的平均工资（假定每年工作 50 周）	（6）本类型的工人总数	（7）8.50 美元以上的工资增加总额（万美元）
7.75 ~ 8.49 美元	8.12 美元	100%	8.87 美元+ 9.2%	35.9	2 303	150
8.50 ~ 9.24 美元	8.86 美元	76%	9.48 美元+ 7.0%（7.0% 是 9.2% 的 76%）	34.6	1 878	210
9.25 ~ 10.74 美元	9.96 美元	33%	10.26 美元+ 3.0%（3.0% 是 9.2% 的 33%）	37.5	3 968	250
合计					8 149	610

资料来源　Current Populatin Survey Outing Rotation Group 2001-2003 files, Bureau of Labor Statistics, U. S. Department of Labor.

注：有关计算过程，请参见 Pollin and Brenner, 2004 年报告附录 1。

表中第一行是圣菲市有资格获得法定涨薪的最高工资工人（那些获得法定涨薪后工人的工资水平与获得非法定涨薪的工人的工资水平最为接近的人）的数据。我们把这一批工人界定为工资在 7.75～8.49 美元的工人。在这一类工人中，工资为 7.75 美元的工人将有资格获得 75 美分的法定加薪，而那些工资为 8.49 美元的工人则只能获得 1 美分的法定加薪。但是，为了确定这些工人的波纹效应，我们假定：这一工资组别的全部工人都能得到 75 美分的加薪，而不只是法律实施前挣 7.75 美元的工人才获得。由于该工资范围内的一般工人在法律实施前挣 8.12 美元，这就意味着，给这些工人的平均工资增加使其新的平均工资水平达到了 8.87 美元，即在以前 8.12 美元的基础上上涨了 9%。

和第 4 章的方法一样，根据对加州 1996—1998 年间提高最低工资所报告的结果研究发现，在表 5.2 的第三栏里，我们根据加州的经验，得出了非法定加薪占法定加薪的比例。对工资在 7.75～8.49 美元之间的工人而言，法定加薪将使所有工人的工资至少达到了 8.50 美元，第三栏显示的是对这些工人的假定加薪占法定加薪的百分比。因此，我们认为，第一个非法定工资范围（工资在 8.50～9.24 美元之间）的工人的加薪幅度相当于 7.75～8.49 美元范围内工人的加薪幅度的 7.0%。这就是说，工资在 8.50～9.24 美元之间的工人的平均加薪幅度为 7.0%，新的平均工资水平达到 9.48 美元。我们接着来考察工资范围在 9.25～10.74 美元之间的工人。我们假设和加州的情况一样，这些工人接受的加薪幅度高达 7.75～8.49 美元范围内工人的 33%。这就意味着，平均来看，他们的工资将上涨 3.0%，新的平均工资会达到 10.26 美元。

根据这些估计结果，假设这些得到波纹效应加薪的工人将在数量上保持稳定，而且每年 50 周的工作时间也保持不变，我们就能够计算出波纹效应的工资上涨。把这三个工资范围内的各项工资上涨汇总起来，我们利用这种方法得出：波纹效应工资上涨总额为 610 万美元，波纹效应加薪的受益对象总共有 8 149 名工人。

5.2.4 法定成本和波纹效应成本的总额

表5.3是我们对圣菲市工资法适用范围内的471家企业的法定和波纹效应的成本总额的估计。此外，还包括与这些工资增长相关的企业的工资税的增加额。如前文所述，以下把当地供应商的成本转移作为单独的一个项目。但是，也要注意，将圣菲市所有受管辖企业作为整体来看，当地供应商的成本转移并不是圣菲一个单独的成本项目。相反，把圣菲市的企业作为一个整体时，当地供应商的成本转移无法剔选出来。因此，把它们计入圣菲市企业的总成本中就出现了重复计算的问题。

表5.3　圣菲市生存工资法所带来的法定成本和波纹效应成本的总额　　单位：万美元

法定成本	
工资增加总额	24.5
占增加总额的比例	74.3%
工资税	1.9
占增加总额的比例	5.8%
直接成本总额	26.4
占增加总额的比例	80.1%
波纹效应的成本	
波纹效应增加总额	6.1
占增加总额的比例	18.5%
波纹效应的工资税	0.5
占增加总额的比例	1.4%
波纹效应的成本总额	6.6
占增加总额的比例	19.9%
总成本	33.0

资料来源　来自表5.1和5.2中的数据。

从表5.3中可以看出，法定的和波纹效应的成本总额是33万美元。在这个数字中，74.3%是法定的工资增长，18.5%是波纹效应的工资增长，其余的成本是这两类工资增长所带来的工资税。

5.2.5 法定成本和波纹效应成本的总额占销售额的比例

在表5.4中，我们考察了这些生存工资成本增加对我们样本中471家有代表性的圣菲市企业的影响，该表揭示了这家代表性企业的基本经营结构。该企业雇有 46 名工人，其中 12 人的工资低于 8.50 美元，有资格接受法定涨薪。另有 2 人将接受非法定的工资增长，其涨幅以我们计算波纹效应的方法为基础。

表5.4　　圣菲市的代表性（典型）企业的成本增加占销售额的比例

工人总数	46
接受直接工资增长的工人人数	12
接受间接工资增长的工人人数	2
两种类型的工资增长总额	41 927 美元
法定工资增长的成本	34 370 美元
波纹效应工资增长的成本	7 557 美元
销售总额	4 318 670 美元
成本增加额占销售总额的比例	1.0%

资料来源　2001 County and Business Patterns. U. S. Census Bureau；Current Population Survey Outgoing Rotation Group 2001-2003 files，Bureau of Labor Statistics，U. S. Department of Labor；1997 Economic Census for the county of Santa Fe，U. S. Census Bureau.

注：有关计算过程，请参见 Pollin and Brenner，2004 年原版报告附录1。

表5.4 给出了生存工资法所带来的成本增加的总额（不包括当地供应商的成本转移）为 41 927 美元。我们接着估计了该企业的销售总额，为 4 318 670美元。从以上数据中，可以计算出一个评估生存工资对企业影响的关键数字，即这家企业因生存工资法所带来的成本增加额占其销售总额（收入总额）的比例。我们发现，这个数字的估计值是 1.0%。[5]

5.2.6　不同行业类型的成本增加

表5.5 给出的数据是不同行业的生存工资成本与销售额之比，行业分类标准是北美行业分类体系（NAICS）的代码体系。该表按照生存工资成本/销售额比率从高到低的顺序列出了行业类型。在第三栏、第四栏中，该表给出了有关圣菲市经济中该行业规模的信息。衡量行业规模的依据是以下两个维度：该行业中的工人人数超过 20 人的企业占总就业人数的比例，以及这些份额较大的企业在销售总额中所占的比例。

如表5.5所示,按照我们的估计,住宿及餐饮服务业(其中包括酒店、饭店、酒吧、咖啡馆和饮食供应商)是唯一的成本增加幅度在销售额中占到3%～4%的行业。只有以下三个行业的成本增加超过(销售额的)2%——废物管理、企业管理(包括记账服务、档案保管服务、财务规划服务等)和医疗保健。还有另两个行业的成本增加超过其销售额的1%。我们估计,剩下的12个行业里的大企业将面临的成本增加幅度不到1%。

表5.5　圣菲市生存工资法对不同行业的影响:法定成本和波纹效应的成本增加

(1) 行业类型	(2) 法定生存工资成本占总销售额的比例	(3) 大企业在全市总就业中的比重	(4) 大企业在全市总销售额中的比重
住宿及餐饮服务	3.32%	22.51%	7.67%
行政与支持和废物管理及污染整治	2.60%	4.68%	1.56%
公司及企业管理	2.45%	0.38%	0.04%
医疗保健及社会援助	2.09%	14.68%	8.04%
艺术、娱乐及休闲	1.59%	4.38%	3.12%
其他服务(不含公共管理)	1.40%	4.31%	2.87%
房地产及租赁	0.73%	1.26%	1.22%
运输及仓储	0.69%	0.75%	0.30%
生产制造	0.66%	2.34%	4.71%
批发	0.61%	2.34%	11.33%
信息	0.55%	2.86%	3.39%
建筑	0.55%	6.06%	6.86%
教育	0.35%	4.85%	2.69%
金融保险	0.26%	3.96%	9.06%
零售	0.22%	20.40%	32.66%
采矿	0.08%	0.12%	0.17%
专业服务、科技服务	0.04%	2.34%	2.01%
公共事业	0.01%	0.73%	2.30%

资料来源　2001 County and Business Patterns, U. S. Census Bureau; Current Population Survey Outgoing Rotation Group 2001-2003 files, Bureau of Labor Statistics, U. S. Department of Labor; 1997 Economic Census for the county of Santa Fe, U. S. Census Bureau.

注:有关计算过程,参见 Pollin and Brenner, 2004 年原版报告附录1。

这里，住宿及餐饮服务业显然具有重要地位，这不仅仅是因为该行业将承受很高的成本，还因为它在圣菲市的经济中占有相对较大的规模。如第三栏所示，在圣菲市大企业中该行业的用工人数是最多的，占总就业人数的22.51%，但该行业的销售额不是最高的，在总销售额中位居第 4 名（占7%）。销售额最大的行业是零售业，在全市总销售额中占到将近1/3。不过，生存工资法对该市零售企业的影响可以忽略不计，这是因为，我们估计生存工资法给零售业带来的成本增加可能只占销售额的 0.2%。我们发现，总体上看，生存工资法带给占总就业人口 56%且占全市总销售额 83%的行业的成本增加不超过 2%。

5.2.7　当地供应商的成本转移

我们已经讨论过，适用圣菲生存工资法的部分企业将是本市其他企业的供应商。例如，圣菲市的饭店要购买食品批发商的产品，而这些批发商自身要承担生存工资法所带来的成本增加。如果我们假设当地供应商将把成本增加的一部分转嫁给本市其他企业，这将导致吸收这部分转移成本的饭店因为生存工资法而出现总成本的增加。

请注意，供应商转移成本并不会额外增加圣菲市整体经济的成本。在生存工资法适用范围内的一些企业正把自己增加的生存工资成本转移给其他受管辖企业。[6]然而，如果供应商把自己增加的生存工资成本转移出去，那么那些恰好严重依赖于当地供应商的当地企业将会感觉到生存工资法对自己的影响过大。因而，对于单独的行业而言，尽力去估计这些供应商的转移成本的规模是很有必要的。

为了估计这一点，我们已经用到来自联邦政府的调查数据，这些数据表明了各类企业的投入成本及这些投入成本分解成各个组成部分的情况。政府对这些投入成本的估计结果，后来得到了由明尼苏达大学的研究人员提出的模型，即现在大家所知的区域投入—产出模型的修正。这个被称为 IMPLAN的模型对美国某个具体地区（包括圣菲市）的企业投入提供了详细的估计结果。本章附录详述了我们对这种效应的估计结果。

我们通过这些数据来源做出了这种估计，对于该市的有代表性的企业而言，当地供应商转移的成本在总销售额的 0.1% 的范围之内。对于饭店业来说，我们估计这一比例稍低，在 0.08% 之内。但是基本问题是清楚的，一旦我们考虑到当地供应商成本转移的效果，我们估计一般企业的总成本与销售额之比将从 1.0% 升至 1.1%。同样，对于住宿及餐饮业来说，我们估计这个总成本与销售额之比将从 3.3% 升至 3.4%。

5.2.8　对成本增加占销售额比率的整体评估

总体上看，我们发现，对一般企业而言，生存工资所带来的成本增加（这里包括当地供应商的成本转移）将略高于总销售额的 1%，大概在 1.1% 的范围内。对饭店业来说，我们估计包括当地供应商的转移成本在内的总成本与销售额之比将在 3%~4% 的范围内。

5.2.9　食品企业承担成本的情况

由于饭店业在我们的分析中非常重要，所以我们在表 5.6 中给出了该行业更详细的成本信息。我们看到，该表把食品服务业分成了 6 个子类：全面服务型饭店、有限服务型饭店、自助餐馆、快餐店及不提供酒精类饮料的酒吧、食品服务承包商和食品供应商。从表 5.6 中可以看出这些不同类别的食品企业在企业数量、用工总人数、工资不足 8.50 美元的工人人数等方面的相对规模。该表还给出了生存工资法所带来的成本总额以及销售总额的相关数据。在这里的计算过程中，我们在对饭店的生存工资总成本进行估计时已经考虑到当地供应商的转移成本了。接着计算了各个子类别的食品企业的成本增加总额与销售额之比。我们看到，雇用适用工资法的工人人数最多且企业数量最多的是全面服务型饭店。从全行业来看，这些企业的成本增加与销售额之比平均达到 3.4%，波动范围在 2.7%（自助餐馆）~5.6%（食品供应商）之间。

5.2.10　对几家原告饭店的成本增加与销售额之比的估计

前文提到，我们对成本、成本增加与销售额之比的估计是根据政府统计数据得出的。这里有必要把这些估计结果与原告饭店自己提供的数据做一番比较。

表 5.6　　　　　　　**圣菲市的生存工资法对食品服务企业的影响**　　　金额单位：美元

食品服务的类型	企业数量	用工总人数	小时工资在5.15～8.50美元之间的工人人数	成本总额[a]	销售总额	中等成本增加占销售额的百分比
全面服务型饭店	55	2 725	993	3 566 556	104 864 658	3.4%
有限服务型饭店	24	840	306	1 102 637	36 351 924	3.0%
自助餐馆	3	185	67	243 527	8 861 632	2.7%
快餐店及不提供酒精类饮料的酒吧	3	145	53	188 909	4 491 004	4.2%
食品服务承包商	4	140	51	182 935	5 011 326	3.7%
食品供应商	1	35	13	45 380	811 317	5.6%
合　计	90	4 070	1 484	5 329 943	160 391 860	3.4%

资料来源　2001 County and Business Patterns, U. S. Census Bureau; Current Population Survey Outgoing Rotation Group 2001-2003 files, Bureau of Labor Statistics, U. S. Department of Labor; 1997 Economic Census for the county of Santa Fe, U. S. Census Bureau.

注：有关计算过程，参见 Pollin and Brenner, 2004 年报告附录 1。

[a]包括当地供应商转移的成本。

在表 5.7 中，我们提供的是原告饭店的相关数据。[7] 这些数据是根据原告饭店实际的工资数据直接得出的，在 2004 年 4 月的圣菲案审判中有过公示。如下表所示，这里只给出了有关对这 4 家企业的法定成本增加的数据。可以看出，根据这 4 家原告饭店自身的工资数据计算出的法定成本增加幅度占其销售额（总收益）的 1.0% ~4.2% 。

表 5.7　　　　4 家原告饭店的法定成本增加额/销售额的估计比率

（依据：饭店的工资和销售数据）

原告饭店	估计的成本增加额/销售额
Pinon Grill	1.0%
Robbie Day	1.9%
Zuma	2.2%
Pranzo	4.2%

资料来源　State of New Mexico County of Santa Fe First Judicial District Court No. DO 101-CV200300468, Hearing 4/15/04, vol. 8, 23~29.

　　如前所述，我们不能根据这 4 家企业提供的数据得出波纹效应或当地供应商成本转移的数据。但是，得到这些企业的某个全部成本增加/销售额比率（既包括波纹效应成本又包括当地供应商转移成本的比率）会大有用处。为了得出这样一个大致的估计，我们首先估计圣菲市所有适用生存工资法的饭店的平均波纹效应成本和当地供应商转移的成本。前文已经提到过，在饭店业中，当地供应商转移的成本占其销售额的 0.8%。饭店业的波纹效应成本占饭店总销售额的 0.56%，这一点前文未曾讨论过。

　　如果假设这些企业的波纹效应的成本和当地供应商转移的成本基本上符合我们得出的一般数据，则意味着，这两个成本项目之和将占到销售总额的 0.64%。将这两种成本比率与法定成本比率加总，就能大致估计出这些企业的成本增加总额/销售额之比。这 4 家原告企业的比率如下：

　　· Pinon Grill：1.6%。

　　· Robbie Day：2.5%。

　　· Zuma：2.8%。

　　· Pranzo：4.8%。

　　如果取这 4 个数的中值和均值，可以得出这 4 家企业的成本增加总额/销售额之比的中值和均值分别为 2.6% 和 2.9%。这两个数字实际上略低于 3.3%，后者是我们根据政府统计数据得出的圣菲市所有受管辖企业的成本增加/销售额比率。但值得注意的是，严格根据公开可获得的资料，我们能够估计出全市受管辖企业的成本增加与销售额之比，将其与我们根据 4 家饭店自己的工资和销售额数据得出的数相比，平均来看，前者占后者的比重不到 0.4%。显然，我们从 4 家原告企业自己的工资数据和销售记录中得到的数据支持了这个结论：我们对生存工资成本的估计方法是非常可靠的。

5.3　圣菲市的企业针对生存工资法做出调整的方法

圣菲市 9 000 多名工人的工资平均增长 23%，而且这些工人还接受由于波纹效应带来的工资增长，这显然会对全市的经济带来一些调整。那么会有哪些调整呢？

在考察提高最低工资标准对全国、全州以及全市的影响的讨论中，有两种调整方案经常成为焦点。第一类是失业，或更准确地说，是企业将裁员、不愿意雇用新工人，从而导致失业和低工资工人就业机会减少的局面。第二类是企业搬迁，即为了避免支付更高的最低工资，市内的企业将搬迁出城，本打算搬迁到市内的企业也打起了退堂鼓。由于上调最低工资的初衷是提高人们的生活水平，为低收入工人创造更好的就业机会，所以，失业率上升或企业搬迁出城显然是这些标准立法的意料之外且有违初衷的后果。

但是，针对全市范围内的最低工资标准上调，裁员或搬迁并不是企业仅有的调整方式。事实上，针对圣菲市的生存工资法，企业还有 3 种应对之道：（1）企业提高价格；（2）企业提高生产率；（3）提高低工资工人的工资在企业的总工资、薪酬和利税中的份额。至少在最初，这三个其他的调整路径有可能成为圣菲市企业针对法律做出调整的主要方式，这是因为与裁员或搬迁相比，这些调整方式实施起来更容易且更低廉。对企业来说，提高价格是成本最低且破坏性最小的调整方案。如此一来，如果生存工资法导致饭店面临的成本增额占销售额的 4%，并且该饭店能够提价 4% 且不会流失客户，那么它就能将增加的生存工资成本全部转嫁到客户头上。换而言之，其利润根本不会因为生存工资法的出台而下滑，而且不需要采取其他调整手段（比如裁员或搬迁）来消化其成本的增加。

但是，企业面临着严峻的竞争。企业既能提高价格又能避免客户流向其竞争对手，我们对此能有多大的把握？在理解了企业的调整过程后，这个问题来说至关重要，所以我们在讨论中给予了最大的关注。

5.3.1 提高价格

如第 4 章所述，卡德和克鲁格（Card and Krueger，1995）除了研究其他问题外，还研究了新泽西州把全州最低工资提高到比全国最低工资高出 18.8% 的水平后对快餐业的影响。他们发现，新泽西的快餐店所面临的总成本增加率约为 3.4%，所以这些企业几乎可以按照这个幅度来提高价格。

卡德和克鲁格与其他研究人员一道，还将这一研究结果与全国最低工资标准上调后的其他几个州在快餐业方面的情况进行了对比。他们再次发现，在多数情况下，这些饭店的提价幅度大体上与最低工资上调所带来的总成本增加幅度相一致。例如，芝加哥联邦储备银行的丹尼尔·阿伦森（Daniel Aaronson）在 2001 年对 1978—1995 年间美国和加拿大上调最低工资标准后饭店业的价格转移情况进行了研究。在给出各种大量数据，并利用另一种方法对其数据进行统计稳健性检验后，阿伦森得出的结论是："绝大多数数据表明，饭店的提价幅度等于最低工资立法后所带来的工资总额增加的幅度。"（2001，169）

由此可见，这些发现有力地证明了涨价的调整机制在快餐业中的重要性。但是，企业提高价格来反映其成本增加的能力取决于它们出售产品的市场条件。那么在圣菲市经营的这些企业是什么情况呢？

要探讨圣菲市受生存工资法管辖的企业，其通过提价来弥补成本增加的可行性，要先回答以下两个至关重要的问题：

1. 为弥补其成本增加，企业需要提价多少？根据我们已经给出的数据，饭店和酒店业的代表性企业的提价幅度须达到销售额的 3.3% 左右才能弥补其成本增加。这个价格涨幅是圣菲市所有企业所需的最大涨幅，因为生存工资法给该行业所带来的成本增加是最多的。相比之下，零售企业的成本增额仅占其销售额的 0.2%——因此，它们由于成本增加而需要进行的提价幅度很小，可以忽略不计。

2. 为弥补其成本增加，企业有多大的提价能力？当然，这个问题首先取决于这些企业所经营的市场的竞争环境，还取决于企业的客户对价格上涨的敏感程度。以一般饭店为例，如果其饭菜价格起初是 10.00 美元，那么如果生存工资法导致饭菜的价格上涨 4%（达到 10.40 美元），是否就没有客户愿意去就餐了呢？

因此，在考察企业为弥补成本增加而提价的能力的过程中，我们应该重点关注那些价格涨幅最高的行业，因为在这些行业里，与竞争对手和客户有关的问题关系最为重大。简言之，我们应该集中关注这个问题，主要是因为它影响到饭店和酒店。当然，该案中的 4 家原告企业恰巧都身处酒店和饭店业，这导致我们对该行业的关注更显得合情合理。

由于圣菲法的具体规定，对酒店和饭店的竞争环境的评估变得复杂起来。按照相关规定，该法仅适用于工人人数超过 25 人的企业。这些企业相互之间展开竞争，大型酒店和饭店将统统受到生存工资法的影响。它们不但可以自行选择提高价格来弥补其成本增加，而且不会影响其相对的竞争地位。但是，这些企业并不只是展开内部竞争，它们还会与行业里那些不必承担这种法定成本增加的小企业展开竞争。特别是，酒店还与城市管辖范围以外的同行展开竞争，在吸引会议客源方面尤其如此。因此，我们需要考察在这些具体条件下提高价格的效果——与小型企业的相对竞争态势和与其他城市的相对竞争态势。

5.3.2 饭店、酒店业价格竞争的基本问题

正如我们所见，该行业的相关的平均成本增加比该市其他行业的都大。同时，该行业用来弥补其成本增加的提价幅度是 3.3%，从绝对数额上看并不高。对 4 家原告企业来说，平均成本增加略低，为 2.9%，这可以从它们自身的工资记录和销售记录中推断出来。如果我们把这些估计数字汇总起来，假设这些饭店的成本增加占其销售额的 4%，那么饭菜价格平均为 10.00 美元的饭店为了弥补其成本增加，将把价格提高到 10.40 美元。为了

证明这一点，有必要多看几个类似的例子。饭菜价格平均为 20 美元的饭店将把价格提高到 20.80 美元。同样，快餐店里 2 美元的汉堡包的价格将提高到 2.08 美元。最后，考虑到酒店的例子，100 元的酒店房间价格将不得不提高到 104 美元，200 美元的房价价格要提高到 208 美元。圣菲市的大型饭店和酒店不得不收取比小型竞争对手高出很多的价格，这会对前者造成多大的伤害呢？

当然，如果圣菲市受管辖的饭店和酒店的提价幅度相对于其竞争对手来说更加显温和的话，它们将面临着某种程度的竞争加剧的压力。问题在于：这种提价幅度对竞争压力的加剧有多大影响？

实际上，现有的相关文献表明，只要提价幅度保持在我们所设计出的最宽泛的一般界限之内，即饭菜的价格从 20 美元提高到 20.80 美元，那么这种竞争压力加剧的情况就不会很严重。这是因为在酒店和饭店的消费支出属于可选择性消费，高端细分市场更是如此。当我们从低端细分市场转向高端细分市场时，消费者在一般价格范围内对价格敏感度较低。在一定的价格范围内，他们主要对所购买的商品或服务的质量感兴趣，而在决定消费者需求方面，酒店和饭店在质量认知度的差异比饭菜的具体成本（比如 20.00 美元还是 20.80 美元）还要重要。

酒店管理领域的顾问和研究人员早就认识到了这种一般情况。例如，罗伯特·刘易斯（Robert Lewis）和斯托·休梅克（Stowe Shoemaker）1997 年在《康奈尔酒店与饭店管理季刊》上发表了一篇论文，解释了价格如何作为表示质量的重要信号来吸引潜在的高端酒店和饭店的客户。这类客户的首要目标并不是寻求低价，而是在寻求高质量的服务，并愿意为其支付高价格。因此，能够以高价格维持强大的客户需求的酒店或饭店正好用其高价格传递了一种高质量的信号。相应地，这个细分市场里的酒店或饭店如果降价，将传递出它难以维持其潜在客户所寻求的高质量的信号。

因此，这个细分市场里的酒店客户愿意接受较宽的房价范围，这取决于他们对所接受的服务的质量感知。根据刘易斯和休梅克的研究，对于既定质量的房间，用于商务目的的酒店价格的可接受范围在中间价格上下 54 美元的波动区间。他俩还强烈反对所有包括酒店和饭店在内的接待服务都采取成本驱动型的定价方式（用成本而不是客户的态度来决定价格）。他们引用了知名管理学家德鲁克和列维特的理论，认为成本驱动型定价的错误恰恰在于它未能考虑到市场的承受能力，尤其是未能考虑到客户把价格视为重要的质量信号。[8]

尼古拉斯·M.基弗（Nicholas M. Kiefer）、托马斯·J.凯利（Thomas J. Kelly）和肯尼思（Kenneth Burdett）三人于 1994 年对饭店业务开展的一项创新研究得出了类似的成果，该成果发表在《商业与经济统计期刊》（1994b）和《康奈尔酒店与饭店管理季刊》（1994a）上。这三名研究人员与一家饭店的老板合作，在一家饭店内针对菜单上的一个受欢迎的菜品（煎鳕鱼）制定了不同的价格。特别是，他们在某个晚上，让煎鳕鱼的价格针对不同的顾客在 8.95 ~ 10.95 美元之间变动，从而考察了这家饭店的顾客需求的变化。他们的主要成果是，在这个价格范围内，不管煎鳕鱼的价格是否发生变动，其需求不受影响。他们写道："数据清楚地表明，在我们所考察的价格范围内，价格不太可能对客人所点的炸鱼产生重大的负面影响。"（Kiefer，Kelly and Burdett，1994a，52）

简言之，他们总结为，他们的研究结论与美国国家餐馆协会在其出版物《饭店的价格——价值关系》（1992）中所表述的观点一致。该协会认为："客户自认为更在意的是质量和价值，而不仅是价格——他们想要获得高质量的服务且愿意为之付账。"（Kiefer，Kelly and Burdett，1994a，49）

来自商业部门文献中的这个数据与更广泛的数据是一致的。我们已经研究过的一个相关案例——加州圣莫尼卡的酒店业（见 Pollin and Brenner，2000）。圣莫尼卡的经验为割裂地看待酒店的房间价格与其需求之间的关系提供了一个良好的研究基础，因为依照法律规定，房间的供给基本上是固定的，受制于该市的限制增长的法律。因此，在房间供给保持不变的条件下，当房间价格变动时，变动情况仅能反映出房间需求的变化情况。

这项研究得出了两个重要的一般性结果。第一，在 1987—1999 年间，圣莫尼卡的平均房间价格从 86 美元上涨到了 179 美元，总体上涨了

108.1%，平均每年增长9.0%。在这些年间，这个增长幅度比全国（以CPI衡量）的总体通货膨胀率高出5.1%。第二，尽管存在这些价格变动，圣莫尼卡市酒店的入住率在此期间也普遍上升了。在1987年，平均入住率是79%，而1999年达到81%。如果我们仅仅关注该市的高端酒店，这种价格和入住率之间的正相关关系会更加明显。问题的关键不在于该市酒店的入住率在上升，而在于其价格一直在上涨。该数据表明，是质量因素（包括酒店位置在内）而不是价格因素主宰着价格。

我们在此要强调一点：并不是说圣菲市的酒店和饭店如果提价3%～5%，会提升其竞争地位。但是，有关质量因素方面的文献和来自圣莫尼卡市酒店的数据表明，在一定的价格范围内，相对较小的价格上涨（比如饭菜的价格从20美元上涨到21美元），不太可能导致企业的竞争地位出现恶化。这些研究成果似乎同样适用于传统业务，也适用于个体和个体企业的消费模式。如果圣菲市的高端酒店在传统业务领域展开竞争，那么相对于拉斯维加斯或圣莫尼卡市的酒店而言，决定性的因素就不太可能是3%～5%的价格差异。[9]

即使除了高端细分市场以外，卡德和克鲁格对新泽西市快餐店的研究也表明，相对较小的价格变动不会导致消费者需求发生重大变化，快餐业也不例外。他俩还特意研究了宾夕法尼亚州边界附近的快餐馆。虽然在新泽西州这边的饭店提价3.4%来弥补成本增加，但宾夕法尼亚的企业根本没有任何法定工资上涨的压力。[10]然而，新泽西的企业尽管提价3.4%，但在消费者需求方面并没有出现任何重大变化。换而言之，新泽西边界的快餐店并没有出现顾客流向宾州来避免新泽西州的价格上涨。

实际上，鉴于价格上涨是适度的，这似乎是唯一可能的结果，快餐店广为流行的一个重要原因恰恰是这些饭店上餐速度很快。根据1999年对快餐业销售额增长的研究，"人们想要快速且方便的食物，他们不想在准备饭菜、去取饭菜或在饭店等待进餐等方面花费大量的时间。其结果是，消费者依赖快餐"（Jekanowski 1999，11）。也就是说，适度的上涨不太可能导致消费者花费时间驱车绕远去吃饭。

5.3.3 道德消费的作用

还有一个因素可能至少会对圣菲市的消费者造成一定影响，这就是，在生存工资法实施后，大企业将变身为执行生存工资的企业。当消费者认识到这就是大型饭店和酒店相对于小型竞争对手而言价格相对更高的原因时，至少有部分消费者会刻意去挑选那些遵照生存工资法的企业。毕竟，圣菲市议会中的绝大多数议员都投票支持生存工资法，而且他们的投票决策无疑广泛体现了圣菲市民众整体的道德关注。还有一件事也说明了这个问题。Zuma公司的董事长兼总经理伊丽莎白（Elizabeth）说："我已经接到社区民众的电话，他们说因为我反对生存工资法，所以他们将不再光顾我的饭店。"[11]

在圣菲市的民众中至少有部分人有这些考虑，这符合人们对已经被称为道德消费行动的普遍支持。美国最著名的道德消费的例子是"反血汗工厂运动"，这场运动的目标直指已经曝光的耐克和凯思服装公司（Kathy Lee Gifford Clothing）之类的企业。"反血汗工厂运动"还已经促使校服（比如新墨西哥大学的 T 恤衫）生产企业在全球范围内大规模地改善其生产环境。迄今为止，有一百多所高校与私人企业签订校服生产合同时都遵守行业规范。更广泛地说，大量民意调查数据显示，有很大比例的消费者支持道德消费原则。例如，由国际经济学研究所的金伯利·安·埃利奥特（Kimberly Ann Elliott）和哈佛大学经济系的理查德·弗里曼（Richard Freeman）于1999 年对消费者进行的一项调查发现：平均来看，美国消费者为了确保自己所购买的产品是在"良好的工作环境"下生产出来的，愿意对一件 10 美元的商品多支付 28 美分，对一件 100 美元的商品多支付 15%（参见 Elliott and Freeman 2003）。

考虑到以上种种因素，圣菲市的大型饭店和酒店甚至可以从"标榜自己是生存工资企业"中受益，这一点似乎是有道理的。考虑到这些企业有可能为了弥补其生存工资成本增加而不得不提价 3%～4%，这一点尤为正确。这种价格增加幅度恰好在 15%～28% 的范围内，这是埃利奥特和弗里曼的民意测验中认定的消费者愿意为确保工人的劳动条件而进行支付的价格涨幅区间。

5.3.4 提高生产率

在前几章中，我们提出了这样的观点，作为支付更高工资的结果，企业可能会提高其生产率。近些年的研究表明，向从事某件工作的工人支付超过市场水平的工资能从多个渠道提高企业的绩效，其中包括：招聘低工资工人的成本下降、工人流动率下降，以及缺勤率下降。反过来，较低的流动率和缺勤率意味着企业的培训和监督成本也会下降。这些因素合起来就会提高工人的士气和生产率。[12]

但是，"圣菲市的大企业提高最低工资标准将会提升劳动效率"的观点引出了这样一个明显的问题：如果企业能够受益于支付更高的最低工资，那么为什么它们并没有自愿支付更高的工资呢？已经存在的一个事实是，有为数不少的企业所支付的工资的确比竞争对手高出很多，而且它们仍然在市场上继续经营。但这种情况并不适合大多数企业，对大多数企业来说，通过降低工人流动率、降低缺勤率以及降低与招聘、培训和监管等有关的成本而带来的成本节省依然赶不上因支付更高的工资而导致的直接成本增加。因此，为了达到我们的研究目的，我们需要考察受管辖企业的这些间接成本的节省相对于生存工资法所带来的成本增加而言有多大。

5.3.5 通过降低流动率带来的成本节省

除了有关提高工资支付会促进生产率的一般研究以外，针对酒店业和饭店业里高流动率的成本这个具体的问题，在学术期刊和商业杂志上都有广泛的探讨及文献。这些文献认为，酒店业和饭店业的高流动率让相关企业承受了很重的成本负担。例如，美国酒店基金会 1998 年的一项研究揭示该行业每年的工人流动率在 60% ~ 300% 之间（Woods，Heck and Sciarini 1998）。对于工资级别最高的工人来说，平均流动率是 92%。按照杰弗里·A. 伯恩斯坦（Jeffrey A. Fernsten）和史蒂文·A. 克罗福特（Steven A. Croffoot）在《酒店管理实践》（1996）中的观点，酒店业里每个工人的流动率成本在

176~4 200 美元之间（按 2005 年的美元价值计算；按 1999 年的美元价值计算，在 150~3 600 美元之间）。在托尼（Tony Simons）和蒂莫西（Timothy Hinkin）2001 年在《康奈尔酒店与饭店管理季刊》上发表的研究成果《工人流动率对酒店利润的影响》（The Effect of Etnployee Turnover on Hotel Profits）中，认为这个数字更高，达到 5 860 美元（按 2005 年的美元价值计算；按 1999 年的美元价值计算，为 5 000 美元，Simons and Hinkins，2001，68）。对于饭店来说，美国国家餐馆协会 1998 年的研究也认为每个工人的流动率成本在 5 991 美元（按 2005 年的美元价值计算；按 1998 年的美元价值计算为 5 000 美元，Worcester 1999）。

布鲁斯·特雷西（Bruce Tracey）发表在《康奈尔酒店与饭店管理季刊》上的论文（2000）把流动成本分成了五大类：离职成本、招聘及吸引人才成本、选择成本、雇佣成本和低生产率成本。在每一个类型中，他们分析了由于这些成本出现的细节问题。例如，单单离职成本就包括离职访谈员、离职工人面谈、离职文件处理和离职金等方面的成本。工人流动方面的这些成本还会带来老工人培训、新工人的招聘和培训以及相关活动的一般管理费用等方面的成本。

5.3.6　原告企业的流动率和潜在的成本节省

表 5.8 给出了我们对原告企业 Zuma 和 Pranzo 的工人流动率进行估计的基本计算结果，依据是其工资结算信息。如表所示，至 2003 年 10 月 31 日，Zuma 雇用了 53 人，但在这个工资结算期内，有 58 人从公司离职。其中有些离职系季节性商业波动所致，但我们不想把雇佣工人的这种季节性波动与工人流动的问题等同起来，因此我们还给出了该公司在这个时期内最高的雇佣水平，即 8 月份达到最高的 71 人。然后，我们计算出该公司相对于其最高的雇佣水平的流动率为 82%（离职人数 58 人/最高的就业人数 71 人）。最后，在假设 12 个月内的流动率等于我们所观察的 10 个月内的实际流动率的条件下，我们推算出整个 12 个月内的流动率，并估计了所发生的离职人数。从表中可以看出，12 个月内的流动率为 98%，离职人数为 70 人。

表5.8　　　　　　对两家原告企业的工人流动率的估计

	Zuma 全体雇员（基于 1/1/2003—10/31/2003 期间内每月的工资结算资料）	Pranzo 非管理层雇员（基于 1/1/2003—10/9/2003 期间内的 21 份工资结算表）
工资结算期末的实际雇佣人数	53	81
实际的工资结算期内的离职人数	58	81
工资结算期内的最高雇佣人数	71	109［根据 Zuma 公司 10 月的流动率/最高雇佣人数进行的估计］
相对于最高的雇佣水平的流动率	82%	74%
12 月期的流动率	98%［0.82×12/10（每月结算期）］	92%［0.74 × 26/21（结算期）］
离职人数	70［71（最高雇佣人数）×0.98］	100［109（最高雇佣人数）×0.92］

资料来源　Payroll data for Zuma and Pranzo.

粗略地估计，该行业每次工人离职的流动成本在 5 000 美元，这意味着，在所估计的全年里，Zuma 公司将承受 350 000 美元（70×5 000）的流动成本，而我们对该公司将以法定生存工资增加的形式支付的估计金额为 76 830 美元，前者是后者的 4.6 倍。我们对 Pranzo 的流动成本的估计结果也差不多，见表中第三栏。[13]

估计的这些流动成本——Zuma 和 Pranzo 的流动成本差不多是法定生存工资成本增加的 5 倍——显然非常高。但它们仍然不能让我得出这样的结论：降低流动率本身就能够消化掉生存工资法所带来的成本。一方面，我们无法假设一旦实施了生存工资法，就将彻底排除工人出现流动的现象。另一方面，我们也不能假设根据行业和学术领域的数据而估计出的每位雇员5 000美元的流动成本就适用于 Zuma、Pranzo 或圣菲市的其他受管辖企业。而且，流动率可能因低工资雇员接受一定的工资上涨而降低多少，迄今为止尚无文献对这个问题提供可靠的估计。

为了有意低估有关通过降低流动率来获得成本节省的机会，我们做出了如下假设：（1）Zuma 和 Pranzo 公司的流动成本仅占学术和商业文献所估计的 5 000 美元的 25%（流动成本大概在 1 250 美元/雇员左右）；（2）给所有雇员的工资至少提高到圣菲市 8.50 美元的最低标准的确会降低流动率，但对上述两家企业来说，只是降低了 25%。

以这两条进行低估的假设为基础，表 5.9 逐步对这两家原告企业降低流动率后的成本节省进行了重估。根据假设条件，我们可以看出，降低流动率将使 Zuma 节省 21 250 美元，这大约相当于其法定生存工资成本的 28%。Pranzo 将节省 31 250 美元，占其法定生存工资成本的 29.2%。换而言之，即使在流动成本和流动率可能下降的幅度两方面刻意做出适度的假设，我们依然可以得出结论：对 Zuma 和 Pranzo 来说，支付更高的生存工资会导致流动率下降，而流动率下降所产生的成本节省在生存工资法的法定成本中仅占到将近 30%。

5.3.7 获得生产率收益的其他渠道

削减流动成本并不是提高受管辖企业生产率的唯一渠道。例如，这些估计结果没有试图衡量出低工资/低士气工人的缺勤率或监督工作等方面的成本，也没有试图衡量出在提高工资会激励工人工作更卖力的条件下企业将获得的收益情况。在雇员经常与客户打交道的服务业中，这方面的好处可能很大。耶鲁大学的杜鲁门·比尤利（Truman Bewley）在《为什么经济衰退期的工资不下降》（*Why Wages Don't Fall during a Recession*）的论文中强调了这一点，该论文是他 1999 年对雇佣关系甚至在宏观经济层面上如何影响经济绩效的主要研究成果。比尤利引用了非工会成员酒店的一位经理的代表性的观点："工人士气对于企业业绩来说很重要。雇员需要享受工作环境，需要被视为活生生的个体。我们必须注意并欣赏他们的思想，必须鼓励他们采取积极、主动的行为让顾客满意，同时也必须让工人感到高兴，这样他们才能在顾客面前树立积极的形象。"（1999，50）

表5.9 　　　　　　　　　　　　　对降低流动率所带来的潜在节省的估计

估计的假设条件

1. 流动率成本为1 250美元/雇员

2. 当生存工资法实施后，流动率下降2.5%

	Zuma	Pranzo
	全体雇员（基于 1/1/ 2003—10/31/2003 期间内每月的工资结算资料）	非管理层雇员（基于 1/1/ 2003—10/9/2003 期间内的 21 份工资结算表）
当流动率降低 2.5% 后，新的年流动率	74% ［0.98×0.75］	69% ［0.92×0.75］
当流动率降低后，年离职人数的减少	17 ［74%（新的离职率）× 71（最高雇佣人数）= 53 人（离职），减少量 = 70 － 53］	25 ［69%（新的离职率）× 109（最高雇佣人数）= 75 人（离职），减少量 = 100 － 75］
降低流动率所带来的成本节省	21 250 美元 ［17×1 250］	31 250 美元 ［25×1 250］
生存工资法带来的法定成本估计额	76 830 美元	107 170 美元
流动率/离职人数降低后的成本节省	27.7% ［21 250 美元/ 76 830 美元］	29.2% ［31 250 美元/ 107 170 美元］

资料来源　以上是作者根据原告企业提供的数据进行的估算。

　　把监督成本、缺勤率的下降和工人工作更卖力等各种潜在的节省添加到我们对流动成本的估计值上，我们似乎可以这么认为：对某些企业来说，支付更高的生存工资所带来的全部生产率收益的合理估计值可能占到其全部生存工资成本的40%以内。做出这个大概估计的基础是，首先承认流动率下降所带来的成本节省大约占法定生存工资成本的30%，然后再承认降低缺勤率和提升士气会带来格外的成本节省。针对这些收益，我们把额外的波纹效应成本的增加和当地供应商的转移成本相加起来。

5.3.8　价格效应和生产率效应的结合

根据我们刻意进行低估的假设条件，接受生存工资标准上调的工人会导致生产率的提升，如果这种生产率的提升可以为受管辖企业节省的成本占其生存工资总额的 30% ~ 40%，那么就可以做出进一步的推断：通过提高价格来弥补其成本增加的必要性会相应下降。为了谨慎起见，如果我们再次采纳低估的数字并假设生产率收益能够弥补 30% 的生存工资成本，那么这就意味着，提高价格的幅度只需要达到能弥补剩下的 70% 的水平即可，而不需要弥补 100% 的生存工资成本。这样一来，考虑到我们的成本增加与销售额的比率，一般饭店的相对提价幅度这时就从 3.3% 下降到了 2.3%。

5.3.9　价格、生产率及其他商业调整机制

从上述分析中得到的一般结论有力地证明了这一点：受圣菲市生存工资法管辖的企业或许有能力通过适度提高价格和提升企业的生产率（主要通过降低工人流动率来实现）的途径来弥补其额外增加的生存工资成本。这就是说，圣菲市的生存工资法基本不可能导致企业为了回避该法而裁员或搬迁出市。进一步讲，圣菲市的生存工资法不太可能对本市的酒店在吸引游客或会议举办等业务方面的能力造成重大影响。

这个一般结论完全符合近期学术文献中有关最低工资标准上调对失业的影响的研究结果。该领域最为著名的当属卡德和克鲁格的研究，尤其是他俩于 1995 年的名作《神话与尺度：最低工资的新经济学》。卡德和克鲁格的研究一再发现，最低工资的变动并没有导致失业率有明显的升高（而实际上，往往关系到低工资就业的轻微上调）。但是，卡德和克鲁格的研究方法和研究结果受到了一些学者们的质疑，其中最著名的是大卫·纽马克（David Neumark）和威廉·沃舍（William Wascher）（例如，2000）。但纽马克最近的研究成果尽管依然与卡德和克鲁格的研究成果存在冲突，但也表

明，提高最低工资标准不会对就业造成任何重大影响，或者仅存在极小的负面影响。

卡德—克鲁格和纽马克—瓦斯切尔的研究成果之间的差异已经由理查德·弗里曼进行了很好的总结："争论的焦点是适度上调最低工资标准对就业的影响是没有，还是适度的正面影响，还是很小的负面影响；而不是是否存在很大的负面影响。"（1995，833）

附录　对圣菲市当地供应商成本转移的估计

IMPLAN 是对美国进行区域经济分析的主要工具之一，被广泛应用于学术界、政府部门和私企。[14] 我们已经利用 IMPLAN 模型估计出了生存工资法可能给圣菲市的各类企业带来的成本增加。现在，我们用 IMPLAN 模型来估计圣菲市饭店业里的主要供应商的投入问题。根据这些主要供应商投入的数据，我们就能够证明我们是如何对当地供应商因生存工资法而实施的成本转移进行估计的。

我们重点研究的是饭店业，其部分原因在于该行业受生存工资法的影响相对较大——有代表性的饭店的成本增加与销售额之比超过 3%。但关注饭店业的另一个原因在于，4 家原告企业中有 3 家本身就是饭店，通过它们提供的资料，我们能够检验出 IMPLAN 模型能否可靠地实现我们的研究目的。

于是，我们在表 5.10 中复制了 Pranzo、Robbie Day 和 Zuma 等 3 家企业提供的供应商成本信息，同时给出了我们根据 IMPLAN 模型提供的信息而对有代表性的饭店所进行的估计结果。按照 Pranzo 提供的会计方法，我们把供应商成本分成了两大类：（1）食品和酒类；（2）可控费用类。如表 5.10 所示，对这 3 家原告企业而言，这些数据在供应商成本占饭店销售额的比例这方面是一致的：食品和酒类的比例范围是 31.3%～32.9%，可控费用的比例范围是 25.1%～26.2%。第五栏是我们根据 IMPLAN 对有代表性的饭店在这两类供应商成本方面的估计结果。如表 5.10 所示，估计结果是食品和酒类占销售额的27.9%，可控费用占22.0%。总之，尽管根据IMPLAN得出的百分比比3家原告企业的低，但低幅很有限——换而言之，IMPLAN的估计结果与原告企业所提供的供应商成本的数据大体上一致。

表5.10　　通过两种途径估计的供应商成本总额占销售额的百分比

（1）	（2）Pranzo	（3）Robbie Day	（4）Zuma	（5）IMPLAN
食品和酒类	31.8%	31.3%	32.9%	27.9%
可控费用	25.1%	26.2%	25.8%	22.0%

资料来源　*New Mexicans for Free Enterprise et al. vs. The City of Santa Fe documents*：Plaintiff Zuma Second Supplementary interrogatory & RFP. 128；Plaintiff Robbie Day financial statement including balance sheet statement of operations for 12 months ended December 31，2003（hand-delivered to city attorney Bruce Thompson March 3，2004）；Plaintiff Pranzo Supplemental to First Interrogatory & RFP，274.

IMPLAN的可靠性得到了证实。基于此，现在我们继续采用来自IMPLAN的详细数据来估计当地供应商的成本转移。表5.11给出了对当地供应商成本转移的估计结果。尽管我们已经对在圣菲市经营的所有行业都进行了相同的估计，而且在下文将报告对所有受管辖行业的总体估计结果，但和前面一样，我们集中关注的依然是饭店业的数据。

从概念上讲，我们的估计方法很简单，仅包含两个基本步骤。首先，我们根据IMPLAN得出有关圣菲市受管辖饭店的供应商成本的数据，并按照各种类型的供应商提供的相对权重对这些成本进行分类。其次，我们对这些当地供应商因生存工资法而导致的成本增加与其销售额的比率进行了估计。供应商企业的这个成本增加与销售额的比率与我们在表5.4中针对圣菲市受管辖的有代表性的企业所给出的比率相同，而且与表5.5中我们按照行业类型进行分类的受管辖企业的比率也是相同的。同样，我们在表5.4中提出有代表性的企业的成本增加与总销售额的比率为1.0%。这就是说，如果这家有代表性的企业碰巧是圣菲市受管辖饭店的供应商的话，那么这家有代表性的企业必须提价1.0%才能将其全部的生存工资成本转移给饭店。这正是我们

表 5.11　　　　　　当地供应商成本转移占饭店/酒吧销售额的百分比

（1）	（2） 食品和酒类投入	（3） 可控费用	（4） 所有非劳动力投入 （食品和酒类+可控费用）
生存工资法实施前的全部供应商采购	4 340 万美元	3 400 万美元	7 740 万美元
生存工资法实施前的当地供应商采购	420 万美元	1 150 万美元	1 570 万美元
生存工资法所导致的平均供应商成本增加占供应商销售额的百分比	0.89%	0.83%	0.85%
因生存工资成本转移所导致的当地供应商采购的增加	37 380 美元（4.2 万美元的 0.89%）	95 450 美元（11.5 万美元的 0.83%）	133 450 美元（15.7 万美元的 0.85%）
饭店/酒吧的总销售额	16 400 万美元	16 400 万美元	16 400 万美元
当地供应商成本转移占饭店/酒吧销售额的百分比	0.02%	0.06%	0.08%

资料来源　Current Population Survey Outgoing Rotation Group 2001-2003 Files, Bureau of Labor Statistics, U. S. Department of Labor; 1997 Economic Census for the County of Santa Fe, U. S. Census Bureau; 2001 IMPLAN Pro Software, MIG, Inc.

注：计算细节参见 Pollin and Brenner, 2004 Report，附录 1 和 2。

所说的当地供应商对饭店的完全成本转移的意思。为了弄清当地供应商 1%的成本转移在饭店的总成本中占多大的比例，下面我们来考察某家当地供应商所代表的相对成本比例。因此，如果一家当地酒厂对一家圣菲市受管辖酒店的酒类供给占其全部供给的 10%，而且由于生存工资法，这家酒厂的成本增加占其销售额的 1%，这就意味着，该饭店的总成本将仅仅上升 0.1%（0.10×0.01 = 0.001）。

这种估计技巧明显不同于 3 家原告饭店所采用的方法，后者在各种质询书中都有描述。[15] 3 家原告企业在其质询书中都声称它们假设其当地供应商的劳动力成本上升的幅度将与它们自身的劳动力成本上升的幅度相同。例如，原告企业 Robbie Day 这样写道：

我的间接费用也将出现增加，原因是我的供应商将承受相似的成本增加。我无法肯定地预测出这些间接费用的增加额度，因为这取决于我的供应商的间接成本和直接成本的增加额。假设所有本市的供应商在劳动力成本增加幅度的范围比较集中，大体在 39.86%、56% 和 75% 左右。但是，我无法预测它们的总成本增加的实际比例。[16]

但是，Robbie Day 做出的"所有本市的供应商在劳动力成本增加方面的幅度都是相同的"这种假设并没有考虑到这样一个事实：对圣菲市所有其他企业来说，低工资工人占劳动力总成本和销售总额的比例要远低于饭店业所占的比例。而且，原告企业没有提供有关当地供应商的各种投入在其饭店总体成本结构中所占的相对权重的数据。

为了记录我们对当地供应商成本转移的估计方法，我们继续在表 5.11 中的第 2 栏对食品和酒类供给进行了估计。我们首先指出圣菲市受管辖饭店的全部食品和酒类供应额度达到了 4 340 万美元。在这个总额中，IMPLAN 指出有 420 万美元的食品和酒类采购来自当地供应商。因此，下一个问题就是，由于生存工资法的实施，当地供应商如果要完全转移额外的生存工资成本，那么需要把这笔 420 万美元的食品和酒类采购提高多少？要回答这个问题，我们需要弄清生存工资法导致这些供应商的成本增加占其销售额的比例——这就是我们此前已经考察过的有代表性的企业（见表 5.4）和根据行业划分的有代表性的企业（见表 5.5）的比例。

从表 5.11 中可以看出，对于受管辖饭店的食品和酒类供应商来说，成本增加与销售额之比为 0.89%。换而言之，假设这些供应商的销售额保持稳定，它们为了要自己的生存工资成本增加与销售收入相匹配，就得提价 0.89%。于是，如我们在表 5.11 中所见，这些供应商要在生存工资成本上 实现完全成本转移的话，受管辖饭店在食品和酒类供应商上的支出将得增加 37 380 美元（4.2 万美元×0.89%）。

第 6 章

亚利桑那州最低工资标准
上调后的支出注入：企业如何受益

罗伯特·波林　珍妮特·威克斯-利姆

在 2006 年的完整报告中，我们详细考察了亚利桑那州把全州的最低工资提高到 6.75 美元之后该州的企业将承受多大的成本，以及企业将如何对这些成本做出回应的问题。但是，该州有很多企业也会从标准上调到 6.75 美元中受益。它们也将从中受益的原因很简单：当低工资工人及其家庭有更多的钱消费时，他们将在自己居住的低收入社区消费掉其中的很大一部分。

哪些企业将受益，并且它们将获得多大的好处呢？我们在 2006 年的完整报告中指出，把亚利桑那州的最低工资提高到 6.75 美元（有小费收入的工人提高到 3.75 美元）将带来大约有 19 000 万美元的法定工资的上涨，还有 14 000 万美元的波纹效应的工资上涨——合计起来，350 000 个工人的工资上涨总额将达到 33 000 万美元左右。但是，这并不是说对该州企业的支出将增长 33 000 万美元，基本原因有两点：

1. 如我们所见，家庭纯收入的增加将低于工资增长额，这是因为大多数低工资工人将发现工资上涨后政府给他们的补贴减少了，而且自己的税负加重了。正因如此，比方说，在基本需求门槛以下的家庭中，至少有一个家庭成员的工资收入将上涨到 8 美元，该工人的收入增长了 8.4%，但家庭可支配收入仅仅增长了 3.2%。

2. 受到影响的企业会小幅提高价格，从而 33 000 万美元的工资增长中有很大一部分被抵销。这就是说，低收入家庭额外赚到的钱来自于其他任何在亚利桑那州消费的人的口袋：低收入家庭的收益是从本州所有消费者的收入中转移出来的。考虑到这种收入转移的性质，最低工资上调至 6.75 美元应该不会给亚利桑那州的企业带来净收益，仅仅是另一群人在花费增加的 33 000 万美元的工资——低收入消费者花费更多而高收入消费者的花费略少。

但是，即便承认低收入家庭的工资增长来自于高收入家庭的口袋，但亚利桑那州的企业依然有两条途径从最低工资上调中获益，我们称之为：（1）州外支出注入；（2）低收入街区的支出注入。

6.1 州外支出注入

流向亚利桑那州的低收入家庭的额外收入中有一部分将来自于州外消费者，尤其是在本周的饭店、旅馆、零售店和娱乐场所消费的州外旅游者的口袋。当这些企业稍微提高价格来弥补其更高的劳动力成本的时候，这种行为的效果就是州外的额外的钱被转移到州内。这种额外的支出首先流向那些在接待州外游客的旅游业里就职的低收入工人，因此，并没有直接让州内的旅馆和饭店的老板们或更一般意义上的企业受益。不过，旅游业的低收入工人现在可以消费来自州外的额外的钱了。现在这些工人可以把自己的额外收入花掉，也就是说，这些有可能是最低工资上调到 6.75 美元所带来的钱原本不该由州内的任何消费者来支配。基于此，我们把这种因最低工资标准上调的效果称为州外支出注入（效应）。

这种州外支出注入效应可能有多大？我们估计，亚利桑那州工人每年源自州外游客的净收入增加额达到 8 000 万美元。[1] 但这 8 000 万美元的支出增加额，反过来，将在州内进一步创造出支出增加——经济学家们称之为乘数效应。低收入工人花掉这额外的 8 000 万美元后将出现乘数效应。享受到这笔额外金钱的企业所有者和工人还将把其中很大一部分花在购买本州其他企业和工人的产品和服务。于是，最初的 8 000 万美元的州外注入将在全州范围内实现乘数效应。具体地说，这种乘数效应发挥作用的过程如下：对于低收入家庭每花掉因州外注入而得来的额外的一美元，本州经济中的支出总共会增加 1.43 美元。换而言之，8 000 万美元的州外支出注入将给亚利桑那州总共带来 11 400 万美元的新支出。

当然，与该州 3 700 亿美元的销售总额相比，11 400 万美元的新增支出微不足道（仅占 0.03%）。同时，正如我们在完整报告中所估计的，最低工资给企业带来的总成本是 35 600 万美元（现在包含了公共部门）。从这个观点看，因州外支出注入而引起的 11 400 万美元的新增支出以及乘数效应代表着企业的成本将足足增加 32%。当然，它并没有保证这一点：由于最低工资标准的上调，那些将以额外工资和工资税的形式支付 35 600 万美元的企业就是那些因支出注入和乘数效应而导致销售额额外增加 11 400 万美元的企业。

6.2 低收入街区的支出注入

当提高最低工资标准后，主要的受益企业是在贫困街区的零售店。原因很简单：低工资工人及其家庭将在自己居住的街区里花掉大部分增加的可支配收入。低收入街区里的消费支出会增加多少？为了对此进行估计，我们推算了这种效应在构成凤凰城都市区低收入街区的 182 个人口普查片区内的作用过程（见表 6.1）。

从表6.1中可知，我们估计凤凰都市区大概有23万工人享受到工资增加，其中有144 358名工人（占63%）是居住在这182个低收入人口普查片区的低收入家庭的成员。当提高最低工资标准后，这些工人的家庭在可支配收入方面的增加总额将达到14 830万美元。这个可支配收入的增加额度占这些街区所有家庭可支配收入总额的2.2%左右。

表6.1　　凤凰城都市区低收入街区的零售企业的销售额增长情况表

凤凰都市区接受工资增长的工人总数	229 139
凤凰都市区接受工资增长的低收入家庭的工人总数	144 358（63%×凤凰城工资增长对象总数）
低收入街区的可支配收入总额	68 亿美元
低收入街区中低工资工人及家庭的可支配收入的增加额	14 830 万美元
可支配收入增长的比率	2.2%

资料来源　Current Population Survey Outgoing Rotation Group and Annual Social and Economic Supplemental Survey 2001-2005 files, Bureau of Labor Statistics, US Department of Labor; 2000 Summary Tape File 3, U. S. Census Bureau; 2003 IMPLAN Pro Software, MIG, Inc.; 2004 Consumer Expenditure Survey, U. S. Census Bureau.

注：有关计算过程，参见 Pollin and Wicks-Lim（2004，附录1）。

为了便于估计，我们做出以下合理的假设：在最低工资标准上调之前，不管受影响的家庭在自己街区的可支配收入的支出比例是多少，在最低工资标准上调至6.75美元之后，这些家庭会在自己街区保持相同的支出比例。于是，我们估计，在实行新的最低工资标准后，凤凰城都市区低收入街区的支出会增加2.2%左右。我们尚未对亚利桑那州的其他社区进行相同的数据演算。但是，一般说来，本州其他低收入街区的支出增加幅度应该是在2%左右。

对亚利桑那州的低收入街区的零售业来说，销售额增长2.2%，虽然幅度不大，但意义重大。在1991—2000年间，美国经济经历了一个完整的经济周期，这个增长幅度大概相当于该期间内美国国民收入年平均增长率的

2/3，也即相当于 8 个月的国民收入的平均增长率。如果我们假设亚利桑那
州低收入街区的收入增长大致反映了美国国民收入的平均增长水平，那么这
就意味着该州低收入街区的零售业比正常的销售额增长速度向前跃进了约 8
个月。而且，正如给个人和企业带来了收入好处一样，销售额增长 2.2% 的
效果累计起来还会产生这种效果：增加企业甚至包括社区的信用声誉。这样
企业就能够进行扩张，为顾客带来更多的便利，还能够熨平销售收入的波动
周期，这会进一步造福于亚利桑那州所有低收入街区的市民。

第三部分

对工人和家庭的益处

如果我们能确定，至少在过去 10 年中，生存工资或最低工资的增加不会引起大规模的裁员和企业调整，那么在评价这些测量方法的效果方面，我们仍不得不面对另外一些重大问题。这些问题包括：哪些人是工资增加的受益者？他们的生存状况如何？当工资增加后，他们的税负也将增加，同时他们可能不再有资格获得包括食品券和工薪收入税信用（EITC）计划在内的政府补贴，若把这一事实考虑在内，他们的生活水平能有多大改善？而且，还有一些构成上述问题之基础的更加基本的问题，诸如，在某一既定社区，生存工资或可接受的最低工资的标准是什么？这些是本书这一部分内容要探讨的问题。

本部分包括了两项独立的、不同的研究成果。第一项成果是马克、卢斯以及珍妮特和我（同其他合作者一起）于 2000 年为加利福尼亚州圣莫尼卡市所做的一项研究，这项研究工作对该市一个被称为"沿海区"的指定区或将所有工人的小时最低工资增至 10.75 美元的方案做了评价。该沿海区包括了圣莫尼卡市的主要高端酒店以及许多同类高端饭店。第二项成果是由珍妮特和我执笔写成的，研究了亚利桑那州将全州的最低工资从当时 5.15 美元的联邦最低工资水平提高到 2006 年 11 月的 6.75 美元的提案。

第 7 章对圣莫尼卡市做了研究，经过若干步骤，最后对于何种水平的工资是该地区合理的生存工资进行了界定。这一内容是接着第 2 章的相关内容进行讨论的，第 2 章曾提出了确定波士顿地区生存工资的某些标准。在第 7 章，我们提出了一个更为详尽的观点，它当然适合于圣莫尼卡市。正如我们在第 2 章中所看到的那样，不存在任何直接的方法可以把某一单个的工资率确定为波士顿、圣莫尼卡或任何其他地区的生存工资。但这项工作使我们针对如何进行详细的政策阐述，建立起了一个合理的框架。

除了确定生存工资水平这一最基本的问题之外，还存在着其他问题，比如这些测量方法是否能够对预想中的受益人（低收入工人及其家庭成员）产生实际帮助，而不是工作在低工资岗位上的其他类型的人。反对者常常声称，按照这样的测量标准，主要的受益人群体是中产阶层的年轻人，他们在报酬很低的岗位上从事非全日性工作，以便支付小汽车的维护费用，购买新的 iPads 播放器以及类似的嗜好品。一个与此相关的主张是，在低工资的人群中，大部分人是处于职业生涯阶梯低层的年轻人，职业阶梯无情地竖在那里，指向顶层。不管生存工资标准是什么，这些年轻人的工资都将随其职业发展和晋升而逐渐增加。还有一种观点认为，大部分受益人在其家庭中是第二个挣钱人。此处，受益人的形象是中产阶级的家庭主妇，她们从事一份低工资的工作，补充业已相当充盈的家庭生活开销。

即使测量标准的确能使低收入工人及其家庭成员受益，它也是以低效率的方式运作的。这是因为真正贫困的家庭已经以低收入退税优惠额、食品券以及有关补贴的形式得到了经济扶持。而且，当生存工资法提高了一个家庭的工资收入时，也就意味着政府对有资格获得扶持的家庭的实际支持也相应地减少了，而其纳税义务却增加了。这意味着，从生存工资标准中所获得的利益，有相当大一部分发生了渗漏——政府机构（而不是低工资工人及其家庭）成了该法律的受益者。

这些就是我们在第 8 章（圣莫尼卡市案例）和第 9 章（亚利桑那州案例）中将要详细探讨的问题。我们的研究发现是基于两类数据：第一类是源于美国劳工部人口调查中的联邦政府统计数据，这是权威的数据源。像这个研究领域的所有其他研究人员一样，对于圣莫尼卡市和亚利桑那州的研究，我们都主要依靠这个人口调查的数据。第二类是源于我们自己对圣莫尼卡内部的调查。

同时，在第 8 章圣莫尼卡市的案例中，我们认为，需要把视野扩展到从美国劳工局的最新人口调查（CPS）数据可以获得的结果之外。这是因为仅使用 CPS 数据，不能得到关于在圣莫尼卡市内部雇用的工人的总体状况，而只能得到洛杉矶地区这个更大范围内工人的一般状况。为了能够彻底地使焦点更加明显地集中于圣莫尼卡市的局面上，我们开展了对受雇于圣莫尼卡市的工人的调查。因此，对于圣莫尼卡个案，我们提供了两组独立的数据，将政府对洛杉矶地区的调查以及我们自己对圣莫尼卡内部的调查相结合起来，形成了一个全面的描述。

正如我们在圣莫尼卡和亚利桑那这两个案例中看到的那样，生存工资和最低工资测量标准的受益者基本上是这些标准意欲使其受益的的人群。他们大多来自低收入家庭，其中相当多的一部分人生活在贫困或接近贫困的状态中。这些人主要是成年人，早已步入了长期的既定就业轨道。当调查进行的时候，他们保有的工作大多不是能大大改善其生活水平的职业道路上的初始工作。这些工人中很大一部分人是其家庭生计的支柱。也就是说，即使他们不是其家庭收入的主要来源，其工资收入对于家庭的整体生活水准亦有相当大的贡献。最后，在符合增加最低工资资格的人中，有一部分人是非洲裔美国人、美籍西班牙人以及妇女，这些人所占份额是不均匀的。这些在人口统计学意义上的一般模式在圣莫尼卡和亚利桑那两个地区的研究中非常普遍，尽管在建议的标准和有关社区的研究结论中存在着相当大的差异——建议的最低工资为 10.75 美元，适用于洛杉矶一个较小的社区，该地区有很多旅游者，这在很大程度上推高了最低工资的数额；与此相对应，适用于整个州 590 万人口的最低工资标准则是 6.75 美元。

当然，这里存在着政府的资金漏损。正如圣莫尼卡案例所展示的那样，一名最典型的低工资工人将获得一个工资增额，大约相当于把生存工资标准增至 10.75 美元时的 40%。然而，对于这个家庭来说，如果把其纳税额和补贴情况的变化考虑在内，同时考虑到其他家庭成员为家庭带来的收入增加，那么这个家庭的净收入增加额将接近 20%。对于一个低收入家庭来说，这仍是个相当大的增量，但显然，这一比率中仅有大约 50% 体现在工资本身的增加中。此外，当我们着重于第 7 章和第 8 章的内容时，有一点很重要，那就是，生存工资和最低工资提案带给各个家庭的收入增加是"工资收入的增加"，而不是以政府补贴形式提供给他们的资金。无论是从工人尊严的方面看，还是从工人对其工作的承诺度（从而确保其工作的生产率水平）的角度看，这都是一个很重要的因素。政府的漏出效应还意味着，目前的经济运行中有工人在纳税，极少数家庭依靠政府项目的支持。

圣莫尼卡市的最低工资标准在经过数月激烈辩论之后，于 2001 年 5 月在市政议会通过了修订版本，标准是 10.50 美元，而不是 10.75 美元。[1] 然而，在 2002 年 11 月，这一标准的反对者经过努力，向投票人提出了一个废止（撤销）这一标准的提案。在经过了一场主要由圣莫尼卡沿海地区的数家大宾馆提供资金支持的花销巨大的运动之后，撤销（废止）提案勉强得以通过。然而，尽管废止了该标准，该市生存工资的支持者们随后从最初的沿海地区的议案中，成功地获得了他们想要获得的绝大部分。到 2006 年末，圣莫尼卡市的多家宾馆（占该市全部宾馆房间的 50%）都组建了工会。此外，在1996—2006 年间，该市宾馆工人的实际初始工资提高了 50% 以上，从 7.25美元增加到 11 美元。[2]

亚利桑那州的标准于 2006 年 11 月 7 日经过投票形成了法律。亚利桑那州通过该法的同一天，科罗拉多州、俄亥俄州、密苏里州、蒙大拿州以及内华达州的投票者也通过了同样的法律。鉴于这些成果，截至 2007 年 1 月 1日，涵盖美国人口将近 70% 的大多数州以及哥伦比亚特区都实行了高于联邦标准的最低工资标准。[3]

第 7 章

何谓生存工资——
以加利福尼亚州圣莫尼卡市为例

罗伯特·波林

7.1 生存工资的概念

生存工资的概念成为整个国家法定的生存工资议案最初是基于一个共同的前提和假定，即：为生活而工作的人们所供养的不应该是一个贫困家庭。[1]但生存工资这个术语还意味着一个更具挑战性的水准。在《生存工资：美国工人以及消费者群体的形成》一书中，劳伦斯·格利克曼写道：在生存工资运动的历史发展中，该运动的支持者们使用"生存工资"的概念来定义某种工资水平，这一工资水平使工人"有能力供养家庭，维持自尊，有途径、也有休闲时间来参与国家的公民生活"（1997，66 页）。格利克曼关于"生存工资"的这一定义，与阿马蒂亚·森（Amartya Sen）对于"贫穷"定义的观点有着密切的联系，他认为贫穷是相对于"成就"来说的，他称之为"能力"。这些能力包括诸如阅读和书写能力、过健康长寿生活、有行动自由，以及参与社会有意义的公民生活等。但如何衡量参与社会生活的能力？森承认这个问题的难度，尤其是当我们按照一个人所生活的社会的总体富裕程度来考虑这一问题时，衡量一个人参与社会生活的能力就更为困难。正如森所写的那样：

在那些现代设备已经在某种程度上普遍化了的国家里，人们参与社会生活的需要会引发其对现代设备的需求，比如电视机、录像机、汽车等等（这不同于那些不太富裕的国家中人们所需要的东西），这就给富裕国家中相对贫困的人造成了压力感，即使其收入远远高于欠富裕国家中人们的收入，这些需要仍超出了他们的能力之所及。（2000，89~90 页）

7.1.1　生存工资概念的量化

我们可以狭义地定义生存工资这一术语，从而为贫困线生存标准提供足够的依据，也可以更为宽泛地定义它，以便与这一术语的历史含义以及阿马蒂亚·森关于获得足够、适当的能力的概念保持一致，不管怎样定义，我们仍旧面临着将这些概念转化为具体的货币金额的难题。当我们为贫困水平生活标准确定数额时，多少美元金额才适当？是否应定在较高但仍相对适中的水平上，以使个人能够有意义地参与社会生活？这些都是在评价圣莫尼卡生存工资提案的优点时所要解决的问题。

为了达到这个目的，在提出这些基本问题时，我们暂不考虑某些额外因素，这些因素对于确定可行的生存工资标准来说，也不是处于核心地位的重要问题。这些要素包括：与把合适的、法定的工资底限作为保证工薪家庭具有体面的最低收入水平的手段相比，使用政府转移计划具有的比较优势，诸如工资收入的税收抵免；还包括负面的、不期而遇的结果，比如，由于把生存工资标准设定在高于当前市场状况可承受的水准之上，就可能使低工资工人失去工作。这些问题在本书其他部分和以前的研究工作中都做了考察。

这里，我提供一组美元金额数据，它既与家庭收入贫困线水平相一致，又与适度的基本需求水平相一致，特别值得一提的是，它适合洛杉矶地区的实际情况。幸运的是，我们掌握着相当可靠的研究数据，为这项工作奠定了基础。

首先，就贫困线生存标准的测量而言，美国统计署从1963年以来就一直在制定测量方法。但众多的研究者认为，政府的测量方法（自1963年开始使用该方法以来没有做过重大改变）已不再恰当。因此，我尝试着根据国家统计署的估计数据和近年来研究如何改进测量方法的专业文献，制定一些切实可行的准则来建立贫困门槛，以达到我们的目的。

为了对基本需要的生存标准进行精准估算，萨克拉门托市（美国加州首府）的加利福尼亚州的生活费项目（CBP）已经进行了扎实的研究。加州生活费项目把加利福尼亚州划分为8个地区，洛杉矶是其中之一，且是人口最多的一个地区。然后，该项目以观察到的住房、食物、保健、育儿、交通、服装、基本通讯费以及其他一些基本生活开支为基础，来测量"家庭基本生活费"。与统计署的贫困门槛不同，加州项目试图测量的生存标准，正如他们所解释的那样，是"高于'简单、贫乏的'生存之上的标准，但仅涵盖基本的生活支出，为诸如子女大学教育储蓄或度假这样一类'额外'开销留有极小的空间"（加利福尼亚生活费项目，1999，5）。因此，在界定圣莫尼卡市工人的更为宽泛的基本需要生存工资时，加州项目的估计值应该能够被当做一个不错的参照点。

7.1.2 贫困底限的测量

自1963年以来，美国统计署曾针对规模大小不同的家庭，制定了详细的贫困底限。例如，1999年制定的两口之家的贫困底限是10 869美元，一个有两个孩子的四口之家是16 895美元。生活在这一水准下的家庭将依靠国家农业部的"节俭食物计划"来维持生活，"节俭食物计划"是指使每个家庭成员获得基本的卡路里最低值所需要的食物的数量。

当时，政府是假定贫穷家庭大约花费其家庭食物预算的1/3。因此，为了得出贫困底限的美元金额，政府仅简单地用"节俭食物计划"的美元金额乘以3。

近年来，许多研究人员和政府官员都质疑建立贫困底限的这种方法的合理性。对这些问题所做的最为广泛的科学研究，是由美国国家研究委员会（NRC）发起的一项调查（Citro and Michael 1995）。根据NRC的这项调查研究，仅仅基于食物的开支确立综合的贫困门槛引起了许多问题。首先，不同地区之间、不同人口群体之间，其住房和医疗保健支出存在着巨大差异。其次，相对于住房的成本来说，食物的价格已经下降了。育儿成本开支也无法充分考虑在内，这一点已经随着时间的推移变得日益重要，因为母亲的劳动力参与率有所上升。

NRC的研究是目前测量一个包含两个成人、两个儿童的家庭的绝对贫困的官方方法，提供了6种可供选择的方法。[2] 这些可供选择的方法所提出的贫困底限都比官方规定的标准要高，高出23.7%到53.2%不等。这些可供选择的估算方法确定的平均数值比官方标准还高41.7%。这一界定绝对贫困底限的标准将有助于我们建立低端人群生存工资估算值的基准点。

7.2　地区生活成本

国家研究委员会报告中的贫困底限没有将地区生活成本的差异考虑在内。有相当多的数据表明，洛杉矶地区低工资工人的生活成本远远高于美国其他地区的工人的生活成本。此处，我们还要考虑两个基本的数据来源：一个是美国商会研究会的生活成本指数；另一个是1999年加州生活费项目的调查数据。

7.2.1　生活成本的估计值

美国商会研究会的数据集提供了关于生活成本的最详尽的统计资料，涵盖了美国国内大约300个城市。[3] 根据美国商会研究会的数据，1999年洛杉矶的综合生活成本比全美国平均水平高 26.4％。在 20 世纪 90 年代，这一洛杉矶的生活成本差额同这 10 年全国平均整体水平相比，平均高出 23.3％。由此可见，我们有理由得出结论：对于洛杉矶的低工资工人来说，其生活成本比全国平均水平大约高出 25％。

7.2.2　洛杉矶生活成本与贫困底限

现在我们能够针对圣莫尼卡的工人建立可行的贫困线生存工资标准了。这个标准基于两个基本要点（这曾出现在我们曾做过综述的材料中）：（1）按照国家研究委员会的贫困测量标准的平均水平来说，一个四口之家的国家贫困线比统计署公布的官方贫困线高出约 40％；（2）洛杉矶地区的生活成本比全美国平均水平高出约 25％。

这两项数据表明，对洛杉矶地区贫困线的合理估算值应该比统计署的官方贫困线高约 65％。为了慎重起见，我们舍去零头，假定洛杉矶地区合理的贫困底限比官方的贫困线高约 60％。这样，在报告生存工资数据并对贫困进行估算时，我们提出将官方贫困底限的 160％ 作为基本的测量尺度，同时使用官方贫困底限的 185％ 来衡量接近贫穷的生活水准。除了这些衡量标准以外，我们也报告官方的贫困底限的数值，但仅把官方的数值视为能够恰当地衡量极度贫困标准的尺度。

7.2.3　基本生活需要的预算

如前文所述，加州生活费项目试图测量一种"高于'简单贫乏的'生存之上的生活标准，但仅涵盖基本生活支出，为诸如子女大学教育储蓄或度假这样一类'额外'开销留有极小的空间"。加州生活费项目估算人们在住房和设施、育儿、交通、食物、健康保险范围、工资总额和所得税，以及服装、个人保健和基本通讯费等各种杂项支出。例如，对于一个有两个孩子的单亲家庭来说，加州项目的研究发现，家庭年度预算（以 1999 年的美元价格计算）包括以下项目：7 273 美元为住房、公共服务及费用的支出；11 701 美元为孩子抚养费的支出；2 998 美元为交通费支出；4 693 美元为食物支出；2 371 美元为健康护理支出；3 873 美元为各种杂项支出；4 681 美元用于纳税，总计为 37 590 美元。[4] 这项研究认为，一般美国家庭都租房住，而不是拥有自己的住宅，这类家庭支付的房租一般处于该地区房租公平市场价值的较低的 40% 上，也就是说，该地区 40% 的出租房屋的公平市场价值低于这个水平，60% 高于这个水平。这类家庭还拥有汽车，但平均每天仅行驶 25 英里的上下班路程。把每月行驶的距离翻倍计算（翻倍计算仍是一个相当谨慎的估计，而且更有可能是符合洛杉矶地区工人的驾驶需要的估计）将会增加近 3 000 美元的交通费用[5]（此处没有考虑度假旅行）。食物预算是根据农业部"低成本食物计划"制订的，比用于测量官方贫困门槛的"节俭食物计划"大约高 25%。CBP 假定一个家庭有两个孩子，一个孩子不满 6 岁，另一个孩子大于 6 岁。该研究据此估算三种不同家庭类型的基本收入预算：单亲家庭；一人工作挣钱养家、另一人照顾孩子的双亲家庭；两人都工作挣钱的双亲家庭。

总体上来说，使用这种方法产生的预算估计数与我们所称的"基本需要生活标准"非常吻合，或者按森的解释，它相当于"有能力参与社区生活"所需要的最低量。

7.2.4　生存工资标准的其他估算

在表 7.1 中，我针对圣莫尼卡市的贫困线和基本需要收入水平提出了可供选择的估算方法。从表 7.1 中可见，我们不但提供了"三人两子"类型的家庭的数据，而且包括"四人两子"类型家庭的数据。对于四人两子的家庭，基本需要数据从 CBP 研究中导出，这些数据以两种方式呈现，其假定是每个家庭有一人工作挣钱以及两人工作挣钱。两人挣钱的家庭对收入增加的那部分的需要，反映了当家庭成员中的两个成人都外出全职工作时更高的育儿成本。

从表 7.1 中可以看出，各种生存工资范围相当宽泛，它取决于我们如何定义生存工资。按照我们前面对于不足官方贫困底限的讨论，尤其是作为洛杉矶地区的标准，那么就有道理不考虑把这些官方贫困底限水平（就是我

表 7.1　　圣莫尼卡工人的生存工资收入和工资水平（1999 年美元）

	贫困水平的收入			基本需要水平的收入	
	极度贫困 （官方贫困线）	贫困（官方 贫困线的 160%）	接近贫困 （官方贫困 线的 185%）	一人挣钱	两人挣钱
两个孩子的 三口之家					
年收入	$ 13 423	$ 21 475	$ 24 831	$ 37 590	—
全职工作时 的小时工资	$ 6.45	$ 10.32	$ 11.94	$ 18.07	—
两个孩子的 四口之家					
年收入	$ 16 895	$ 27 030	$ 31 254	$ 31 298	$ 45 683
全职工作时 的小时工资	$ 8.12	$ 13.00	$ 15.03	$ 15.05	$ 10.98 （两个工作）

资料来源　1999 年当前人口调查；1999 年加利福尼亚预算项目。

们所说的极度贫困收入底限）作为我们应界定的生存工资水平。这个数值
序列仍然没有包括 1999 年一人工作养家的三口之家的不同生存工资水准，
其工资在 10.32 ~ 18.07 美元之间。对于一个一人挣钱养家的四口之家来说，
相应的工资数额为 13.00 ~ 15.05 美元。而在两人挣钱养家的四口之家，这
两人的平均工资必须为 10.98 美元，才能达到基本的需求底限。

　　从这些数字中可以清楚地看到，不能把单一的美元金额同生存工资底限
联系在一起。不过，表中的数字向我们传达了一个信息，即在 1999 年当工
人保有全职工作，并用自己的工资供养一至两个其他家庭成员时，适当的工
资水平是什么水平。

　　事实上，假定低工资工人在整个一年中都保有全职工作可能是不现实
的。如果他们不是全年都保有全职工作，显然其工资数额应该更高一些，这
样才能挣得一个与贫困线或基本需要生活水准相一致的收入水平。同时，工
人用自己的工资去供养额外的家庭成员的情况也不会存在，因为在这种情况
下，较低的美元金额就足以满足生存工资的水准。

　　在设立足以满足需要的生存工资门槛时（在波林和布伦纳 2000 年的文章中，我们曾试图达到这一目的），上述额外因素也需要仔细权衡。但这一行为本身强烈要求加利福尼亚的最低工资（在我们做这项研究时是 5.75 美元，而 2007 年是 7.50 美元）维持在远低于对洛杉矶地区的工人的生存工资所做的低端估计的水平。的确，10.50 美元的生存工资水平加上 2001 年圣莫尼卡市的健康福利（2002 年 11 月才废除），这本身仅处于适当的生存工资水准的低端。因此，从这个小例子本身就可以清楚地看出，在洛杉矶地区乃至整个美国，围绕着建立能为所有工人提供养家糊口能力、维持自尊、参与社区的公民活动的工资标准这一目标，生存工资的倡导者们仍任重而道远。

第 *8* 章

圣莫尼卡市的工人是如何
从 **10.75** 美元的生存工资中获益的

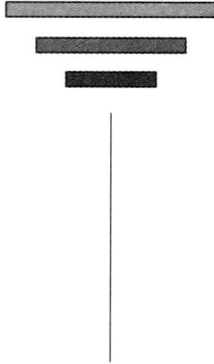

罗伯特·波林　马克·布伦纳　珍妮特·威克斯-利姆　斯蒂芬妮·卢斯

8.1　谁是圣莫尼卡市的低工资工人？

这里，我们依赖两组基本数据来考察洛杉矶圣莫尼卡地区低工资工人及其家庭的条件：一组是美国劳工局的最新人口调查（CPS）数据，另一组是我们自己对圣莫尼卡沿海地区受雇于企业的工人的调查。[1]

这两组数据相互补充。政府数据的优点是：数据来源于洛杉矶居民中较大规模的随机样本，因而能提供关于洛杉矶地区从事低工资工作的劳动者的广泛且可信的信息。但是，政府的统计数据无法为我们提供详细的信息，诸如圣莫尼卡地区受生存工资提案影响的劳动者（工人）。这就是为什么我们还要对这些工人开展进一步的调查，这一点十分重要。鉴于开展圣莫尼卡调查时的客观条件，针对面谈对象群体创设随机样本是不可能的。但我们尽一切努力制造一个具有代表性的沿海地区工人的样本。[2]

本章出现的全部数据均以 1999 年的美元来表示。我们没有对数据进行向上的调整以反映随后的通货膨胀对生活成本的影响。如果进行这样的调整，我们还必须调整 10.75 美元的生存工资数据，当时在圣莫尼卡地区，这个数字本身正处在争论当中。因此，调整只会增加我们目前阐述的混乱。

8.1.1　对洛杉矶当前人口的调查统计

我们对洛杉矶的工人进行了考察，从 5.75 美元的加利福尼亚最低工资到已提议的 10.75 美元的圣莫尼卡生存工资。本研究没有提供工资低于 5.75 美元的工人的数据，这部分工人不在美国和加州最低工资覆盖范围中，而且估计也不在圣莫尼卡生存工资法令的覆盖范围之内。然而，当涉及我们所关切的重要领域时，我们也会经常提及有关这些工人的数据。

基本的人口统计数据

工人人数　首先，从表 8.1 中可见，在 5.75～10.75 美元/小时的三个工资类别中，共有近 130 万工人，这些工人占洛杉矶整个劳动力人数的 34.4%。具体来看，小时工资在 5.75～7.40 美元之间的人数占工人总数的 14.8%，在 7.41～9.10 美元的人数占工人总数的 10.2%，在 9.11～10.75 美元的人数占工人总数的 9.4%。此外，小时工资低于 5.75 美元的有 39.2 万人，占洛杉矶整个劳动力人数的 10.4%。这样，总体来看，洛杉矶地区全部工人中有 44.8% 的人的小时工资低于 10.75 美元。这里我们的分析重点是小时工资在 5.75～10.75 美元之间的 34.4% 的工人。

工人的年龄和工作任期　小时工资在 5.75～10.75 美元之间的工人的平均年龄为 35.4 岁，平均工作期限是 18 年。因此，这些工人现在保有的工作在很大程度上反映了其长期的职业路径，他们没有处于一个能使其升至更好的工作境遇的职业阶梯上。

表 8.1   洛杉矶低薪劳动力基础人口的统计数据

	合计	小时工资分类比例		
	$ 5.75 ~ $ 10.75	$ 5.75 ~ $ 7.40	$ 7.41 ~ $ 9.10	$ 9.11 ~ $ 10.75
工人数量	1 290 024	555 624	383 249	351 151
工人数量占劳动力的百分比	34.4%	14.8%	10.2%	9.4%
平均年龄	35.4	34.8	34.6	37.1
劳动年限（年）	18.0	18.1	17.3	18.7
青少年所占比例	4.2%	5.9%	3.2%	2.7%
非白人所占比例（包括拉丁和西班牙裔）	77.8%	83.9%	79.0%	66.8%
拉丁和西班牙裔所占比例	59.5%	68.9%	60.3%	43.9%
女性所占比例	46.3%	48.4%	44.7%	44.9%

数据来源　1999 年人口调查。

在这些样本中，仅有 4.2% 的工人是不到 20 岁的青年。这个数字比测量低工资劳动力市场时观察到的要低，包括我们对沿海地区工人的调查。这个数字比较低的原因在于，我们目前使用的数据是来自洛杉矶当前人口调查数据的样本，它不包括那些每年工作少于 250 个小时的人（也就是不足一个全职工作年度的 12%），这是我们为了增加样本的综合可靠性而做的一项调整。[3]

种族和性别　最后在表 8.1 中，低工资工人主要是非白人以及拉丁美洲和西班牙血统的美国人。总的说来，小时工资在 5.75 ~ 10.75 美元的全部工人中有 77.8% 是非白人或拉丁美洲和西班牙血统的人，59.5% 是拉丁美洲和西班牙血统的人。从表中还可以看出，略低于一半的低工资工人是女性。

工资和收入

表 8.2 最上边一栏更详细地展示了洛杉矶地区低工资工人的收入和生存状况。首先我们看到，在三组工资类别中，平均小时工资分别为 6.55 美元、8.26 美元和 10.08 美元。从表中还可以看到，在三组中，没有任何一组中的工人在整个一年中都保有全职工作，而是每周平均约 38 个小时在工作，每年 46 ~ 48 周处于有工作的状态。这种情况使得一个工作年所包含的小时

数大体上在 1 764 ~ 1 861 小时之间。如果全职工作年达到 2 080 小时（52 周，每周 40 小时工作），那么洛杉矶的低工资工人的平均工作时间比全职工作时间大约少了 14%。将这些工资数额同工作年数字结合起来，就会得出三组的工人的平均年工资收入，分别为 11 969 美元、14 757 美元以及 18 735 美元。[4]

为了更清楚、全面地理解这些代表收入水平的数字，将它们与第 7 章中关于生存工资收入门槛的数字加以比较，将对我们的研究很有帮助。图 8.1 把某些相关的比较统计数据整合在一起。在最低的 5.75 ~ 7.40 美元/小时一组中，工人的平均年收入为 11 969 美元，甚至比一个三口之家的官方贫困门槛（我们称为极度贫困底限）的 13 423 美元还低 11%。从另一个角度看，挣最低工资的工人的平均工资收入仅为一个三口之家的基本需要收入水平（37 589 美元）的 30% 多。处于 7.41 ~ 9.10 美元/小时的工人，境遇显然要更好一些，但也没有好到哪去。因此，如果将这些工人所在的家庭依靠样本中的工人所挣的工资，并将其作为其主要收入来源的话，那么这个家庭将处于相当严重的贫困状态。

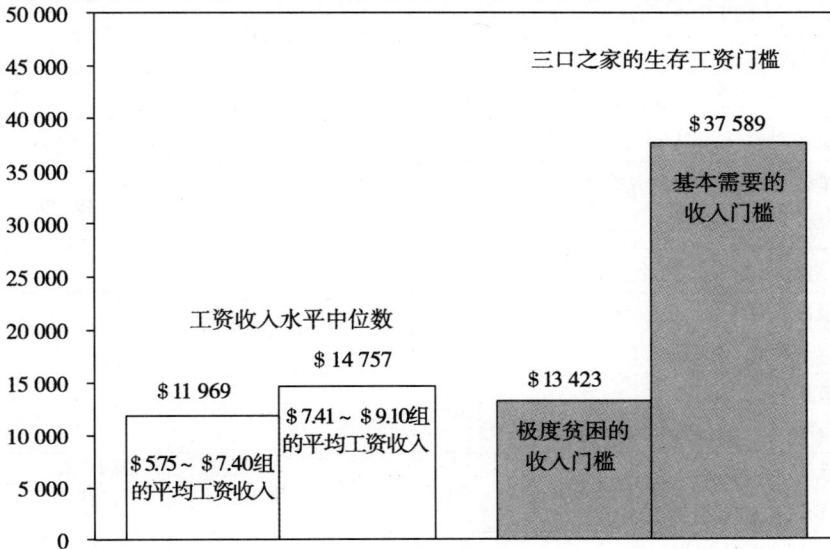

图 8.1　洛杉矶低工资工人的生存工资门槛和平均年收入水平（1999 年美元）
资料来源　见表 7.1 和表 8.2。

表8.2　　　　　　　圣莫尼卡最低工资提议所适用的工人的
工资收入和家庭生活水平

	小时工资分类		
	\$ 5.75 ~ \$ 7.40	\$ 7.41 ~ \$ 9.10	\$ 9.11 ~ \$ 10.75
A. 洛杉矶低薪工人的平均工资及年收入			
平均工资（1999 年美元）	\$ 6.55	\$ 8.26	\$ 10.08
每周平均工作小时数	38.1	38.1	38.7
每年平均工作周数	47.3	46.3	48.1
每年工作的总小时数	1 802	1 764	1 861
年平均工资（1999 年美元）	\$ 11 969	\$ 14 757	\$ 18 735
B. 洛杉矶低薪工人家庭结构及工资收入			
平均的家庭规模	3.8	3.8	3.6
平均每个家庭挣钱的人数	2.1	2.0	2.0
平均依赖率 （家庭规模/挣钱人数）	2.1	2.1	2.0
家庭总收入（1999 年美元）	\$ 26 335	\$ 27 432	\$ 35 560
样本工人的工资占家庭总收入的百分比	48.0%	53.0%	52.6%
C. 洛杉矶低薪家庭的家庭总收入			
家庭总收入（1999 年美元）	\$ 28 735	\$ 30 691	\$ 37 287
样本工人的工资占家庭总收入的百分比	41.4%	49.0%	49.9%
D. 洛杉矶低薪家庭的贫困状况			
极度贫困家庭 （官方贫困线以下）	16.0%	14.1%	2.6%
贫困家庭 （官方贫困线的 160% 以下）	34.2%	26.1%	16.6%
接近贫困家庭 （官方贫困线的 185% 以下）	51.7%	38.4%	26.8%
基本需要的门槛以下	86.0%	72.9%	79.1%

数据来源　1999 年人口调查。

注：基本需要数字仅适用于加州预算项目计算贫困门槛所涉及的那些家庭类型。

家庭结构和收入　在三种工资收入水平中，每组工人的家庭状况如何？表 8.2 的 B 栏提供了一些数据。首先，工资较低的两组工人的平均家庭规模是 3.8 人，小时工资在 9.11～10.75 美元一组的平均家庭规模为 3.6 人，这些家庭有 2 个挣钱的家庭成员。这反过来意味着，样本中的工人除了供养着自己，还供养着另外一个家庭成员。我们还看到，在三个工资组别中，依赖率（就是家庭规模与该家庭中挣钱的人数的比率）的范围在 2.0～2.1 之间。

在这些家庭的总收入中，有多少是由样本中的工人提供的？我们发现家庭总收入（中位数值）在 26 335～35 560 美元之间，三组中的工人提供了其家庭总收入的 50%。[5]

家庭收入的其他来源　来源于工资的收入数据无法展示关于低工资工人生活水平的完整画面。这些家庭还从其他一系列广泛来源中获得收入，包括失业保险、工资收入税收信贷计划、体力工人补偿金、退休福利。[6] 在表 8.2 的 C 栏，我们给出了家庭总收入以及样本中工人的工资收入占总收入的百分比的相关数据。正如我们所见，家庭收入在 28 735～37 287 美元之间，家庭总收入水平比家庭总受益（挣得）水平高出大约 10%。因此，样本中的工人提供了 41%～50% 的家庭总收入。

平均家庭收入和生存工资底限　在收集了这些家庭的收入的全部来源之后，现在我们来考察各种生存工资标准，以便评估这些家庭的生活水平。两个低工资组别的家庭平均规模是 3.8 人，因此，我们应该将这些家庭的总收入与四口之家的生存工资标准作对比。我们把一些有关的数字列示在图 8.2 中。从图中可见，两个较低工资组的家庭收入（28 735 美元和 30 691 美元）略高于我们的四口之家贫困线收入水平（27 030 美元）。这些低工资家庭的收入水平也比四口之家的基本需要家庭收入水平 45 683 美元大约低了 35%。[7]

贫困和基本需要状况　除了分析有代表性的家庭的统计数据以外，我们通过考察在洛杉矶贫困底限和基本需要底限之下生活的家庭比率，就可以得到低工资家庭生活状况的更详尽完整的面貌。这些数字在表 8.2 中 D 栏列

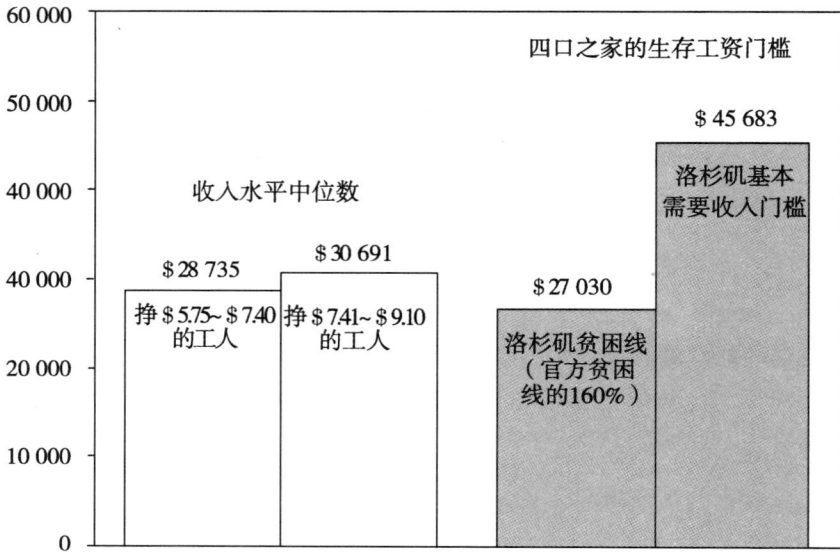

图 8.2　洛杉矶低工资家庭的收入与生存工资收入门槛的对比（1999 年美元）

资料来源　见表 7.1 和表 8.2。

出。首先是对于 5.75～7.40 美元组别的工人家庭，根据我们提出的官方贫困标准的 160% 和 185% 这两个标准，我们看到，50% 以上的家庭处于贫穷或接近贫穷的状况，超过 33.3% 的家庭生活在官方贫困标准 160% 的洛杉矶贫困线之下，16% 的家庭生活在极度贫困中（官方贫困底限之下），高达 86% 的家庭生活在加州预算项目规定的基本需要底限之下。并不令人惊讶的是，小时工资在 7.41～9.10 美元的工人家庭的生活状况要好一些，但是并没有好到哪里去。这些家庭中有近 40% 处于官方贫困底限的 160% 或 185% 之下，近 73% 处于基本需要底限之下。对于小时工资在 9.11～10.75 美元的工人家庭来说，状况不是那么糟糕，但是也有超过 25% 的家庭处于我们提出的两个贫困底限之下，79% 处于基本需要底限之下。

非货币转移支付和健康保险项目　家庭收入数据不包括非货币转移支付，诸如食品券、住房补贴、能源补贴之类的项目，也不包括健康保险项目。低工资工人家庭从非货币转移支付中得到的金额相对较小，比如，小时工资处于 5.75～7.40 美元的家庭只有 6.1% 能获得食品券，对于工资更高的组别中的家庭，这一比例更低。

从健康保险项目来看，在 5.75～7.40 美元这组中，有 1/2 以上的工人没有健康保险，在较高工资的组别中也有大约 1/3 的工人没有任何保险。对于最低的组别来说，仅有大约 1/3 的工人享有包括其家庭成员的健康保险，由其雇主提供保险的不足 40%。同样，对于较高工资组别的工人来说，这些数据要好一些，但是并没有好到哪里去。

洛杉矶调查结果的总结

洛杉矶地区低工资工人的总体状况是：在很大程度上，这些人是工作多年的人，他们不是十几岁的青年，没有向着有别于当前工作的职业道路转换，其全部工资收入甚至低于按其小时工资低标准计算的收入。这是因为，平均说来，他们的工作时间仅为一个完整工作年的 85%。其中大多数人与家庭成员共同生活，是家庭总收入的主要（尽管不是唯一的）提供者。

把低工资工人家庭收入的所有来源加起来，我们仍会发现，工资处于两个较低组别的工人中，近一半生活在贫困或接近贫困中。大多数家庭远在加州预算项目定义的基本需要生存标准之下。最后一点是，这些工人享有的健康保险项目少得可怜，尤其是在雇主提供给他们的健康保险项目，更是少之又少。

8.1.2　对圣莫尼卡市工人的调查

我们现在分析通过我们自己对圣莫尼卡工人的调查生成的数据。我们的工作重点是采集圣莫尼卡沿海地区受法律潜在影响的企业所雇用的低工资工人的样本。对于这些工人，我们曾采用标准的非随机样本抽取技术，形成了一组可靠的有代表性的样本。在 2000 年 4—5 月期间，我们总共调查了 202 名工人。在这 202 名工人中，61 人在宾馆工作，53 人在饭店工作，39 人在零售行业工作，49 人在其他各种工作场所工作。[8]

基本人口统计数据

表 8.3 的第 A 栏显示了样本中的工人的基本人口统计数据。首先，我们看到，在 202 名被调查的工人中，大部分人属于两个较低的工资组，34%

的工人属于 5.75 ~ 7.40 美元/小时，38.6% 的人属于 7.41 ~ 9.10 美元/小时。这些数字包含了计入工人小时工资总额的小费和佣金收入。

从平均往返通勤时间的数字中，我们看到，如前文所述，被调查的沿海地区工人中的大多数本人并不居住在圣莫尼卡市内或近郊，而是每天大约要一个半小时的行程来到工作地点，53% 的人驱车前来（42% 独自行驶，11% 拼车）。如前文曾提到的，每日这样一个距离的通勤对低工资工人及其家庭来说是一个巨大的经济负担。

在调查中，工人的平均年龄是 32.6 岁，这比洛杉矶调查的总体平均年龄低一些，后者是 35.4 岁。两组样本的最大不同在于，圣莫尼卡调查包含了更高比例的青年人，共占 14.4%（如前所述，洛杉矶调查样本中，十几岁的青年所占比例为 4.2%，但若把全部有工作的 20 岁以下的青年包括在内，更准确的数字应该是 6.8%）。在圣莫尼卡样本中，20 岁以下青年主要集中在 5.75 ~ 7.40 美元/小时的工资组别中，这些青年占组内工人总数的比例达 29%。在样本中，青年劳动者的 1/2 以上在零售商店工作。由于沿海地区零售商店的数量很多，因而圣莫尼卡调查比整个洛杉矶地区所有企业中随机选取的样本包含了更大比例的青年，这不足为怪。

表 8.3   **圣莫尼卡调查数据：圣莫尼卡最低工资议案**
适用的工人的工资收入水平和家庭生活水准

	合计	小时工资分类比例			
	$ 5.75 ~ $ 10.75	$ 5.75 ~ $ 7.40	$ 7.41 ~ $ 9.10	$ 9.11 ~ $ 10.75	+ $ 10.75
A. 圣莫尼卡市低工资工人的基本人口统计数据					
工人人数	202	69	78	23	32
工人人数占总人数的百分比	100.0%	34.2%	38.6%	11.4%	15.8%
平均往返通勤时间（分钟）	87.3	95.0	90.3	85.4	60.7
平均年龄	32.6	28.1	35.1	33.9	35.0
青年的比例	14.4%	29.0%	9.0%	8.7%	0.0%
劳动力任职期（年）	17.0	12.6	19.4	18.9	18.7

	合计	小时工资分类比例			
	$ 5.75 ~ $ 10.75	$ 5.75 ~ $ 7.40	$ 7.41 ~ $ 9.10	$ 9.11 ~ $ 10.75	+ $ 10.75
女性的比例	39.1%	34.8%	48.7%	34.8%	28.1%
拉丁/西班牙裔的比例	76.7%	78.3%	76.9%	87.0%	65.6%
非白人的比例（不包括拉丁/西班牙裔）	14.9%	20.3%	16.7%	8.7%	3.2%
B. 圣莫尼卡工人样本中，工人的工资和年收入					
小时工资中位数（1999 年美元）		6.25	8.00	9.94	
年收入中（1999 年美元）		10 426	16 170	17 746	
C. 圣莫尼卡工人样本的家庭结构和收入					
平均家庭规模	3.5	3.7	3.5	3.4	
平均每个家庭的挣钱人数	1.9	2.2	1.7	1.8	
平均依赖率（家庭规模/挣钱人数）	1.8	1.7	2.1	1.9	
家庭收入（1999 年美元）	23 500	19 000	20 000	25 000	
样本工人的工资占家庭总收入的比例		66.2%	88.3%	56.8%	

数据来源　2000 年对圣莫尼卡沿海地区工人的 PERI 调查。

虽然样本中青年的比例相对于洛杉矶调查来说显得高了一些，但事实仍是，85.6% 的工人是成年人，这些成年人的劳动力市场任职期限平均为 17 年。这样看来，同更大的洛杉矶样本一样，圣莫尼卡大多数低工资工人所保有的工作，完全反映了这些工人的长期职业路径。

就其他基本人口统计数据来看，表 8.3 也显示，75% 以上的工人是拉丁美洲和西班牙血统的美国人，大约40%是妇女。

工资和收入

这里我们重点讨论小时工资为5.75~10.75美元的工人，包括小费和佣金。我们把这些工人分到三个基本工资组别中。工资和收入数据如表8.3的第B栏所示。从中我们看到，三组中，有代表性的（中位的）工资分别为6.25美元、8.00美元和9.94美元。

表8.3的第B栏显示了三组工人的年收入数额，分别为10 426美元、16 170美元和17 746美元。这些数字与来自洛杉矶当前人口调查的数据有所不同，但这些不同不是很大，尤其是两个低工资组。因此，两组样本的工人的工资收入的数据综合看来具有一致性，这支持了圣莫尼卡样本的数据具有可靠性的结论。从更一般的层面考虑，假定两组样本是独立的，仍然有充分的数据表明：我们已对圣莫尼卡沿海地区低工资工人的收入状况做了精确的描述。

家庭结构和收入

表8.3的第C栏显示了样本中工人的家庭规模大小和经排列的各项家庭指标。这些数字相比于对洛杉矶的调查数据来看再次出现了较小的不同，但差异并不大。平均家庭规模比洛杉矶样本略小（这里是3.5人，洛杉矶样本是3.8人），外出工作挣钱的家庭成员数量也略少（这里是1.9人，洛杉矶样本是2.1人）。综合考虑这些因素，圣莫尼卡样本的依赖率基本上与洛杉矶样本相同。从样本中的所有工人来看，平均的依赖率是1.8，意味着每个工人用自己的收入供养着1.8人。从5.75~7.40美元的工人组到7.41~9.10美元的工人组，这一数字在1.7~2.1人之间不等。

最后，我们考察表8.3中的总体家庭收入数字和总体家庭收入中由样本工人所贡献的份额。我们看到，家庭收入在19 000~25 000美元之间，三个工资组别的工人对家庭总收入贡献的份额高达50%以上。

总体来看，在洛杉矶当前人口调查和圣莫尼卡研究调查之间存在着非常大的不同。尤其是，来自圣莫尼卡调查的家庭收入数字比洛杉矶调查报告的数字大约低1/3。这个差异比两组样本的单个工人工资收入的差异要大得多，如表中所示，后者在两个调查之间是可以忽略不计的。尽管如此，这种收入差异大体上与下列事实相一致：圣莫尼卡调查中的工人的平均家庭规模比洛杉矶样本的平均家庭规模小 10% 左右。[9] 差异的另一个因素可能是，在报告非工资性收入来源时，圣莫尼卡的工人不像政府官方样本中的工人那么谨慎细心，而洛杉矶的数据是来源于官方。虽然两组收入数据有所不同，但就家庭生活水准问题，我们仍可以从圣莫尼卡样本中得出与洛杉矶样本中同样的基本结论，即圣莫尼卡低工资工人家庭的大多数正生活在贫困状况或接近贫困的状况中，他们的总体收入水平无法使其接近基本需要生活水准。

8.2　生存工资计划与家庭生活标准

在圣莫尼卡，生存工资法令如何影响工人及其家庭成员的生活水准？我们注意到，在大多数低工资工人生活的家庭中，他们不是唯一的挣钱养家者。这表明，我们必须把家庭的全部收入来源考虑在内，然后弄清楚家庭总收入的变化程度。而且，确定一个家庭的纳税义务和享受政府补贴的合格性，主要看该家庭的总体规模和总收入水平，而不能仅看该工人的工资收入。

为了使人们理解生存工资提案如何影响该调查中的家庭，我们从刚才分析过的数据中，构筑了两个原初类型的典型家庭。[10] 表 8.4 分别对这两类家庭进行了概括。在第一个家庭中，工人大体上与圣莫尼卡调查中的一般水平的工人相一致，每小时挣 8.00 美元，没有个人健康保险，并且与另一个成人和一个孩子共同生活。这名工人提供了该家庭总收入的 70%。在第二个家庭中，工人与洛杉矶 CPS 调查中的一般水平的工人更为接近，小时工资为 8.30 美元，持有个人健康保险，并且与另外三个家庭成员共同生活，其中包括两名儿童。这名工人提供了该家庭总收入的 50%。区分这两类家庭使得我们能够观察某个已有的生存工资法令如何依工人家庭状况的不同而产生各种可能不同的效果。[11]

表 8.4　　从洛杉矶和圣莫尼卡工人样本中选取的典型的低工资家庭

	家庭 1	家庭 2
家庭收入		
工人的工资	$ 8.00	$ 8.30
年工作的小时数	1 700	1 800
工人的年收入	$ 13 600	$ 14 940
家庭总收入	$ 19 430	$ 29 880
家庭总收入中工人贡献的份额	70%	50%
家庭成员	2 个大人，1 个孩子	2 个大人，2 个孩子
被调查工人的福利		
健康保险	无	有
带薪假期（天）	8	8

　　我们来考察一下，当样本中的低工资工人的小时工资提升到 10.75 美元时，上述两个家庭所受的影响，表 8.5 是第一个家庭的状况，表 8.6 显示了第二个家庭的状况。在这两种情况下，我们均假定：该工人是家庭中唯一一个得到工资提升的人，所有其他家庭收入保持固定不变，还假定该工人继续从事同样的工作，每年工作的小时数同原来一样。

　　先来看表 8.5，第 1 项是将生存工资提高到法令规定的 10.75 美元的标准之后，对小时工资为 8.00 美元的工人的年总收入的影响，这等于总挣得增加了 34.4%。然后是生存工资提高对家庭总收入上升的影响，为 24.1%。

　　第 3～5 项是各种纳税义务及税收数额根据家庭收入增加的数额发生变化的情况。这些各类税收调整使我们能计算出税后的工资收入，如第 7 项所示。这里，我们看到，工资增至 10.75 美元所带来的结果是家庭的税后工资收入提高了 20.8%。

　　在表 8.5 的第 8 项中，我们列出了该家庭通过"联邦工资收入税收信用（EITC）"计划将获得的补贴，该计划向总收入处于既定底限水平以下的工人家庭提供现金支付。根据我们对第一个家庭的描述，在 8.00 美元工资标准下，EITC 的支付额为 1 199 美元，但当工资标准提高到 10.75 美元后，

表 8.5　　　　　　　典型家庭 1：提高生存工资对生活水平的影响

	工资 = $ 8.00/小时	工资 = $ 10.75/小时
家庭收入		
1. 工人年收入	$ 13 600	$ 18 275
从 $ 8.00 增加的百分比	—	+34.4%
2. 家庭总收入	$ 19 430	$ 24 105
从 $ 8.00 增加的百分比	—	+24.1%
3. 联邦所得税	$ 596	$ 1 301
4. FICA 税	$ 1 486	$ 1 844
5. 加州所得税	0	0
6. 州残障人员保险	$ 155	$ 193
7. 税后的工资收入 【第 2 行-（3+4+5+6）】	$ 17 193	$ 20 767
从 $ 8.00 增加的百分比	—	+20.8%
8. 工资收入税收信用	$ 1 199	$ 448
9. 可支配收入 【7 行+8】	$ 18 392	$ 21 215
从 $ 8.00 增加的百分比	—	+15.3%
被调查工人的福利		
10. 带薪假期（天）	8	15
11. 个人健康保险	0	$ 2 375

EITC 的支付额降为 448 美元。由于该家庭的工资收入高于 13 423 美元（按 1999 年美元价格）这一三口之家的官方贫困线，因此在任何工资水平下，这个家庭都不符合领取食品券的资格。

　　第 9 项是考虑了全部税收和补贴调整后的税后家庭可支配收入的数字。从中可见，对于小时工资提高到 10.75 美元的组别来说，家庭可支配收入增加了 15.3%。最后一项是工人的附加福利，增加了 8 天的带薪假期和 2 375 美元的个人健康保险。[12]

　　表 8.6 显示了第二个典型家庭的同样项目。当然，在这一情景下，增加额比第一个家庭更小。不过，即使对于这个较高收入的家庭来说，小时工资

提高到 10.75 美元仍给家庭可支配收入带来了 12.5% 的增加，即使该家庭不具备联邦工资收入补贴计划的资格。

表 8.6　　　　　　**典型家庭 2：提高生存工资对生活水平的影响**

	工资 = $ 8.30/小时	工资 = $ 10.75/小时
家庭收入		
1. 工人年收入	$ 14 940	$ 19 350
从 $ 8.30 增加的百分比	—	+29.5%
2. 家庭总收入	$ 29 880	$ 34 290
从 $ 8.30 增加的百分比	—	+14.8%
3. 联邦所得税	$ 1 751	$ 2 411
4. FICA 税	$ 2 286	$ 2 623
5. 加州所得税	0	0
6. 州残障人员保险	$ 239	$ 274
7. 税后的工资收入【第2行–（3+4+5+6）】	$ 25 604	$ 28 982
从 $ 8.30 增加的百分比	—	+13.2%
8. 工资收入税收信用	$ 148	0
9. 可支配收入【7行+8行】	$ 25 752	$ 28 982
从 $ 8.30 增加的百分比	—	+12.5%
被调查工人的福利		
10. 带薪假期（天）	8	15
11. 个人健康保险	预保险	预保险

最后，相对于我们提出的和基本需要底限水平，我们来考察一下这个问题：生存工资的提高是如何改变了两个典型家庭的生活水准。第一个家庭的有关数据如图 8.3 所示，第二个家庭的数据如图 8.4 所示。

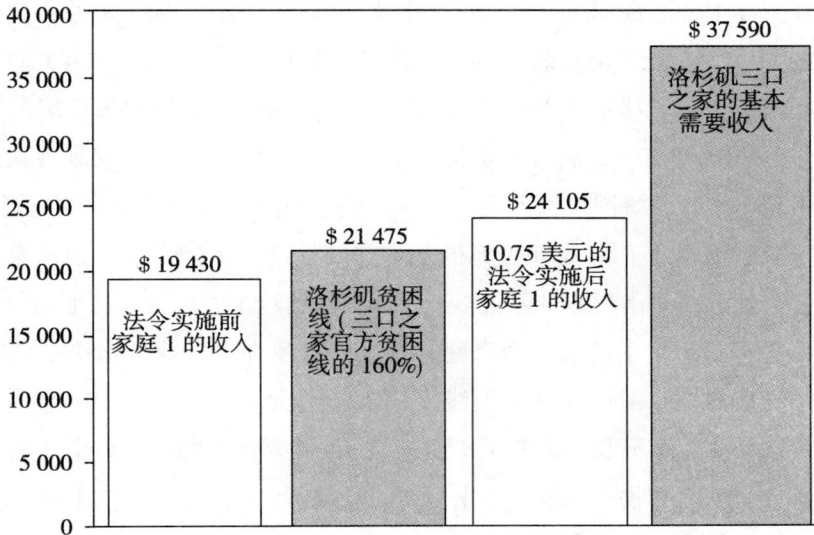

图 8.3　家庭 1：10.75 美元法令下家庭生活水准的变化（1999 年美元）
资料来源　见表 7.1 和表 8.5。
注：家庭收入和最低门槛水平是税捐和补贴之前的数据。

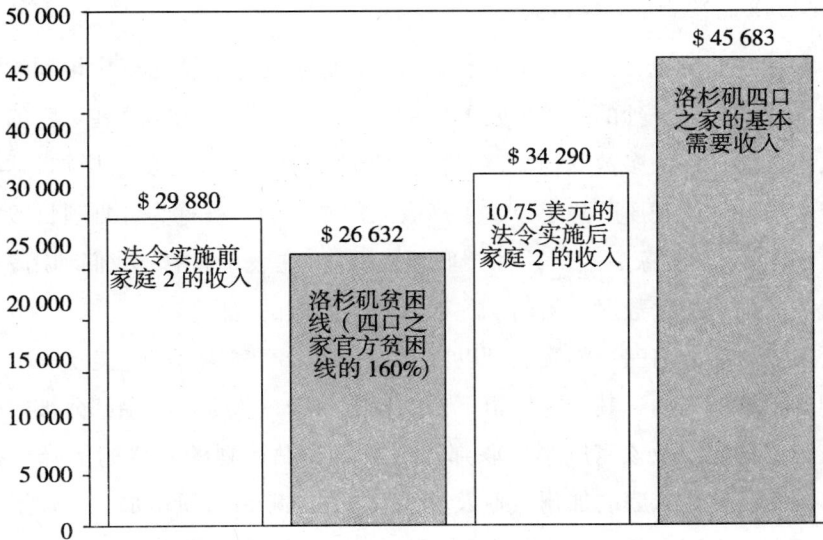

图 8.4　家庭 2：10.75 美元法令下家庭生活水准的变化（1999 年美元）
资料来源　见表 7.1 和表 8.6。
注：家庭收入和最低门槛水平是税捐和补贴之前的数据。

在生存工资法令实施之前，正如图8.3所示，第一个家庭的收入比我们定义的21 475美元的洛杉矶贫困线大约低了2 000美元（图中所有的收入数据是扣除税捐和转移支付之前的）。10.75美元的法定工资把该家庭的收入提高至24 105美元，家庭收入增加了24%，这意味着第一个家庭现在的生活水平位于洛杉矶贫困线以上的12.2%。即使执行了10.75美元的法令后，第一个家庭仍然处于37 590美元的基本需要标准之下。但是，把该家庭的收入提高到远高于洛杉矶贫困线以上，无疑将给这个家庭带来有形的收益。

再来看图8.4中的第二个家庭，其以前的生存工资收入水平是29 880美元，高于洛杉矶四口之家贫困线（26 632美元）的12%。10.75美元最低工资法令使其家庭收入提高了15%，达到34 290美元。在最低工资提高后，第二个家庭的收入在洛杉矶贫困线之上的29%。与第一个家庭的情况相似，他们仍然远远处在一个四口之家的基本需要水平（45 683美元）之下。然而，这也表明生存工资的提高能给第二个家庭带来巨大的收益。

政府的收益渗漏（节省）

正如我们所见，第一个家庭和第二个家庭从生存工资法令中得到的家庭净收入的增加比单独的直接工资的增加还要低。这是因为当这些家庭的税前收入上升时，和大多数其他家庭一样，他们的纳税义务也随之增加，同时，享受政府补贴的资质下降了。这种净收入的减少通常被称为计划项目接收者（低工资工人及其家庭成员）的"收益渗漏"。在表8.7中，我们利用表8.5和表8.6中的相关数据，给出了这种影响或效应的范围。

从表8.7的前三行中我们可以看出，这两个家庭从10.75美元法令中能得到的工资的增加，其中能保留下来的仅有60%～73%。其余部分被较高的收入和工薪税以及该家庭享受联邦工资收入补贴计划的资格的下降所抵销了。同时，这些家庭的加州残障人员保险支付也略微有所增加。总体上，表中最后一行说明，第一个家庭和第二个家庭的全部政府节省（渗漏）的数额分别达到1 852美元和1 180美元。

正如实际所发生的那样，即使在得到工资提高之前，这两个典型家庭的

表 8.7 　　10.75 美元最低工资法带来的税前和可支配收入的收益渗漏

	家庭 1	家庭 2
家庭可支配收入的收益		
1. 税前收入增加	$ 4 675	$ 4 410
2. 可支配收入增加	$ 2 823	$ 3 230
3. 净收益比率【第 2 行/第 1 行】	60.4%	73.2%
联邦政府的节省		
4. 更高的所得税	$ 705	$ 660
5. 更高的工薪税	$ 358	$ 337
6. 工资收入税收抵免下降	$ 751	$ 148
州政府的节省		
7. 更高的残障人员保险	$ 38	$ 35
政府节省总计【4 行+5 行+6 行+7 行】	$ 1 852	$ 1 180

收入水平已经较高了，以至于无法符合食品券、医疗保险或洛杉矶的贫困者健康保险等保障计划的资格。倘若我们考虑到处于较低初始家庭收入水平的工人的具体情况，那么 10.75 美元最低工资法令给工人家庭带来的净收益就会更大些，但渗漏也会更多。

当然，从政府预算的角度看，这种渗漏形成了节约——政府对低收入家庭的财政义务的一种减少。然而，这里的主要受益者是联邦财政，而不是圣莫尼卡市或加利福尼亚州。

第 9 章

亚利桑那州最低工资的
增加对工人及其家庭的益处

罗伯特·波林　珍妮特·威克斯-利姆

9.1　谁是亚利桑那州的低工资工人？

这里，我们考察了亚利桑那州的大约 35 万名工人，这些工人占该州受雇佣劳动力总数的 13%，在 2007 年 1 月 1 日该州把小时最低工资提高到 6.75 美元后，他们或是得到了法定工资的增加，或是得到了波纹效应的工资增加。我们考察了这些工人的三个基本特征：个人特征、家庭特征以及工人及其家庭的贫困状况。我们还提供了关于那些从 6.75 美元最低工资提案中得到了工资增加的工人的同类数据信息，包括凤凰城的 23 万人、图森市的6.3万人以及尤马市 的2万人。[1]

9.1.1　个人特征

在表9.1 的 A 栏中，这些工人占亚利桑那州劳动力总数的近13%。在这些工人中，有77%是成年人（20 岁及以上）；50%是非白人（包括拉丁和西班牙裔的美国人），42%是拉丁和西班牙裔的美国人；57%是女性。他们的平均年龄为28 岁，从业年限已经达12 年以上。换句话说，这些工人当前保有的工作反映了他们的长期职业轨道。他们没有处于一个能使其升至更好的工作境遇的职业阶梯上。换用另一种方式表述，绝大多数人不属于挣有所余的中产阶层的青年人。

表9.1　　　2005 年亚利桑那州最低工资的增加所适用的
工人个人特征及其家庭生活水平

	亚利桑那	菲尼克斯（凤凰城）	图森	尤马
A. 亚利桑那州低薪工人的个体特征				
工人数量	345 565	229 139	62 880	19 777
占劳动力的比例	12.8%	12.5%	15.1%	31.2%
平均年龄	28	27	24	30
工作年限 （年）	12	11	7	14
青年的比例（15～19 岁）	22.6%	24.5%	26.9%	14.3%
非白人的比例（含拉丁和西班牙裔）	49.7%	48.4%	47.4%	79.8%
拉丁和西班牙裔的比例	42.1%	41.3%	31.1%	79.8%
女性的比例	56.5%	53.1%	58.4%	53.9%
B. 亚利桑那州有代表性的低工资工人的家庭结构、工资、收入				
有代表性的家庭的规模	3.0	3.0	3.0	4.0
有代表性的家庭中挣钱人数	2.0	2.0	2.0	2.0
家庭总收入	$ 26 323	$ 30 356	$ 21 865	$ 23 709
工人的工资占家庭总收入的比例	41.9%	39.3%	48.1%	31.0%

	亚利桑那	菲尼克斯 (凤凰城)	图森	尤马
家庭总收入	$ 31 097	$ 33 093	$ 31 463	$ 33 219
工人的工资占家庭总收入的比例	35.7%	32.3%	37.2%	25.7%
C. 亚利桑那州低工资工人的贫困状况				
极度贫困的家庭 （官方贫困线以下的）	22.3%	18.9%	22.3%	26.0%
贫困的家庭 （官方贫困线150%以下）	43.0%	39.3%	41.3%	53.9%
接近贫困的家庭 （官方贫困线175%以）	49.4%	48.2%	46.0%	64.2%
基本需要的门槛以下的 家庭（门槛以下家庭的 比例）	73.3%	73.3%	66.8%	

资料来源　美国劳工部劳工统计署的当前人口调查，以及年度社会和经济补充调查2000—2005年卷。

注：由于尤马市的样本规模较小，所以基本需要的门槛以下的家庭所占比例的数据没有记录。

考虑到这几个城市的情况，凤凰城的工人的状况非常类似于该州工人的一般状况。这并不奇怪，因为该州全部低工资工人的2/3居住在凤凰城；在图森，居住着该州低工资工人的18%，与该州一般状况有所偏离的主要是拉丁美洲血统的工人所占的比例，为31.1%，远低于整个州的平均水平。粗略地说，尤马的情况完全不同，该州的低工资工人只有5.7%居住在尤马。这里，如表9.1所示，近80%的低工资工人是拉丁美洲血统的人。而且，尤马的工人年龄更大，工作经验更丰富。其平均年龄为30岁，工作时间已有14年以上。

9.1.2 家庭结构和收入水平

表9.1的B栏显示了最低工资覆盖的工人的家庭和收入状况。这里我们列示了亚利桑那州具有代表性的低工资工人及其家庭的有关数据。[2] 我们来考虑一下这样一个有代表性的工人：当亚利桑那州的最低工资增加到6.75美元后，该工人得到了法定或波纹效应的工资增加。他（她）所生活的家庭还有其他两名（以上）成员，在另外两名成员中，一名很可能也有工作。同时，该州范围内的这些数据也适用于凤凰城和图森。尤马市的家庭规模更大些，平均有4名家庭成员，但一个家庭中工作挣钱的人仍然为2人。一般来讲，家庭规模数字有着重要的含义：如我们所见，最低工资的提升使约35万名工人得到了法定工资的增加或波纹效应的工资增加，但最低工资提升所带来的收益将惠及所有家庭成员，也就是说，将对110万人产生作用。因此，把家庭作为一个整体来考虑，当亚利桑那州把最低工资提升到6.75美元后，生活在该州的590万人中的近20%能从中获得某种直接收益。

就工资收入来说，整个州的总体情况是，得到了最低工资增加的样本工人所在家庭的总挣得约为26 323美元。

将有代表性的低工资工人的工资收入总计起来，它大约占这些家庭总收入的42%。这个数字在图森市较高，达到48%；在凤凰城略低，为39.3%。尤马市的工人工资收入占比更低，仅占31%，在该市，更为可能的情况是这些家庭中有两个以上的挣钱者。[3] 不考虑这些变化情况，那么整个州的基本状况是一样的——我们样本中的有代表性的低工资工人的挣得在其家庭总挣得中没有占半数以上。同时，由于在大多数家庭中，工人的挣得处于30%～50%的某个水平，因而，他们的这份钱显然对家庭的总体状况也是至关重要的。

下面我们考察：相对于工人对其家庭总收入的贡献，工人对其家庭总"收入"（Income）的贡献如何。家庭收入的数字肯定比家庭挣得的数字要大一些，这是因为收入包括了挣得意外的其他供养家庭的资金来源——包括福利项目、利息、红利、赡养费、子女生活费、社会保险、失业保险。家庭收入的中间值为 31 000 美元左右。这一全州数据同凤凰城、图森以及尤马的数字很相近。在整个州的层面，有代表性的低工资工人提供了其家庭总收入的大约 36%。因此，这再次说明，样本中的有代表性的工人不是其家庭收入的主要来源。但在这些总收入通常很低的家庭中，这一占比也代表了相当大的收入来源。

9.1.3 贫困状况

在表 9.1 中的第 C 栏，我们以某些基本生活标准作为基准，通过将其收入水平与这些基准进行对比，可以更清楚地了解低工资工人所在的家庭的状况。我们使用的 4 个基准是以与第 8 章对加州圣莫尼卡的调查所用的同样方式得出的，分别为：极度贫困，相当于官方的联邦贫困线；贫困，在亚利桑那州的情景下相当于官方贫困线的 150%；接近贫困，相当于官方贫困线的 175%；最后是一个更大的基本需要底限。

除了凤凰城、图森和尤马三个城市以外，就整个亚利桑那州的基本需要底限来说，我们采用了经济政策研究院（Economic Policy Institute，EPI）的定义。[4] 例如，EPI 估计在 2005 年，下列数字构成了凤凰城一个两口之家（一个大人和一个孩子）的每月基本家庭预算（以 2004 年美元计算）：住房开支 817 美元，购买食品 265 美元，育儿开支 363 美元，交通费 255 美元，健康维护 249 美元，其他生活必需品支出 292 美元，税捐支出 266 美元。这些项目总计达到每月 2 467 美元，约合每年 30 000 美元。对于人数更多的家庭，上述基本家庭预算估计数值会更大一些。如果是由父母和三个孩子组成的五口之家，凤凰城的基本家庭预算水平将在 52 000 美元之上。图森和尤马的可比数字略低，在这两个城市，由一名成人和一名儿童组成的两口之家的基本家庭预算为大约 26 000 美元。采用这种一般方法，我们随后估计了处于基本家庭预算底限以下的低工资工人家庭所占的比例。

从表 9.1 中的第 C 栏可以看出，亚利桑那州的低工资工人家庭目前有 22% 生活在官方发布的政府贫困线之下，我们认为，这个官方贫困线应该被称为"极度贫困底限"更为合适。而且，亚利桑那州低工资工人及其家庭有43%生活在界定更为合理的贫困线之下，49%接近贫困。最后，表9.1还显示73%生活在基本家庭预算线以下。[5]

9.2　最低工资的增加对各种不同低收入家庭的影响

亚利桑那州最低工资的提高对有关工人及其家庭产生了何种影响？我们看到，在亚利桑那州大多数低工资工人的家庭中，这些工人的收入不是家庭的唯一收入来源（而且常常不是主要的收入来源）。这意味着，我们应该在把该家庭的全部收入来源都考虑在内之后，再来说明总体家庭收入变化的程度。而且，决定家庭纳税数额和获得政府补贴（其中最重要的是挣得收入税收信用以及食品券）资格的是该家庭的规模和总挣得水平，而不是一个人的工资收入。

表9.2显示了最低工资提高所带来的家庭可支配收入（这是测量家庭生活水平的最直接的指标）的总体变化状况。[6] 我们给出了所有家庭的计算结果，包括挣得水平在2.13～3.74美元/小时之间的有小费收入的工人，以及挣得水平在5.15～8.00美元/小时之间的没有小费收入的工人。目前挣得在7.25～8.00美元/小时之间的工人似乎只能得到小幅波纹效应的工资增加，增幅大约在5%。这样，家庭可支配收入的提高比5.15～6.75美元/小时工资系列的工人家庭得到的增额（平均增加大约13%）要小得多。在表9.2的第A栏中，我们显示了最低工资对目前收入低于我们所定义的贫困底限（政府的官方贫困线的150%）的所有家庭的影响。这代表了因最低工资标准的实施，贫困家庭中受影响的工人占全部受影响工人的43%。表9.2的第B栏显示了低于我们所定义的基本需要底限的所有家庭的同样计算数据，即基本需要的门槛以下的家庭中受影响的工人占全部受影响工人的73%。[7]

表9.2　　　　当亚利桑那最低工资提高到6.75美元后，

低工资工人及其家庭生活水平的变化

A. 贫困家庭中受影响的工人（处于官方贫困线150%或以下的家庭，占全部受影响工人的43%）

	最低工资 $ 5.15	最低工资 $ 6.75	增加/减少的百分比
1. 工人的年挣得	$ 10 676	$ 11 542 (+866)	8.1%
2. 税捐和补贴前的家庭总收入[a]	$ 15 688	$ 16 569	5.6%
3. 食品券	$ 958	$ 837	−12.6%
4. 公共医疗补助/SCHIP	$ 757	$ 757	0.0%
5. 工资收入税收抵免	$ 1 584	$ 1 567	−1.0%
6. 儿童税收信贷	$ 624	$ 714	14.5%
7. 联邦税	$ 111	$ 200	80.2%
8. 州税	$ 69	$ 94	36.5%
9. FICA	$ 1 070	$ 1 137	6.3%
可支配收入 【（2+3+4+5+6）−（7+8+9）】	$ 18 361	$ 19 013 (+652)	3.5%

B. 基本需要的门槛以下的家庭中受影响的工人（全部受影响工人的73%，至少有一个12岁以下的孩子）

	最低工资 $ 5.15	最低工资 $ 6.75	增加/减少的百分比
1. 工人的年收入	$ 11 045	$ 11 969 (+924)	8.4%
2. 税捐和补贴前的家庭总收入[a]	$ 18 412	$ 19 389	5.3%
3. 食品券	$ 889	$ 762	−14.2%
4. 公共医疗补助/SCHIP	$ 762	$ 733	−3.8%
5. 工资收入税收抵免	$ 2 380	$ 2 337	−1.8%
6. 儿童税收信贷	$ 873	$ 1 000	14.5%
7. 联邦税	$ 18	$ 116	528.4%
8. 州税	$ 88	$ 116	31.5%
9. FICA	$ 1 227	$ 1 302	6.1%
可支配收入 【（2+3+4+5+6）−（7+8+9）】	$ 21 983	$ 22 687 (+706)	3.2%

资料来源　美国劳工部劳工统计署的当前人口调查年度社会和经济补充调查2005卷。

注：参见波林和威克斯-利姆（2006，大约第4页）。

[a] 家庭总收入包括包括了其他补贴收入，这里没有单独分析。

　　我们的计算考虑了受法律影响的家庭中的所有收入来源，也就是说，由最低工资提高所导致的法定增加（或波纹效应增加）的所有工人的挣得变化，以及挣得增加对所有税前家庭收入的影响。然后，我们计算了所得税和社会保障（联邦保险特别税法案，FICA）税的变化带来的效应，以及 EITC 资格和食品券补贴资格的变化带来的影响。[8]

　　关于表 9.1 中 A 部分的贫困家庭，这类家庭的工人将得到 866 美元或 8.1% 的工资增加，即从每年 10 676 美元增加到 11 542 美元。如果税收和补贴不变，这一工资增加能带来 5.6% 的家庭总收入增加。但是，该家庭现在不得不多支付 91 美元的税（包括联邦的税、州的税、FICA 以及儿童税收信用计划）。该家庭从 EITC 和食品券中得到的资助也将下降 138 美元。这样综合来看，家庭可支配收入仅增加了 652 美元，增加了 3.5%。表 9.2 中的第 B 栏给出了现在家庭收入低于基本需要底限的工人的状况，从中可见，总的家庭可支配收入提高了 706 美元，从原来的 21 981 美元提高到 22 687 美元，增加了 3.2%。

　　这些家庭获得的 650～700 美元的收入增加显然不会给他们的生活水平带来巨大变化。不过，正如前面分析生存工资法律的影响时所揭示的，这一增加仍能以各种不同方式给他们带来微小但重大的改善。比如，每年有了这额外的 650～700 美元，该家庭就能减少其他债务，可以外出度假或减少工作时间；它还能为该家庭购买汽车起到帮助作用。同时，如前所示，最低工资的实际购买力在过去的 35 年中急剧下降，在当代的经济环境下，那些没有增加工资的工人似乎经历了生活水平的恶化。[9] 因此，亚利桑那州最低工资的增加至少能起到平衡这种趋势的作用，否则，今日美国的低工资工人及其家庭的生活水平恶化的趋势更为普遍，长此以往，这必将使工人及其家庭的生活状况更加糟糕。

　　同样重要的是，亚利桑那州低收入家庭生活状况的改善是通过增加家庭的挣得收入来实现的，而不是通过提高 EITC 提供的福利、食品券或一些其他形式的政府补助项目来实现的。[10] 对低工资工人的调查表明，就尊严和工作承诺来讲，得到一美元的政府补助绝对无法同多挣一美元的工资相比拟。

举例来说，在 20 世纪 80 年代末和 90 年代初期，社会学家凯思琳（Kathryn Edin）和人类学家劳拉（Laura Lein）曾对 4 个州的若干个城市中近 400 名享受福利的低收入单身母亲进行了访谈，结果发现："通过工作自力更生是大多数母亲的长期目标。大多数受访者表示，她们希望用自己挣的钱去支付所有账单。经济上的完全独立使她们能够弃绝任何外部扶助，在这些母亲看来，这是唯一不会使她们丧失自尊的策略。"（1977，144）

第四部分

回顾性分析

当代生存工资运动在美国的历史并不算长。有关这些工资标准将带来哪些影响的初期争论始于 20 世纪 90 年代中期，就此而论，这些争论必然以各种各样的前瞻性分析为指导。其中包括我们在第二、三部分所做的前瞻性研究，还包括其他类似的著作，如 1998 年出版的《生存工资：建立一个公平的经济体制》一书。但是，随着生存工资法的颁布实施，它不仅可以审视这些标准可能带来的结果，而且还可以研究这些标准实施后所产生的实际效果。第 10 章讲述的是马克·布伦纳和斯蒂芬妮·卢斯的研究成果，这是针对生存工资法令所展开的一系列为数不多但在逐渐增多的回顾性研究的成果之一——这些回顾性研究考察的是这些工资标准实施数年来的实际效果。[1]

他俩的研究集中于新英格兰区域的三个城市——马萨诸塞州的波士顿、康涅狄格州的哈特福德和纽黑文。这三个城市实施的生存工资法的管辖对象均限于城市服务签约企业。也就是说，生存工资标准仅仅适用于那些与市政府签有服务合约的私人企业。本书引言部分指出，在美国各个城市当前所实施的近 140 项工资标准中，这是一种最为常见的生存工资倡议。这些标准的好处在于，它们的确制定出了一个至少与很多社区的工资水平很接近的最低工资标准，从而我们可以美其名曰为生存工资标准。因此，波士顿在 2001 年达到的 9.11 美元的最低生存工资标准比马萨诸塞州全州范围内 6.75 美元的最低工资标准高出了 35%。这些标准的不足之处就是其管辖范围非常狭小。布伦纳和卢斯还指出，大约有 2 000 名工人受到波士顿工资标准的管辖，与此形成鲜明对比的是，在 2001 年，马萨诸塞州全州范围内有 750 000 名工人的工资水平低于 9.11 美元。在哈特福德和纽黑文，在生存工资标准管辖范围内的工人更少。

虽然其管辖范围有限，但这些仅适用于签约企业的生存工资法依然为考察各种关键问题提供了重要的参考价值（当然，也为那些为数不多的已经享受工资增长的工人提供了提高工资标准的可能），这些问题可能适用于各种更广泛的动议。布伦纳和卢斯集中关注了三个方面的问题，即生存工资法对以下三方面的影响：（1）城市签约模式。（2）受影响的企业。（3）受影响的工人等。

在签约模式方面，布伦纳和卢斯所研究的是，企业一旦要负责把生存工资标准纳入其签约承诺，签约模式可能会出现何种变化。生存工资标准的批评者们认为，由于合约成本的法定增加，愿意投标签署城市服务合约的企业数量会减少。这样就会削弱城市服务合约的竞争力，进而将增加城市向市民提供服务的成本。反过来，服务合约的这种成本增加会导致城市减少服务供给，或者会导致城市提高市民的税负来弥补合约成本的增加。

但是，布伦纳和卢斯汇集的数据表明：合约在竞争强度方面其实没有发生系统性的变化。在波士顿，服务合约的投标企业数量没有发生变化。在纽黑文，投标企业的数量有所减少，但在哈特福德，投标企业竟然增多了。很多企业报告显示，生存工资方面的规定有助于为投标企业提供"公平的竞争环境"，从而让企业得以在保证质量而非尽力压低工资水平的基础上为签署合约而展开竞争。另外，布伦纳和卢斯还指出，从总体上看，与实施生存工资法之前相比，这些合约的中标价格并非普遍上涨了。显然，在企业争取签署那些终究还算不错的市政合约的过程中，生存工资法令只是影响其竞争策略的因素之一——在大多数情况下，甚至算不上一个主要因素。在研究企业所受影响的过程中，布伦纳和卢斯对 72 家受波士顿生存工资法管辖的服务签约企业进行了深入的分析，其中包括非营利性企业。两人指出，这些企业并没有通过裁员来应对生存工资法。事实上，在生存工资法生效后，受管辖企业实际上增加了为市政合约服务的员工数量。企业针对生存工资法而做出的主要调整就是降低这些合约的利润率（对于非营利性企业来说，这相当于降低每份合约扣除成本后的净收益）。这个研究结果表明：在实施生存工资法之前，这些合约给相关企业带来了极高的利润。

在考察工人所受的影响时，布伦纳和卢斯调查了将近 100 名工人，他们所服务的合约均受波士顿生存工资法的管辖。调查发现，在享受工资增加的工人中，主要是女性工人和有色人种。在生存工资法实施之前，他们中有很大一部分人生活很贫困。在生存工资法实施之后，贫困发生率的确有所下降，当然，大多数人生活水平的改善幅度并不大。

总体上看，布伦纳和卢斯的回顾性研究得出的结果与我们在前瞻性研究中所获得的结果非常一致。就其本身而言，这两类结果证实了以下两点：两种研究方法都是有效的；两套研究结论都是可靠的。广义地看，根据这两类研究结果，我们发现，对低工资工人及其家庭而言，生存工资标准的好处虽然有限，但也是实实在在的。同时，那些必须遵守相关法律的企业不必为了吸收成本增加而在业务模式方面做出重大调整。当然，它们的确也会做出一些调整，但这些调整一般都是很温和的。而且，有关市政合约竞标模式的数据也表明，生存工资法实际上可以通过不断加剧竞争来改善商业环境。其实现途径是，让企业得以在保证质量而非尽量压低工资水平的基础上为签署合约而展开竞争。

第 *10* 章

生存工资法的实践：对波士顿、哈特福德和纽黑文三市的回顾性研究

马克·布伦纳　斯蒂芬妮·卢斯

10.1　引言与概述

　　本章考察了纽黑文、波士顿、哈特福德（美国某地区较早采纳工资法的城市）的生存工资法对 2001 年的影响，当时生存工资法已经实施了若干年。这三个城市的生存工资法反映了全国的发展趋势，因而具有一定的共性，但同时，在所辖服务的类型以及条款的规定等方面也存在差别。因此，它们的实施状况为调查生存工资法对市政合约、所辖企业、低工资工人（这些法律的最终受益人）等方面的影响提供了良好的平台。

　　我们的研究成果主要基于三个信息源，每个信息源都利用了这样一个事实：我们能够观察到生存工资法在这三个城市实施之后的实际情况。在考察生存工资法对合约竞标模式的影响时，第一个信息源就是市政合约的样本和三个城市在实施各自的生存工资法前后的合约中标价格。我们对波士顿生存工资法管辖下的雇主和工人的调查提供了另外两个信息源。有关这些法律对工人和企业经营的影响，我们侧重关注的是波士顿，其原因在于，该市的生存工资法管辖了大量的合约和转包合约，从而创造了最佳的调查条件。我们对雇主的调查对象包括 140 个服务供应商（vendors），他们在 2001 年秋季持有 212 份受波士顿生存工资法管辖的服务合约。对工人的调查包括将近 100 名工人，他们在 2001 年 11 月至 2002 年 5 月期间受波士顿生存工资法的管辖。

　　研究表明，这些法令切实改善了工人们的生活状况，而且没有对受管辖企业的利益造成重大的伤害。但是，这三个城市实施的生存工资法却未能把所辖工人的生活水平提高一大截（幅度很有限），没有提高到诸如经济政策研究所提出的"基本家庭预算"的程度。这些法令还可用以为改善低工资工人的生活水平而做出更大努力的跳板。

10.2　波士顿、哈特福德和纽黑文三市生存工资法的立法背景

　　生存工资立法的第一个高潮出现在 20 世纪 90 年代，波士顿、哈特福德和纽黑文三市的生存工资法均是在此期间颁布实施的，具备早期生存工资标准的大部分主要特征。市议会批准了这三部法案，它们都适用于超过一定金额的市政合约。但是，这三部法令在若干重要方面仍存在着差异，见表 10.1 和表 10.2。

　　和很多生存工资法一样，1997 年 7 月出台的纽黑文市生存工资法仅适用于金额不低于 25 000 美元的合约。而且和很多法令一样，它仅适用于提供某些特定服务的企业，其中包括全市的食品加工、制造及分销，安全保卫

表 10.1　　纽黑文、波士顿及哈特福德三市生存工资法的主要条款

	纽黑文	波士顿	哈特福德
批准机构	市议会	市议会	市议会
实施时间	1997 年 7 月	1998 年 9 月	1999 年 10 月
适用范围	市政服务合约	市政服务合约	市政服务合约及经济发展援助
是否适用所有合约？	否	是	否
是否适用非营利性企业？	否	是	否
是否适用转包商？	是	是	是
合约金额门槛	25 000 美元	100 000 美元（转包合约 25 000 美元）	50 000 美元
雇员人数门槛	无	25 人（非营利性组织 100 人）	无
工资水平是否上升了？	头 4 年每年都进行调整	与通货膨胀挂钩	与通货膨胀挂钩
不含医疗福利，是否要求提高工资？	否	否	是
非工资条款	雇主必须遵守扶持性法律；雇主必须为雇员提供收入税抵免信息；鼓励雇主优先雇用社区职业介绍所推荐的员工	雇主必须为雇员提供收入税抵免信息；鼓励雇主优先雇用社区职业介绍所推荐的员工	雇员若欲成立工会，那么雇主必须始终保持中立

注：有关波士顿的细节反映了其工资法在 2001 年 9 月扩充之前的真实情况。

表 10.2　纽黑文、波士顿和哈特福德三市的最低工资和生存工资标准

		1997—1998	1998—1999	1999—2000	2000—2001	2001—2002
纽黑文	生存工资	7.43 美元	8.03 美元	8.61 美元	9.14 美元	9.75 美元
	最低工资	4.77 美元	5.18 美元	5.65 美元	6.15 美元	6.40 美元
	差额	+56%	+55%	+52%	+49%	+52%
波士顿	生存工资			8.23 美元	8.71 美元	9.11 美元
	最低工资			5.25 美元	6.00 美元	6.75 美元
	差额			+57%	+45%	+35%
哈特福德（含医疗待遇）	生存工资				8.77 美元	8.97 美元
	最低工资				6.15 美元	6.40 美元
	差额				+43%	+40%
哈特福德（不含医疗待遇）	生存工资				10.51 美元	10.71 美元
	最低工资				6.15 美元	6.40 美元
	差额				+71%	+67%

注：最低工资代表的是每个财政年度期初（7 月 1 日）的法定工资水平。虽然康涅狄格州把最低工资从 4.77 美元提升至 5.18 美元的日期是 1997 年 9 月 1 日，但马萨诸塞州和康涅狄格州调整最低工资的日期一般是在 1 月 1 日。这样，最低工资就在若干财政年度的下半年里上涨到表中所示的下一个财政年度的水平。

服务，城市设施中的交通运输，食品储藏、保管及卫生，非技术性维修，以及文员、办公室工作等。同时，该法还适用于管理这些服务的企业。纽黑文法要求这些雇主须遵守联邦、州及地方三级的扶持性法律，向低工资工人通告联邦收入税抵免（EITC）方案，优先雇用社区职业介绍所推荐的下岗员工和工人。

纽黑文市设定最低工资标准（Wage Floor）的目的原本是为了保证只有一个成员挣工资的四口之家能达到联邦贫困门槛。但是，该市在 1998 年 7 月、1999 年、2000 年、2001 年分别把贫困门槛提高到了联邦贫困水平的 105%、110%、115% 和 120%，这意味着生存工资在这 4 年间由每小时 7.43 美元上升到了 9.75 美元（生存工资特别工作组必须决定未来的各种调整，但该小组在 2002 年、2003 年里并没有召集会议）。在整个时期内，纽黑文市的生存工资最低标准比州最低工资标准高出 50% 左右。[1]

波士顿生存工资法于 1998 年 9 月颁布实施，它是对一部早期法律的修订，所管辖企业的市政合约金额不低于 100 000 美元，转包合约金额不低于 25 000 美元。波士顿法体现了一种新出现的趋势：它不仅适用于在保安、清洁等领域里的私人的、营利性的服务签约企业，而且还适用于提供诸如特殊教育、支持性居处及儿童保健等公共事业（Human Services）的非营利性企业。不足 25 名全职雇员（FTE）的企业以及不足 100 名员工的所有非营利性组织均不受该法管辖。在波士顿的受管辖合约中，将近 2/3 的适用于公众服务，而其他城市已经把法律的适用范围拓展到非营利性组织了。波士顿之所以形成如此鲜明的特征，是因为波士顿的城市雇员继续提供在其他地方由私人签约企业所完成的诸多服务。

波士顿法最初于 1998 年 7 月制定的最低标准是 8.23 美元。每年 7 月 1 日提高生存工资标准，以反映出用地区性的消费物价指数衡量的通货膨胀或达到州或联邦最低工资 110% 的标准，再两者取其高。最低工资标准一直要比州最低工资至少高出 35%。除了最低工资保障以外，波士顿还要求雇主向雇员通报收入税抵免信息并鼓励合约金额超过 100 000 美元的企业通过城市就业培训中心来雇用员工。[2]

2001 年 9 月，波士顿大幅度扩充了生存工资法，把最低工资标准提高到 10.25 美元，把合约金额的门槛降低到 25 000 美元，并把非营利性组织的全职雇员（FTE）减少到 25 人。但是，由于这些措施直到 2002 年 7 月才开始大范围实施，并且由于它们仅在合约到期并续约时才适用，因此我们的分析仅限于受初始条款管辖的合约。

于 1999 年通过的哈特福德法管辖的是金额不低于 50 000 美元的服务合约，同时还涉及转包商。和纽黑文法很相似，哈特福德法并没有管辖所有的服务合约。该法适用于在全市范围内提供食品和安全服务的企业，以及提供保管服务及非技术性维护、文书及非管理型办公室工作、交通和泊车服务等的企业。但是，和波士顿和纽黑文的法令不同，哈特福德的生存工资法还适用于任何由市、州或联邦的基金、税收减免、拨款或养老基金等来源支持的超过 100 000 美元的开发项目。该法的管辖范围还扩展到对该市所拥有的市属土地进行开发的、费用超过 25 000 美元的任何房地产开发项目。

哈特福德法制定的标准是：如果让雇主提供医疗福利，那么一个四口之家的生存工资要达到联邦贫困水平的 110%。犹如全国各地纷纷出台的生存工资法一样，哈特福德法规定，企业如果不提供医疗待遇的话，就得支付更高的工资。在这些情况下，两个工资水平之间的差异反映了一个四口之家的综合医疗保险的平均成本，这是由该城市的人事关系主管（Director of Human Relations）来决定的。在该法实施的头两年里，享受医疗保险待遇的工人的生存工资大约比州最低工资高出 40% 左右，而不享受医疗保险的工人的工资则高出 71%。

和全国约 25% 的法令一样，哈特福德法包含有与劳资关系相关的非工资条款。具体而言，该法包含一条劳资和谐条款（Labor Peace Clause）：企业若想参与由城市资助的开发项目，就必须与任何力求代表其员工的工会签署协议。从实质上讲就是，雇主同意不干涉工会组建，工会同意在合约期间不罢工。

10.2.1　生存工资法对这三个城市的合同签约的影响

对很多企业而言，劳动力成本在总成本中占有很高的比例。如果生存工资法迫使企业提高大部分员工的工资，那么企业提供服务的价格会上涨，进而包括城市所支付的合约成本都会上升。另外，生存工资法如果拉高了企业与城市做生意的成本，还会影响部分企业竞标服务合约的积极性，从而破坏良性竞争，为现有竞标企业打开提价之门。在生存工资法实施后，这些情况都是可能出现的，但事实果真如此吗？

通过来自除了纽黑文、波士顿和哈特福德以外的其他城市的数据，我们发现，生存工资法对合约成本和竞标的总体影响比较温和，但对城市内部和城市间的影响是综合性的。例如，在生存工资法实施后，上述三个城市中有两个城市的合约成本的确下降了，另一个城市的合约成本却上升了。[3] 生存工资法对私人合约的影响程度通常有很大的差异，取决于其所管辖的服务的类型和城市实行竞标的方式。我们进一步发现，在实施生存工资法以后，竞争性投标的竞争强度依然很大，甚至还可能增加城市合约的投标者数量。总的来说，这些情况意味着，生存工资法只是影响城市采购的成本和竞争力的诸多因素之一。

10.2.2　生存工资法对其他城市的合同签约的影响

在美国诸多城市中，生存工资法已经存在相当长的时间了。这些城市受到过哪些影响呢？幸运的是，有关这个问题的研究资料越来越多。比如，于 1995 年开展的两项考察巴尔的摩市生存工资法的研究。在该法案实施一年后人们所进行的一项研究表明，自从生存工资法实施后，19 份合约的总成本仅仅上升了 0.25%。3 年后进行的另一项研究发现，26 份合约的成本才上升了 1.2%。在这两个研究阶段，通货膨胀率更高，所以真实成本实际上是下降了。

这两项研究还发现，私人合约所受的影响存在很大差异。例如，巴尔的摩市合约金额最高的公交服务的成本上升了 2%。相比较之下，小额清洁服务合约的成本上升了47%，而夏季食品服务合约的成本下降了12%。[4]

对全国各地的20部生存工资法所做的另一项回顾性研究发现，几乎各地的城市官员都报告说，合约成本提高了。合约的绝对金额的确处于变动当中，但绝对没有占到总预算的0.1%以上。和巴尔的摩的情况一样，一些城市官员报告说私人合约的成本变动很大。例如，在密歇根州沃伦市，一份清洁服务合约的成本上升了22%，而加州圣何塞市与其会议中心所签订的一份合约的成本仅上升了1.5%。虽然旧金山和加州海沃德市的官员指出生存工资法对合约成本的影响可以忽略不计，但是，在俄勒冈州科瓦利斯市，2001年6月的一次分析发现，生存工资法管辖下的31份合约的总成本已经上升了13%——增速远远快于3.5%的通货膨胀率。[5]

有些城市已经采取了积极的措施来减轻生存工资法的成本。例如，在2000年2月的年度报告中，帕萨迪纳市的市政执政官辛西亚·库尔茨（Cynthia Kurtz）发现，5份合约的成本增加了168 000美元（报告没有指出合约总价值；Kurtz 2000）。但是，监督该市生存工资法的斯蒂夫·梅里尔（Steve Mermell）声称，该市已经安排了340 000美元的预算来弥补预期的成本增加。[6]最后，官员与其签约企业商通过谈判来分摊增加的成本，同意以延长合约来作为交换而不是发布出来进行竞标。

类似地，俄勒冈州的摩特诺玛郡的报告显示，在实施生存工资政策之后，所管辖的服务合约总成本上升了5%。但是，若执行原合约，成本就会上升27%；该郡通过把政府某个部门、法院大楼、郡监狱等地的清洁服务统一纳入一份合约的方法节约了资金。这似乎是"关系性缔约"（Relational Contracting）的例子——其中各当事方均认识到"针对所有意图和目标，他们是相互依赖的"且"建立长期的合作关系符合各方的利益"（Sclar 2000，123）。[7]

报告还表明，生存工资法能够提高市政当局对服务合约的满意度。在摩特诺玛郡，签约商的业绩评级从实施生存工资法之前的五取二上升至实施半年后的五取四。这些好处也许反映了清洁工的年度流动率下降的事实：同期从 60% 降至 25%。

有一部分研究也揭示出，生存工资法对竞标模式具有相互矛盾的影响。例如，巴尔的摩的两项研究其中之一就发现，城市接收到的投标总数量在生存工资法实施之前是 93 个，而在实施之后下降到了 76 个（有 3 份合约的投标者数量上升了，8 份合约的投标者数量下降了）。而密歇根州伊斯兰乡（Ypsilanti Township）的一位官员报告说，在生存工资法生效后，重大合约吸引了"比以前更多的投标者，甚至连投标速度都提升了"，这迫使他们"更加严格要求，压缩合约的利润空间"。弗吉尼亚州亚历山大市的官员指出，生存工资法的实施同样具有相同的推动作用。

在俄勒冈州科瓦利斯市，几家企业表明它们将由于生存工资法的出台而不参加城市业务的投标，但该市金融主管透露，与该城市签约的每一个服务供应商都递交了标书，且"这些标书仍然是竞争性的"（Brewer 2001，2）。在加州的海沃德市，财政部执行主管报告说，所有合约依然是竞争性投标，"生产率和服务质量之间没有出现不良影响"（Finance Director's Office 2000，3）。

10.2.3 我们如何解析这三个城市的合同签约的不同情况

为了进一步调查生存工资法对合约成本和竞争性投标的影响，我们比较了纽黑文、波士顿和哈特福德三市实施相关法令前后的情况。由于各个城市的法律管辖范围不同，且各自对签约数量的追求也不同，我们发现这三个城市在所管辖合约的数量方面存在巨大差异，见表 10.3（A 栏）。

例如，由于波士顿法并没有把管辖范围局限在特定的服务领域内，该市在 2001 年 9 月报告中，有 219 份合约。其中有 53 份有效地实现了豁免，剩余 166 份合约的总价值接近 1.37 亿美元。[8] 尽管合约的数量很多，对于分析该市的生存工资法来说很理想，但是获取每份合约副本的成本实在太高。于是，我们把研究局限于高影响力的签约企业——那些至少雇有 5 名小时收入在 8.71～12 美元之间员工的企业。为了确认哪些签约企业具有高影响力，我们依靠的是受管辖的服务供应商必须向就业及社区服务办公室的生存工资处提交的季度报告。这些报告包含了不同工资范围内的员工人数方面的信息。

这种策略使得来自三城市的结果更具有可比性，原因在于纽黑文和哈特福德两市把其生存工资法的适用范围局限于低工资部门，比如安保服务，见表 10.3（B 栏）。而且，在波士顿分析中被排除在外的合约包括专业服务，比如法律、工程和建筑服务等，这些服务不太可能因为生存工资法而出现巨额的成本增加。总体上看，我们发现，波士顿的 25 个合约持有者符合我们的标准——其中有 18 个来自非营利性组织。

我们请求城市各部门提供我们想要分析的合约副本，仅有一个部门（老年人服务）未能满足我们的要求。即便如此，我们也无法把其中的很多合约与生存工资法生效前履行的等量服务对应起来。为了弥补这个缺陷，我们在分析中增添了若干特殊教育合约，原因是这部分受生存工资法的影响最大（如后文所见，该法强迫将近 60% 的特殊教育性质的签约企业提高工资）。总而言之，我们的信息来自波士顿的 28 份合约，其中 22 份适用于特殊教育，总价值达到 4 100 万美元。这些合约约占当时所有受管辖的服务合约总价值的 30%。[9]

与波士顿有着鲜明对比的是，在我们收集数据期间，纽黑文法影响到了 15 份服务合约。但是，该市在工资法实施前后都只是对其中的 8 份合约提供过资金。由于该市在 2001—2002 财政年度对其中两份合约进行了合并，所以，我们关注的是 7 份总价值将近 600 万美元的合约。在我们收集数据期间，哈特福德市的生存工资法仅仅影响到两份价值 120 万美元的合约，当然，该市报告说最终将有 8 份合约受到该法的影响。这两份合约所涉及的都是服务领域，原因是经济发展项目尚未进入法律条文的范围。这种情况并不少见，许多城市的生存工资法虽涉及经济发展援助，但实际上，适用的项目（如果有的话）是极其有限的。[10]

表 10.3　　波士顿、哈德福德和纽黑文三市的生存工资法所管辖的合约

A. 自 2001 年 6 月起的合约范围

城市	受管辖的合约	合约总价值
波士顿[a]		
总计	219	201.8 百万美元
受管辖的	166	136.8 百万美元
被豁免的	53	65.0 百万美元
哈特福德	2	1.2 百万美元
纽黑文	7	596 574 美元

B. 波士顿、哈特福德和纽黑文等市的生存工资法所管辖的服务种类

城市	服务
波士顿	成人教育
	建筑及工程服务
	辅助生活[b]
	咨询服务
	托儿服务[b]
	保洁服务[b]
	社区学习中心服务[b]
	计算机服务及支持
	教育咨询
	一般维修服务
	清洁服务[b]
	法律服务
	安保服务[b]
	特殊教育[b]
	支持性住宅[b]
	临时办公支持[b]
	X-射线服务[b]
哈特福德	安保服务
	临时办公支持
纽黑文	公交服务
	食品服务
	清洁服务
	安保服务

资料来源　作者根据三城市的数据计算而得。

注：[a]　波士顿的数据截至 2001 年 9 月。

[b] 高影响力服务，即至少有一个签约企业报告聚集了很多低工资工人的服务。本研究侧重于这些服务。

10.2.4　生存工资法对竞标模式的影响

生存工资法对上述三市的竞争性投标产生了何种影响？在生存工资法实施后，波士顿和哈特福德两市的投标数量或保持不变或略有增加，但纽黑文市的确减少了 3 个。总体上看，如表 10.4 所示，在生存工资法实施后，三市的投标总数仅仅减少了 1 个。

表 10.4　　　　　　**生存工资法实施前后的投标总数**

城市和服务	生存工资法之前	生存工资法之后	生存工资法实施前后的差异
波士顿（仅包括高影响力企业）			
X-射线服务，萨福克郡监狱	3	1	-2
临时性办公帮助，社区开发部	5	9	4
清洁服务，警察署	9	7	-2
保安服务，图书馆	3	4	1
保洁服务，财产管理办公室	6	5	-1
波士顿的小计	26	26	0
哈特福德			
临时性办公帮助，全市	3	3	0
保安服务，全市	7	9	2
哈特福德的小计	10	12	2
纽黑文			
保安服务，主图书馆	5	5	0
清洁服务，卫生局	5	4	-1
清洁服务，警察局	9	5	-4
清洁服务，主图书馆	4	4	0
清洁服务，分图书馆	3	4	1
清洁服务，老年人中心	3	3	0
食品制备，儿童发展机构	1	2	1
公交车服务，公园开发机构	1	1	0
公交车服务，儿童发展机构	1	1	0
纽黑文的小计	32	29	-3
三城市的合计	68	67	-1

资料来源　以上是作者根据来自三城市的数据所做的分析。

在各城市内部，我们发现私人合约的数量变化有很大差异。在所有合约中，有超过 1/3 的合约在投标者数量方面没有变化，将近 1/3 的合约的投标者数量有所增加，将近 1/3 的合约的投标者数量有所减少。投标者数量减少的情况在波士顿最明显，5 类服务中有 3 类出现了这种情况。[11] 鉴于实行生存工资以后有不到 1/3 的合约的投标者数量出现下降，除了生存工资法以外的各种力量似乎没有对愿意争取合约的企业数量构成什么影响。和巴尔的摩等其他城市的经验一样，我们发现，不同部门的竞标模式存在着系统性差异。以清洁服务为例，在实行生存工资以后，有 4/7 的清洁和保洁合约的投标者数量在下降。纽黑文总共有两份该类合约，中标者通常来自由私人拥有和管理的小型清洁公司；波士顿总共有两份，但参与该市清洁合约竞争的往往是大型的商用建筑服务企业。

相比之下，有 2/3 的安保合约的投标者数量在下降，有 1/2 的临时性办公支持合约的投标者数量在下降。在这些情况下，通过减少服务供应商的数量、削弱其相互之间竞争力，最低生存工资标准或许在实际上对投标起到了改善作用。正如纽黑文市总会计师马克所指出的，生存工资法"让所有服务供应商都基于同等地位……（而且）让它们丧失削弱竞争的能力"。由此，签约企业不得不在除了工资和福利之外的其他方面展开竞争，比如服务质量。[12] 哈特福德的经验有助于解释其原因和作用过程。

10.2.5　加大投标池：哈特福德市的安保合约

在 1999 年 9 月，哈特福德市出台生存工资法一个月后，该市发出投标邀约，要缔结一份有关安保服务的新城市合约。按照计划，这份合约从 2000 年 1 月 1 日开始，持续到 2001 年 12 月 31 日。它初步征集了在两年期间内提供约 54 000 小时的安保服务的建议，企业以城市需要为每小时实际服务支付多少费用的形式提交标书。有两家公司竞标该合约，其中包括 Command Security 公司，它赢得了这份提供安保服务的合约。

与过去几年相比，投标数量少了很多：在 1997 年投标回合中，有 7 家公司投标，而 1993 年只有 5 家（该合约在 1995 年没有完全投标，该市把 1993 年的合约延期了 2 年）。1999 年，大多数企业决定不与 Command

Security 公司（在位签约企业）竞争，原因或许是优先考虑当地企业的条款让这家总部位于哈特福德市的公司受到了特殊待遇。在该市与 Command Security 公司签订该合约的 1997 年，该条款就起到了决定性作用。

经审查，城市官员认识到这份合约要遵守新的生存工资法，但他们没有通告签约企业。这些官员认为应该对合约进行重新投标，所以第一轮在发送给潜在投标者的所有材料中都囊括了有关生存工资的信息。在第二轮，该市收到 9 份标书，包括在第一轮已经投标本轮再次投标的两家公司。哈特福德生存工资法似乎已经引发了投标者数量的剧增。表 10.5 提供了有关竞标模式的基础数据。

表 10.5　　　　　　　　哈特福德安保合约的投标情况

竞标者	1997 年	1999 年	
		第 1 轮	第 2 轮
Command Security Corp.	9.75 美元	10.07 美元	14.96 美元
Metro Loss Prevention	9.87 美元		
Elite Security	9.90 美元		
Tri-City Security Services	10.38 美元		18.85 美元
Burns International Security	10.49 美元		19.35 美元
Pinkerton Security Services	11.50 美元	10.56 美元	15.65 美元
Wackenhut Corp.	13.34 美元		
Lance Investigations			14.58 美元
Argus Security Group			14.61 美元
Jo-Ryu Security			17.77 美元
Novas Security			18.55 美元
Al Washington and Associates			18.62 美元

资料来源　以上数据是作者对来自哈特福德市的数据进行的分析。

注：哈特福德市安保合约的投标价是依据对城市收取的每小时应计费用为基础计算出来的。每年提交时要通报金额（我们没有对其进行通货膨胀调整）。

生存工资法并不是导致投标数量翻两番的唯一因素。第二轮投标者 Argus Security 集团公司指出，哈特福德市在第二轮中对征求建议书的宣传工作做得更好。Argus 公司的代表帕特（Pat Paboway）说，倘若公司当时意识到商机，就很有可能会进入到第二轮投标。[13]

还有，仔细看一下相关记录，会发现生存工资或许还创造了公平的竞争环境，从而鼓励更多的公司参与投标。该市在实施生存工资两年后所做的分析发现，根据以前的合约，Command Security 公司已经雇用了 10 名小时工资为 6.77 美元的保卫人员和 2 名小时工资为 6.60 美元的保卫人员。前一组人员不享受健康福利，后一组则享受，但在两种情况下的保卫人员的工资都只比 5.65 美元的州最低工资高出 1.00 美元。根据劳工统计局的数据，这些公司比哈特福德地区保卫人员当时的平均小时工资（9.45 美元）低了将近 30%，比小时工资中位数（8.38 美元）低了 20%。

对 Command Security 公司的合约所做的分析表明，工资成本占生存工资实施前的小时投标价格的 2/3（该公司向哈市收取的费用是每小时 9.75 美元，但支付给保卫人员的最高工资为 6.77 美元）。这意味着，如果 5.65 美元的最低工资是全州唯一的最低标准，那么支付更高工资的企业在与 Command Security 公司竞争城市安保市场时就处于不利地位。哈特福德法通过制定远高于州最低工资的最低标准，大大扩宽了安保服务的市场。

Tri-City Security Services 公司的罗德·默多克（Rod Murdoch）证实道，他的公司决定进入哈特福德市的安保市场，理由是"已经具备了公平的竞争环境"。他说，Tri-City 经常得到在"低端"利基市场工作的机会，但是保卫人员从中挣不到什么钱，而且公司的利润很薄。但他说，Tri-City 更愿意接受"'中等利基市场'的工作，这样保卫人员的工资就上涨到 9～10 美元的范围，且公司的利润空间会有所加大"。他还坚持认为，公司之所以愿意与私人部门打交道，是因为公共部门经常提出更多的合约要求，但在他看来，它们又不情愿支付报酬。他说，"我们给保卫人员颁发证书，但你得支付相应的报酬。"[14]

Al Washington and Associates 公司的唐纳德·库西（Donald Coursey）认为城市缔约市场问题重重，"其原因在于城市通常不得不接受最低的投标价，这意味着存在着提供低端服务的激励，而且很难就此展开竞争。到头来，你得给工人支付最低工资，这带来了很大的不稳定性，他们在任何地方都能挣上那些钱，也许明天就甩手不干了，结果城市打来电话问：'我的保安哪去了？'你措手不及，于是在这个过程中名声尽毁"。他补充道："大多数稍有商业意识的公司都会集中于高工资利基市场，因为其中的稳定性更强，让你更容易掌控公司，维护公司声誉。"库西坚持认为，任何有意长期立足于安保行业的企业都会避开低工资服务市场。[15]

Lance Investigations 公司的马克（Mark Cratin）提出了同样的观点：他的公司通常避开提高低工资安保工作的合约，而是挑拣出那些能让保卫人员至少挣到 10 美元/小时的合约。他认为，压低报价的方法致使效率低下。正因如此，他的公司全程参与了 1999 年的哈特福德市安保合约竞标。[16] 这些结果强化了这种观点：城市能够对它们购买服务的市场施加重大影响。

10.2.6 生存工资法对三市的合约成本的影响

生存工资法如何影响城市合约的成本？表 10.6（A 栏）给出了证明。我们发现，波士顿实施生存工资法以后，我们所分析的 28 份合约的年度总成本明显下滑——从 2 000 万美元下降至 1 700 万美元，降幅达 17%，其中成本降幅为 19% 的 22 份特殊教育合约对此起到了推动作用，但其他 6 份合约的成本也下降了 3%。纽黑文市的情况也类似，实施生存工资法后的年度合约成本下降了 12%。相反，哈特福德市的两份合约的总成本急剧上升——涨幅达 33%。[17]

为了更好地理解这些结果，我们考察了所研究的全部合约的平均成本变动情况，见表 10.6（B 栏）所示。乍看起来，这个更加详细的观察似乎表明，生存工资法提高了这三个城市的服务合约的平均成本。通过合约成本的不加权栏，即不考虑每份合约的价值大小、平等计算每份合约来计算平均值。我们看到：在波士顿，特殊教育合约的成本平均增加 3%，其他合约平均增加 7%；在纽黑文，平均合约成本增加 0.3%；在哈特福德，平均增加 29%。

但是，如果把合约规模的因素考虑进去，根据其总价值进行加权平均的话，我们会发现另一番景象。如果想要弄清城市是否因为生存工资法而遭遇总体成本上升的情况，根据合约规模进行调整就显得很重要了。在这种情况下，我们发现，波士顿特殊教育合约的成本平均下降了9%，而非特殊教育合约的成本平均上升了16%。纽黑文的合约成本平均下降了11%，而哈特福德的则平均上升了33%，除了波士顿的非特殊教育合约（它反映了临时性办公支持服务的成本剧增的事实）以外，这些结果反映了表10.6（A栏）所给出的总成本年均变动的情况。

表 10.6　　　　　生存工资法所导致的合约成本的变动情况

A. 生存工资法实施前后的年合约成本（按2001年美元价值计）

城市	生存工资法实施之前	生存工资法实施之后	生存工资法实施前后的差异
波士顿（仅包括高影响力企业）			
特殊教育（合约数=22）	18.4 百万美元	15.1 百万美元	−18%
非特殊教育（合约数=6）	1.4 百万美元	1.4 百万美元	−3%
合计（合约总数=28）	19.8 百万美元	16.5 百万美元	−17%
哈特福德（合约总数=2）	465 338	617 416	33%
纽黑文（合约总数=9）	692 697	611 411	−12%

B. 生存工资法导致合约成本的年均变动

城市	不加权	加权
波士顿（仅包括高影响力企业）		
特殊教育（合约数=22）	3%	−9%
非特殊教育（合约数=6）	7%	16%
合计（合约总数=28）	3%	−7%
哈特福德（合约总数=2）	29%	33%
纽黑文（合约总数=9）	0.3%	−11%

资料来源　以上数据是作者根据三城市的数据所做的计算。

是哪些力量导致作为一方的波士顿和纽黑文与作为另一方的哈特福德在

成本变动方面存在着显著差异的呢？最为明显的影响因素在于，波士顿承包出去的服务的性质不同。波士顿合约中有较大一部分适用于诸如特殊教育之类的公共服务，该类服务的偿还率（Reimbursement Rates）由州及联邦机构来确定。这些合约不属于完全竞标，其固定的偿还率不允许签约企业把更高的劳动力成本转移给波士顿市。

然而，在波士顿，甚至连一些诸如 X 射线服务及清洁服务等完全竞标类的合约也出现了成本下降的情况。三个城市之间的主要差别似乎在于，哈特福德市对其两份合约所进行的招标是以单位成本为基础的。按照这种方法，城市要求服务供应商提交它们针对自身的小时服务的收费情况，而不是针对服务总价来投标。这种方法鼓励企业采取成本加成法，因而似乎不适宜压低合约总成本。事实上，我们发现，波士顿和纽黑文的大多数以单位成本为基础的竞标呈现出相同的模式。由于单位成本投标似乎对合约成本构成系统性的影响，因此其合约成本的动态性更值得关注。

10.2.7 生存工资法会导致单位成本发生何种变化？

透过表 10.6 所揭示的合约成本的变动情况，我们发现三个城市的安保和临时性办公支持等服务具有一个清晰的成本增加模式。官员们由于很难提前预料到对这些服务的确切需求，因此依靠单位成本投标（Unit - Cost Bidding）来获得这些服务。这种方法导致成本因生存工资法的实施而出现大幅增加的可能。

例如，哈特福德安保服务合约的中标人提高了平均成本加成——城市支付的金额和服务供应商支付给工人的费用之差——从 3.12 美元到实施生存工资后的 4.36 美元。这无疑反映出，在实行生存工资法以后，工资税和工人的收入水平都增加了。公司里那些不为城市合约工作的工人以及那些工资在生存工资之上的工人也会出现加薪的可能。可以预期，公司部分员工的法定工资增加会对非法定加薪范畴下的员工带来加薪的压力。但是，正如本章下一部分所证明的：在生存工资法实施后的非法定工资增加其实是相对温和的。这意味着，企业或许已经虚报投标价，不仅可用来弥补生存工资的间接成本，而且还可用来维持或提高每个工作小时的利润空间。[18]

在单位价格竞标更盛行的城市里，在生存工资法生效后，合约成本上升的现象更为普遍。实际上，就像哈特福德的安保服务一样，竞标单位价格的签约企业经常会把更高的劳动力成本超额转嫁给城市。尽管那种情况是这三个城市的极端情况，但几乎所有以单位成本为基础的合约竞标都遇到过这个问题。[19]

哈特福德市的情况还表明，即使采用单位成本竞标模式，把服务合并起来也能压制成本加成和单位价格。例如，对于哈特福德市的安保服务而言，真实的单位成本上升了43%；而对于临时性办公支持服务而言，投标的12项单位价格中有6项在实行生存工资前后都下降了，只有2项上升的幅度超过15%。尽管这些结果可能部分反映了哈特福德市临时性办公支持服务的市场状况，但它们可能还反映了投标人有意采取的策略：为了赢得合并服务合约，在提高部分服务单价的同时，有必要压制另一部分服务的单价。波士顿和纽黑文的数据还表明，在合并服务合约中，即便以单位成本为基础进行投标，这两个城市也能够避免更高的劳动力成本转化成更高的价格。总之，如果城市把服务合约捆绑起来——诸如提供一份清扫所有图书馆的合约而不是清扫每座图书馆的单独合约——企业似乎就会降低其标书中的管理费用。[20] 我们研究的结果表明，合并服务的合约能把签约企业做出的成本转移削减20%。[21]

10.2.8 生存工资法会迫使城市削减服务吗？

如果生存工资迫使合约成本上升，城市就会削减服务，这个问题备受关注。然而，更高的合约成本没有促使这三个城市削减公共服务。波士顿公共图书馆的安保服务合约就是一个很好的例子。当实施生存工资后，按实值计算的单位价格上升了将近39%，但事实上，城市延长了图书馆的安保时间，且合约总成本上升了将近60%。监督该合约的黛安·柯林斯（Diane Collins）认为，更高的工资实际上激发出了员工的积极性，有利于维持高水平的服务。她认为，"这些安保人员似乎比以前在这的那批人更开心些。另外,他们似乎在这呆的时间更长一些。在生存工资法实施之前,你总会看到新面孔。提高工资以后,安保人员的工作态度似乎更认真,而且服务质量更好。"[22]

波士顿公立学校(Boston Public School,BPS)的签约专家乔安妮·凯威尔－马尔克恩(Joanne Keville-Mulkern)表示,生存工资法没有迫使城市削减 BPS 签约的服务,也没有让公共服务机构降低竞标城市合约的意愿。但她的确表达了与波士顿的很多非营利性签约企业相同的担忧,即如果生存工资法的强制性产生了高额成本,那么服务供应商将无法将这些成本转嫁给城市,因为是联邦和州的政府机构给它们制定的偿还率。[23] 其实,这种困境算不上真正的问题,但非营利性组织担心的是,2001 年 9 月(法律管辖范围)的扩张会导致困境的发生。

总的来说,负责在这三个城市执行生存工资法的工作人员证实了我们的研究结果,即生存工资法对成本和竞争性投标的影响并不大。在纽黑文,生存工资法要求该市每年对其影响进行评估,该市的工作人员发现进行实地考察的公交成本仅仅上涨了 6%。他们还注意到若干份合约的劳动力并没有加入工会,因此工人的收入已经超过了生存工资门槛。波士顿生存工资部门的负责人米米(Mimi Turchinetz)在与普罗维登斯市议会讨论波士顿法时,他证实道,"我们没有看出争取这些合约的竞争削弱了。我们也没有看到维持城市合约成本增加了。服务供应商和城市已经成功地消化了生存工资法(所增加)的成本。城市没有受到不利的经济影响。生存工资法给波士顿带来了好处。"[24]

10.3 生存工资法对企业的影响

大多数针对生存工资法(包括被提议的和已经颁布的)的研究发现,生存工资法仅影响到极少数的企业。这些研究还发现,这些法案所管辖的企业的总体成本很低,平均占运营总成本或销售额的 1%～2%。[25] 但是,这些估计结果是针对生存工资法管辖范围内的所有企业得出来的平均值。对于诸如餐饮服务、清洁服务、停车场维护以及安保服务等低工资行业里的企业来说，这些成本通常要高得多。这些企业——特别是那些低工资企业——如何做出调整以应对更高的成本呢？

一些经济学家认为，企业通过裁员来应对生存工资法，从而生存工资法导致低工资工人的前景恶化。但是，关于最低工资的最新研究表明，在提高最低工资标准以后，平均的企业雇佣人数并没有减少，在那些诸如快餐业的高影响力行业也是如此，而且单个的低工资工人的就业前景也没有恶化（例如，Katz and Krueger 1992；Spriggs 1993；Card 和 Krueger 1994，1995，2000；Zavodny 2000）。一些分析人士甚至发现，最低工资和低工资工人可获得的就业岗位数量之间存在着正向关系（例如，Bhaksar，Manning 2002；Manning 2003）。其他研究表明，对企业而言，更低的流动率，以及由此带来的更低的招聘成本和培训成本——可能会抵销更高的劳动力成本（例如，Akerlof and Yellen 1986，Stiglitz 1987）。[26]

近期的经验数据表明，企业针对更高的最低工资标准，确实依靠了除裁员以外的调节机制——尤其是提高价格（参见 Card 和 Krueger 1995，Chap. 2；Aaronson 2001）。根据这方面的数据，针对提议中的生存工资法的研究已经做出了预测：企业可以在提高价格、提高生产率、降低利润这些方式中选出一些组合策略来消化增加的成本——甚至可以应付 10% 左右的涨幅。

面对生存工资法，企业确实采取这些措施了吗？为了调查这个问题，并更好地了解这类受生存工资法影响的企业，我们在 2001 年秋季，针对波士顿生存工资法管辖范围内的 140 个持有 212 份服务合约的供应商，开展了深入的电话调查。[27] 在我们调查的三个城市中，波士顿为进行这个分析提供了最好的条件，因为该市的生存工资法涉及大量的合约和转包合约，其中包括那些经常支付低工资的非营利性组织。

我们是在波士顿实施生存工资法三年后进行调查的，当时的生存工资为 9.11 美元/小时（如前所述，波士顿在 2001 年 9 月大大扩宽了其生存工资法的管辖范围，将最低工资门槛提高到 10.25 美元/小时，将管辖范围内的合约门槛降低至 25 000 美元，并将非营利性组织的全职工作人员的数量门槛降低至 25 名。但这些改动直到 2002 年 7 月才得到大范围实施，因此我们仅评估了受该法的早期条款管辖的签约企业）。

在了解生存工资法管辖范围内企业的整体情况后，我们调查了企业是否和劳动力市场的标准模型所预测的那样，通过减少职位总数或增加兼职工作的数量来应对更高的劳动力成本。与这些理论预测相反，我们发现，被迫提高工资的企业实际上大大增加了为签有城市服务合约的公司而工作的员工数量，并且没有通过以兼职员工取代全职员工的方式来消化更高的劳动力成本。我们也没有发现企业针对城市或其他客户提高价格来适应劳动力成本上升的数据。它们也没有采取其他措施，例如降低员工流动率、提高生产率或者以高技能员工或设备取代其低工资劳动力，等等。大量受影响的企业采取的明确行动就是接受更低的利润。

10.3.1　调查方法

我们是通过向各企业的联系人邮寄一份问卷来开始调查的，除问卷外还附有一封附函和一封来自波士顿生存工资部门负责人的信函。[28] 随后我们打电话给联系人，决定谁能对我们的调查做出最佳反馈并确定了访谈的日期和时间。总体而言，人力资源总监最有可能回复我们的问卷，但一家既定企业中通常由几个人来回复调查中不同部分的问题。比如，财务总监往往回答的是有关收入和支出的问题，而人力资源总监回应的是与劳动力有关的问题。

我们与各企业保持持续的联系，直到我们获得访谈机会（访谈通常持续 20～30 分钟），或者直到该企业拒绝接受访谈。我们进行了 72 次有效访谈，回应率为 51%。接受访谈的企业所签署的城市服务合约总值为 1.01 亿美元，占生存工资法管辖内合约总价值的 40% 左右。尽管在我们的样本中维修与建筑部门的比例小于其在整体中的比例（这个部门占到管辖范围内所有企业的 24%，但在我们的样本中这个比例仅达到 18%），但这些受访者已经接近真实地反映了所有受管辖企业的情况。[29]

与大多数城市不同，波士顿生存工资法包括非营利性组织，所以，其管辖范围内的合约中足足有 63% 的合约涉及公共服务。这些合约的价值占所管辖内的全部合约总价值的 44%。[30] 在其他大多数城市，诸如清洁服务和安保服务之类的私人的、营利性服务在受管辖的服务中占有更大的份额。

这对我们的研究有两个重要意义。一方面，大量低工资工人可能因为波士顿生存工资法的实施而涨了工资，因为公共服务部门的员工在服务部门中的薪酬最低。[31] 另一方面，与营利性企业的行为相比，高度集中的非营利性组织的行为更难被预测，这是因为两类组织对提高工资标准所做的反应可能大相径庭。尽管鲜有分析人士调查过非营利公共服务组织如何应对生存工资法之类的命令，但做过这类调查的人都认为，非营利性组织——特别是那些医疗行业的非营利性组织——甚至可以在连营利性组织都不愿维持的情况下，努力维持现有的雇佣水平。[32]

10.3.2 受波士顿生存工资法所管辖的企业的概况

因为我们对生存工资法所管辖范围内的企业了解相对较少，所以首先利用调查结果来对波士顿生存工资法管辖下的企业做一个整体介绍（见表 10.7）。正如表 10.7 中所示，我们发现这些企业的规模相对较大，平均有 203 名员工。大约 63% 的企业有 50 名以上的员工，并且超过 1/4 的企业有 250 名以上的员工。在这些员工中，大约 80% 是非管理型的人员，16% 是兼职人员。

我们调查的企业都是大企业，平均年收入达到 1.05 亿美元（4/5 的企业收入超过 100 万美元；接近 2/3 的企业收入超过 500 万美元；接近 1/3 的企业收入超过 1 500 万美元）。

尽管这些企业的收入可观，但我们发现，波士顿生存工资法所管辖范围内的许多企业支付的工资相对较低。在受管辖企业中，近 20% 的员工每小时收入不足 11.75 美元（全职员工大约每年收入 24 000 美元），33% 的员工每小时收入不足 14.25 美元（全职员工大约每年收入 30 000 美元）。为了便于比较，最近的一项研究估计，在 2001 年，一个单亲带有两个孩子的家庭在波士顿至少需要 38 000 美元才能维持基本生活水准，这就意味着一名全

表 10.7　　　　　　2001 年受波士顿生存工资法管辖的企业的性质

雇佣人数、小时工资（企业数 = 72）	
员工	203
兼职员工	16%
非管理层的员工	80%
小时工资 <14.25 美元的员工	33%
小时工资 <11.75 美元的员工	18%
非管理层的员工的月流动率	3.4%
不定期缺勤（天/人/年）	4.6
收益和成本（企业数 = 51）	
平均收益	1.05 亿美元
收益 <50 万美元的企业	10%
收益 <1 百万美元的企业	14%
收益 >5 百万美元的企业	61%
收益 >1.5 亿美元的企业	29%
劳动力成本占总成本的比例	63%
其他企业特征（企业数 = 72）	
非营利性企业	47%
提供福利的企业	94%
特许企业或分支企业	38%
报告有加入工会的员工的企业	13%

资料来源　以上数据是作者对所辖企业的调查。

注：[a] 仅有 67 家企业提供了有关员工流动的有效数据。

[b] 仅有 44 家企业提供了有关员工缺勤的有关数据。

职员工的工资收入需要达到 13.60 美元/小时（Boushey et al. 2001）。[33] 这些企业可能通过其他方式补偿员工，例如，94% 的企业提供个人和家庭的医疗计划。但正如本章下一节所讨论的，很多工人未必能负担得起这些计划。

尽管有很高比例的员工接受的是低工资，但我们发现，生存工资对企业成本的影响相对温和。这是因为低工资劳动力在这些企业的总成本中所占份额相对较小。例如，收入不足 11.75 美元的工人占企业平均总成本的 9%，而收入不足 14.25 美元的工人占企业平均总成本的 17%[34]（平均来说，收入不足 11. 75 美元的工人占总成本的 2%，而那些收入不足 14. 25 美元的工人占总成本的 9%）。总的来说，我们发现劳动力成本占那些签约企业总成本的平均比例是 63%（中位数比例为 69%）。

经常伴随低工资工作的一个现象是员工的高流动率和高缺勤率。这些问题在我们所调查的企业中有多普遍？我们发现非管理层员工的月平均流动率达到 3. 4%——稍高于全国 3. 3% 的比率，稍低于全国服务部门 3. 5% 的比率。[35] 这些数字相当于全年平均流动率为 41%。在我们调查的企业中，平均每名员工每年请 4. 6 天病假，折合成每个企业，平均来说，企业员工年病假天数为 805 天。

为了弄清员工流动率和缺勤率的影响，我们要求企业估算出取代那些低工资员工的总成本——包括离职成本、搜寻成本和培训成本等。3/4 的被调查的企业表示，每雇用一名新员工的中位数成本为 2 500 美元，平均成本为 9 297 美元，前者代表 3% 的企业员工的收入不足 11. 75 美元。这些数字不包括新员工成为熟练员工期间的生产率损失，即使在低工资行业中，这部分损失也高达员工流动总成本的 60%。[36] 但是，即使把生产率的损失算进来，我们也不清楚这些成本对波士顿生存工资法管辖的大多数企业而言是否很高。

如表 10. 8 所示，我们调查的企业拥有的员工总数为 14 606 名，并且 2 771 名员工服务于城市服务合约。尽管城市合约工人占到管辖范围内企业员工总数的 20%，但对各个企业来说，城市合约工人平均占到其劳动力总数的 31%。[37]

波士顿的服务签约具有相当大的延续性：在生存工资法生效前，就已经有约 72% 的签约企业签署了城市服务合约。但是，有 12% 的签约企业表示，它们并没有在法律刚开始适用于其合约时就立刻遵照执行。少数非营利性组织对这些延迟负有重大责任，特别是那些工作在支持性居处及支持性住宅行业以及那些不止有一份服务合约的签约企业。

我们的调查有一个非常重要的发现，即生存工资法迫使其所管辖范围内将近 1/4 的企业提高工资。尽管我们并没有直接询问企业有多少工人因生存工资法而涨过工资，但是我们估计多达 2 000 名现有员工从中受益。[38]

表 10.8　　　　　　　2001 年波士顿生存工资法的管辖范围　　　　　　金额单位：美元

接受调查企业的员工总数量	14 606
波士顿生存工资法所管辖的所有企业的员工数量估计额	26 440
接受调查企业中服务于城市合约的员工数量	2 771
所有受管辖企业中服务于城市合约的员工数量估计额	5 177
受调查企业中服务于受管辖合约的员工的平均百分比	31%
受调查企业中延迟实施生存工资法的企业[a]	12%
受调查企业中持有与生存工资法实施前相同合约的企业[b]	72%
受调查企业中提高工资以达到生存工资法要求的企业[c]	23%

资料来源　作者对受管辖企业的调查。

注：[a] 企业数量=60。

[b] 企业数量=62。

[c] 企业数量=66。

10.3.3　对给工人提高工资和未提高工资的企业所作的比较

至此，在波士顿生存工资法管辖范围内的企业情况已经基本清楚了，但我们的主要目标是弄清这样一个问题：生存工资法迫使一些企业提高了工资，那么面对不断上升的成本，这类企业是如何应对的呢？为达目的，我们要拿这些企业与那些未被强迫提高工资的企业进行比较。具体说来，这就需要我们比较在 1998—2001 年间，这两类企业在数量上的变化。通过这样的比较，我们就可以将这两类企业所做出的任何不同反应都归结为是受生存工资法的影响。[39]

事实上，我们的调查开展了近 3 年的时间，旨在研究在生存工资法实施后，这两类企业在期间发生的变化并可能带来的其他影响。同时，也揭示了企业针对波士顿生存工资法所进行的长期调整，包括工作场所的整顿和新技术的采纳等一些方法。因为我们研究的企业中有 10% 在依照法律提高工资时有延迟，所以我们的时间范围也确保了我们不会错过任何因执行延迟所发生的调整。

为了弄清未受生存工资法影响的企业是否能为我们的研究提供一个良好的对照组，我们将其与受影响的企业在几个基本特征方面进行了比较。结果发现，提高了工资的企业和未提高工资的企业在规模方面不相上下，在调查期间的员工数量都在 200 名左右。两类企业在收入方面也半斤八两，受影响的企业的平均收入大约为 890 万美元，而未受影响的企业的平均收入约为 660 万美元。[40]

毫不奇怪，在有关生存工资的几个关键领域里，受影响的企业与未受影响的企业之间还是存在差异的。绝大多数受影响的企业属于非营利性质，这个比例高达 80%，而在未受影响的企业中，这个比例仅为 1/3。并且，正如我们所预期的，在受影响的企业中，收入水平在生存工资门槛附近的员工人数更多；平均有 37% 的雇员收入不足 11.75 美元，相比之下，这个比例在未受影响的企业中仅为 12%。另外，受影响的企业的劳动力成本占总成本的平均比例也高出许多，达到 73%，而在未受影响的企业中，这个比例为 60%。受影响的企业非管理层员工的流动率也更高，每个月达到 7.4%，而在未受影响的企业中，这个比率仅为 2.6%。

如表 10.9 所示，依照波士顿法律提高工资的企业在服务类型上存在显著差异，甚至在非营利性的公共服务部门内部也是如此。特殊教育行业中受影响的企业最为集中，其中 57% 的企业提高了工资。儿童保健行业中 1/3 的企业以及教育和培训行业中超过 1/4 的企业都提高了工资。相反，涉足支持性居处/支持性住宅行业的企业都没有提高工资。

10.3.4 两类企业对生存工资法作何种反应

提高工资的企业和未提高工资的企业对生存工资法的反应有何不同？例如，面对更高的劳动力成本，前者可能会缩小规模或者放缓增长速度。它们也可能会减少自己员工的工作小时数或者以更多兼职员工取而代之。还有一种可能是，面对较高的劳动力成本，它们会以较高工资雇用更有经验或技术熟练的工人。这些都是可能的调整方法，但是面对更高的工资，这些企业是否确实依靠这些或者其他的调整渠道？

表10.9　根据波士顿生存工资法提高工资的企业（按服务类型划分）

服务类型	百分比
教育和培训服务	27%
维修和建筑	8%
支持性居处／支持性住宅	0%
特殊教育服务	57%
工程／建筑／其他咨询	9%
儿童保健	33%
计算机咨询	0%
垃圾／清洁／安全	0%
多业务签约企业	17%
所有企业	23%

资料来源　以上是作者对受影响的企业的调查。

我们得到了如表10.10所示的数据，即在1998—2001年间，从员工数量上看，未受影响的企业比受影响的企业增长得更快。前者平均增长了17%（员工数大体上从156名增至183名），而后者增长了11%（员工数从183名增至203名）。[41]

然而，这些数字并不能完全解释全职员工与兼职员工在数量上发生的变化。面对生存工资法带来的更高成本，受影响的企业是否减少了全职员工的数量呢？经调查，我们并没有找到相关数据。事实上，我们在受影响的企业与未受影响的企业之间发现了近乎相同的发展趋势。在受影响的企业中，全职职位的数量实际上在以13%的平均速度增长（从166增长到188），而这样的职位在未受影响的企业中增长了14%（从153增长到175）。而且，在受影响的企业中，兼职员工的平均数量实际上下降的幅度很大——从34%下降到23%——而其在未受影响的企业中仅有轻微下降，从11%下降到10%。[42] 这些调查结果令人震惊，因为它们揭示了受影响的企业面对更高工资所采取的措施并不是裁员、削减工时或者雇用更多兼职员工。事实恰恰相反——不仅总体就业人数有所增长，而且兼职员工还逐步转变为全职员工。

表 10.10　　　**在实施生存工资法前后，提高了工资的企业**

和未提高工资的企业之间的比较

变量	提高了工资的企业			未提高工资的企业		
	1998 年	2001 年	差额	1998 年	2001 年	差额
员工数量	183	203	21	156	183	27
全职工作的员工数量	166	188	22	152	175	22
兼职员工的百分比	34%	23%	−11%	11%	10%	−0.9% *
服务于生存工资法管辖下的城市合约的员工数量[a]	69	87	18	15	15	−0.2 * *
工资<9.25 美元的员工百分比	23%	4%	−19%	3.4%	2.6%	−0.8% * *
工资 < 11.75 美元的员工百分比	41%	41%	0%	11%	12%	1.0%
平均月流动率[b]（非管理层员工百分比）	4.8%	5.6%	0.8%	3.6%	1.6%	−2.0%
平均年缺勤率[c]（天/人/年）	5.3	5.7	0.4	4.4	4.2	−0.2

　　资料来源　以上数据是作者对受影响的企业的调查。

　　注：企业数量＝51。

　　* 在提高工资和未提高工资的企业之间，1998—2001 年间的趋势出现了重大的统计差异，置信水平为 95%。

　　* * 在提高工资和未提高工资的企业之间，1998—2001 年间的趋势出现了重大的统计差异，置信水平为 99%。

　　[a] 仅有 36 家企业提供了有关两年间合约工人数量的有效信息，其中 10 家提高了工资，26 家未提高工资。

　　[b] 仅有 43 家企业提供了有关两年间流动率的有效信息，其中 10 家提高了工资，33家未提高工资。

　　[c] 仅有 36 家企业提供了有关两年间缺勤率的有效信息，其中 9 家提高了工资，27 家未提高工资。

　　针对工资标准的提高，企业还会采取其他调整方法吗？面对提高工资的法定要求，企业会削减为城市合约服务的员工数量同时增加其他工作的员工数，而不是削减总体工作职位数或员工工作时间吗？对于这一系列问题，我们还是没有找到相关数据。与未受影响的企业相比，被迫提高工资的企业中为合约工作的员工数量增长得更快。在受影响的企业中，合约工人的数量平均从1998年的69名增加到2001年的大约87名；在未受影响的企业中，这个数量相对稳定地保持在15名。[43]事实上，我们在分析以全职员工为基础的合约职位数量变化以及合约工人比例的变化时，得到的结果是几乎相同的。

也许生存工资法仅提高了受影响的企业里的极少数工人的工资。我们一位同仁在相关研究中指出，很多地区并没有有效地贯彻或强制执行生存工资法（参见Luce 2004）。如果我们找不到企业是因生存工资法而提高工资的直接数据，那么便可能解释为什么我们无法观察员工就业或工作时间受到任何负面影响，但却发现企业的全职员工数量出现了增加的原因。

然而数据却并不支持这种观点。在受影响的企业中，收入不足9.25美元的工人比例出现了显著的下降——从1998年的23%下降到2001年的4%。相比之下，未受影响的企业仅下降了不到1个百分点。[44]收入不足11.75美元的工人比例在两类企业中均没有发生变化。这暗示了受影响的企业实行了高强度的工资压缩；也就是说，在1998—2001年间，中档工资收入的工人数量有所增长。这是企业为大量工人提高工资和生存工资法得到有效执行的重要数据。

如果面对更高的工资，企业没有裁员，也没有削减员工工时，那么对于波士顿生存工资法，它们还能有什么其他的调整途径吗？一种可能的途径是，企业通过努力降低员工的流动率和缺勤率（本质上属于企业的间接成本）的途径来抵销更高的直接劳动力成本。但调查发现，在那些被迫提高工资的企业中，平均的员工流动率和缺勤率实际上有所上升，但未受法律影响的企业在员工流动率上却有明显下降，并且缺勤率上也有适度下降。这看似矛盾的结论极有可能是由波士顿在1998—2001年间失业率极低造成的，在此期间，失业率平均低于3%。劳动力市场的供不应求（加上这段期间州最低工资出现大幅上调）可能导致跳槽对那些受管辖的雇员来说更有吸引力。至少，它大大降低了寻找（或许是从事）一份新工作的成本。

面对更高的工资成本，企业还有什么其他调整途径吗？我们在表 10.11
中列举了相关数据。也许，更高的工资可以激励工人更加努力工作，所以促
进了生产率的提高，进而使企业能够吸收更高工资带来的成本增加。有确凿
的经验数据表明这种影响是存在的，当然雇员更加努力工作到底是源于积极
力量（比如更高的士气）还是源于消极力量（比如担心弄丢一份高工资工
作），分析人士在这个问题上存在分歧（参见 Capelli and Chauvin 1991；
Levine 1992；Campbell 1993）。1/4 的受影响的企业表示，在实行生存工资法
以后，员工的努力和士气有一定程度或显著的提高。虽然我们无法评估更大
的努力和更高的士气是否转化成了更高的生产率，但鉴于生产率提高后企业
数量的变化微乎其微，故不大可能产生上述的影响。

表 10.11　　　　　**为适应波士顿生存工资法，企业做出的反应**

变　量	百分比
员工工作更卖力	25%
员工士气更高涨	25%
提高了城市合约的投标价格	15%
提高了其他服务的价格	8%
降低了利润	39%
改变了雇佣标准	0%
改变了雇佣方法	27%
改变了生产技巧	0%

资料来源　以上是作者对受影响的企业的调查。

注：此处资料基于来自 13 家企业的报告。

对于那些劳动力成本提高的企业，替代裁员或减少工时的另一种做法就
是提高价格。这种调整方式似乎可以解释在联邦和州政府提高最低工资水平
后，快餐业并没有出现失业的情况。一项针对快餐业的研究表明，"新泽西
州提高最低工资标准后，税前价格上涨幅度比最低工资涨幅大 4%——比未

完全弥补因最低工资上涨而引起的全部成本增加所需要的涨幅稍高一点"（Card and Krueger 1995, 54）。另一项研究同样发现，美国和加拿大的餐厅价格随着工资支出的变化而变化，并且这些变化往往发生在最低工资提高后的第一个季度（Aaronson 2001）。

然而，在波士顿，仅有15%的受影响的企业在生存工资法生效后提高了城市合约的投标价格，并且只有8%的受影响的企业针对其他客户提高了价格。这条数据与我们先前的研究结果相一致：在波士顿实施生存工资法后，合约总成本并没有上升。没有充分的数据表明当劳动力成本上升后，投标价格也会上升，对此有一个解释：在波士顿最低工资法管辖范围内的很多签约企业的资金最终来源于州政府和联邦政府。由于很多州政府及联邦政府的项目是依据自身项目设定偿款率，企业不能将成本转移给城市。对于非营利性公共服务供应商，情况尤其如此。

为适应生存工资法，企业如果不把更高的成本转移出去，就可能采取降低利润的方式。[45] 实际上，39%的受影响的企业就是这么做的。这表明在最低生存工资法生效前，企业可能一直保持有很大的利润空间，或者对非营利性组织而言，持有很高的经营性盈余。在政府签约活动中，这种情况并不少见，这类市场通常很不活跃或缺乏竞争力。但是，分析人士通常不会把此类行为视为波士顿生存工资法管辖范围内各种非营利性社会服务机构的特征。[46]

如果高额的经营性盈余在非营利性政府签约企业中确实很普遍的话，那么面对更高的工资时，这些企业会比其他营利性签约企业更有动机去减少这些盈余。这是因为，虽然非营利性身份赋予企业很多优势，但同时也要求企业在法律约束下使用经营性盈余。要完全弄清很多非营利性组织是否在实际上获得了经营性盈余，并且在面对更高工资时他们是否会比那些盈利性企业更有动机去减少这些盈余，还有待于进一步的研究。

另一种可能的做法是，企业可能以受教育程度更高或技能更熟练的员工来替代现有工人，来应对提高工资标准的法令。这样的结果不一定会导致雇员人数或工作小时数的变化，但是它能限制或取消低工资工人的任何福利。

然而，在波士顿生存工资法出台后，我们所研究的企业都没有改变其雇佣标准。

一个相关的焦点是：在生存工资法实施后，企业也有可能会改变其雇佣方法，而这些变化可能会不利于贫困工人。并且，我们的确发现，超过 1/4 的受影响的企业改变了其雇佣方法。但经过进一步的调查，我们发现了两种类型的调整方式。企业遵照生存工资法的要求，加大了从城市主办的就业推荐中心雇用员工的力度；加大对互联网的利用，以此来宣传各种工作岗位。前者可能会增加来自贫困地区的求职者人数，而后者可能会减少不常上网的求职者的就业机会。

企业应对更高工资标准的最后一个选择是改进生产技术，要么对工作的完成方式进行重组，要么以机械或设备取代人工，以最大程度地减少（现在更加昂贵的）劳动力的使用。比如，在一个多层停车场安装远程保安系统摄像头，以此取代安保人员。再比如，以小组责任制来减少办公大楼的清洁人员。但是我们发现，企业并没有在生存工资法实施后改变其生产技术。波士顿的签约企业似乎并没有以机器或其他设备来取代低工资劳动力，或者以其他类型的工作重组来减少雇佣人数。

总的来说，我们的研究也证实了其他研究的结果，即生存工资法只影响到少数企业。然而我们也发现，生存工资法对低工资工人的薪酬具有重大影响。尽管在未受影响的企业中，收入在 9.25 美元以下的工人在比例上几乎没有变化，但是在受影响的企业中，这部分工人的比例从接近 25% 下降到了 5% 以下。

总之，企业并没有采取裁员或减少工时等方式来应对波士顿生存工资法——以及其提高工资标准的要求。事实上，与未受影响的企业相比，被迫提高工资的企业大大增加了其为城市合约服务的员工的数量。受影响的企业也没有通过提高针对城市或其他客户的价格来适应对劳动力成本的上升。

在岗位数量或工作时数没有发生变化的情况下，企业有可能降低与员工流动率和缺勤率相关的间接成本来抵消更高的劳动力成本。但是，受影响的企业的员工流动率和缺勤率实际上有所升高，而未受影响的企业却有显著下降。员工努力和士气在受影响的企业中有一定程度的提高，但是，单单这些力量尚不足以抵销劳动力成本的上升。同时，也没有数据表明，企业为适应生存工资法而以高技能员工或设备替代其低工资劳动力。大量的受影响的企业采取的措施一目了然，即接受了更低的利润。

10.4　波士顿生存工资法对工人的影响

生存工资法的拥护者声称生存工资法对提高低工资收入者的生存标准影响很大。这些法律所管辖范围内的雇员确实得到了那些好处吗？

如第 8、9 章所示，对提议中的生存工资法的研究表明，潜在受益人口有绝大多数可能是那些供养不止一名家庭成员且生活水平低于或稍微高于根据现实界定的贫困标准的成年人。有关生存工资法在真正得到实施后对工人影响的研究更是少见。值得注意的两次例外是针对旧金山国际机场工人的研究（Reich，Hall and Jacobs 2003）和针对旧金山市家庭护理人员的研究（Howes 2002）。这两次研究均探讨了生存工资受益人的工作任期和收入情况，结果发现，与那些不受生存工资法管辖的工人相比，那些受生存工资法管辖的工人的流动率出现了明显下降，而且工资收入（毫无疑问地）也出现了大幅提高。但这两次研究均未考察生存工资法管辖范围内的工人的家庭情况，特别是没有研究生存工资法是否有助于这些家庭摆脱贫困。

为了阐明这些悬而未决的问题，我们在 2001 年 11 月至 2002 年 5 月之间针对波士顿生存工资法管辖范围内的工人深入开展了电话调查。研究结果与先前的调查相一致，即生存工资法管辖范围内的工人——尤其是那些享受法定加薪的工人——绝大多数都是正值打拼之年的成年人。在波士顿，生存工资的受益人也主要是女性和有色人种。这些工人在生存工资法实施之前的贫困发生率很高，这证实了生存工资法的服务对象正好是贫困的工作群体。我们发现，在法律生效以后，受管辖工人的工资收入有大幅提高，且贫困发生率锐减。但是，如果我们依照现实界定贫困标准并且考虑波士顿高昂的生活成本，那么接近 1/3 的工人在生存工资法实施后依然处于贫困状态。因此，我们得到这样的结论不足为奇：生存工资水平一般情况下不足以让受管辖的工人与其家庭的生活标准上升到一个能满足其基本需求、仍然适度但有较大幅度提升的水平。

10.4.1　对贫困门槛和基本需求门槛的界定

我们这里所用的研究方法与第 8 章研究美国加州圣莫尼卡市的方法基本相同。相关数据也与第 2 章简明呈现的那些数据，特别是与波士顿相关的数据相一致。这里我们将研究三个贫困标准：极度贫困（Severe Poverty）（联邦政府界定的官方贫困线）；贫困（Poverty）（与官方贫困线的 160% 相一致）；接近贫困（Near-poverty）（我们定义为官方贫困线的 185%）。表 10.12 给出了我们所界定的各种门槛。

这里我们基于两套单独的标准对基本需求门槛进行了界定。第一套：自足标准。这是由马萨诸塞州妇女教育和产业联合会（WEIU）和妇女就业协会（WOW）于 1998 年联合制定的。第二套：家庭基本预算标准。这是根据经济政策研究会（EPI）针对生活成本的研究制定的。[47] EPI 和 WEIU 及 WOW 制定的这两种门槛不仅远远超出联邦政府贫困线（我们认为把它描述为极度贫困标准更加准确），而且远远超出我们调整过的波士顿贫困门槛。事实上，一个成年人、两个孩子的 EPI 家庭预算标准超过官方贫困线的二倍以上，并且超过我们调整过的贫困门槛的一倍以上。

这两套标准尽管远远超出我们界定的贫困门槛，但并不过分。两套标准均以"建立一个安全、体面的生存标准，对与住房、儿童保健、食物、交通、医疗、杂项花销和税费等相关的主要家庭支出作出解释"为目的（Boushey et al. 2001，7）。两套标准均反映了"在既没有公共补贴或私人补贴——诸如，公住房、食品券、医疗补助和儿童保健等——也没有诸如亲友免费照看孩子之类的私人'非正式'补贴情况下"的生活成本"（Bacon, Russell and Pearce 2000，4）。这两套标准不包括储蓄，甚至不包括养老储蓄

表 10.12　　　　　　　　　　2001 年波士顿生存标准门槛

	家庭类型	
	1 个成年人，2 个孩子	2 个成年人，2 个孩子
极度贫困（官方贫困线）		
年收入	14 270 美元	17 960 美元
全职工作的时薪	6.86 美元	8.63 美元
贫困（官方贫困线的 160%）		
年收入	22 830 美元	28 740 美元
全职工作的时薪	10.98 美元	13.82 美元
接近贫困（官方贫困线的 185%）		
年收入	26 400 美元	33 230 美元
全职工作的时薪	12.69 美元	15.97 美元
自足标准（来自妇女教育和产业联合会及妇女就业协会的统计）		
年收入	44 700 美元	48 600 美元
全职工作的时薪	21.49 美元	11.68 美元
基本家庭预算（经济政策研究所）		
年收入	48 550 美元	54 190 美元
全职工作时薪	23.34 美元	13.03 美元

资料来源　官方贫困标准来自美国人口普查局，http：//www.census.gov/hhes/poverty/threshold/thresh01.hrml；基本家庭预算来自鲍诗侬等人（Boushey et al.，2001，表 A4.2 和 A4.S）；自足标准来自培根、罗素和皮尔斯（Bacon，Russell and Pearce，2000，表 1）。

注：时薪计算的假设是每个家庭有一个人挣工资，所有数字均以 2001 年美元价值计算。

或教育储蓄，也不包括去餐馆吃饭、看电影或者度假的花销。而且，这两套标准的假设前提都是：对于两个成年人和两个孩子的家庭来说，夫妇二人都工作。[48]

　　EPI 针对马萨诸塞州 12 个地区的 6 种家庭类型，制定出了自己的标准，而 WEIU 及 WOW 制定的标准涉及该州 40 个地区的 70 多个家庭类型。为了确定体面但又适度的生活标准（我们称之为基本需求）的外边界，我们对这两套标准进行了合并。基本需求标准意味着，有两个成员挣工资的家庭要达到 12 ~ 13 美元的时薪，有一个成员挣工资的家庭要达到 21 ~ 23 美元的时薪——而该市的生存工资在我们研究时仅为 9.11 美元/小时。我们采用基本需求的标准——以联邦政府贫困线的 185% 作为接近贫困的标准——来评价波士顿生存工资法对低工资工人的生活水平的影响。[49]

10.4.2　波士顿生存工资法所管辖范围内工人的概况

为了研究受波士顿生存工资法管辖的工人们的概况并评价生存工资法对他们的影响，我们调查了在受管辖企业内工作的 105 人，其中有 97 人提供了有参考价值的信息。[50] 和很多类似的情况一样，由于并不存在一个包括所有工人的名单，所以我们无法对波士顿生存工资法管辖范围内的工人进行随机抽样。因此，我们只能针对那些就职于高冲击强度的部门——低收入工人高度集中的部门——的工人采取非随机抽样的方式来调查。[51] 因为我们的企业调查显示，2001 年收入不足 11.75 美元的受管辖工人中有 93% 的人在儿童保健、支持性居处/支持性住宅、教育和培训以及特殊教育行业中工作，所以我们的调查对象也从这部分行业中选取。[52] 其中绝大多数在非营利性组织工作。

在生存工资法管辖氛围内的企业中，我们的调查对象的工资等级较低。如表 10.13（A 栏）所示，大约 70% 的工人的工资在 9.11（调查期间的生存工资标准）~12.74 美元之间，并且超过 1/3 的工人工资在 9.11 ~ 10.74 美元之间（有一位受访者是十几岁的青年，他表示自己的时薪为 8.75 美元，这是我们发现的违反该法的唯一一个案）。

这些劳动力中的绝大部分是女性——在我们的调查对象中，女性占到 80%，并且在每个工资类别中至少占到 3/4。而且绝大部分不是白人，有色人种占到 64%，非裔美国人组成了一个最大的族裔群。种族和薪水似乎是相关的，因为在两个较低的工资类别中，非白人占工人的比例超过了 70%，而在两个较高等级的工资类别中，非白人不到 50%。

表 10.13　　　　　　　　波士顿生存工资法管辖范围内工人的个人特征　　　　金额单位：美元

A. 基本人口统计

全部工人	小时工资			
	9.11~10.74	10.75~12.74	12.75~14.74	14.75+
97	34	33	16	13
100%	35%	34%	17%	13%
32	34	32	31	30
5.2%	4.1%	0%	0%	0%
2.9	1.9	4.1	2.4	3.0
79%	77%	82%	75%	85%
40%	47%	46%	25%	31%
22%	24%	24%	13%	15%
64%	71%	72%	44%	46%

B. 教育水平

工人数量	百分比
7	7%
29	30%
50	52%
11	11%

C. 工资和收入

小时工资 平均数	时薪				
	全部工人	9.11~10.74	10.75~12.74	12.75~14.74	14.75+
	11.90	9.61	11.83	13.60	16.18
中位数	11.60	9.38	12.00	13.46	15.68
平均每周工作时数	43	44	42	48	42
平均每年工作周数	47	44	49	49	45
上年平均工作时数	2 038	1 918	2 112	2 345	1 863
平均工作数量	1.3	1.3	1.2	1.4	1.3
收入（2002 年美元）					
平均数	24 402	18 590	25 071	30 910	30 008
中位数	23 324	18 949	24 960	28 538	32 050

资料来源　作者对受管辖工人的调查。

受调查工人的平均年龄是 32 岁，年龄最大的工人集中在收入最低的工作。我们的调查对象中仅有 5% 的工人年龄在 20 岁以下，所以他们中大多数人也处于工资类别的最低档中。

尽管这些工人已经参加工作多年，但是他们在当前职位的平均任期只有 3 年。工作任期随工资等级的变化而发生明显变化，工资在 10.75 ~ 12.74 美元之间的工人当前的工作任期平均为 4.1 年，工资在 9.11 ~ 10.74 美元之间的工人当前的工作任期平均为 1.9 年。

正如表 10.13（B 栏）所示，在我们的调查对象中，高中学历以下者超过 1/3，2 年或 4 年的大学学历者超过 1/2，高等学历者占 11%。尽管在受教育程度上存在较大差异，但是收入差距却相对较小，这是在我们的调查对象中占主体的非营利性社会工作者的显著特征。

如表 10.13（C 栏）所示，这些员工的工作时间很长，在所有工资等级中，平均的工作时间超过 40 小时/周。全职工作的高比例反映了这样一个事实：这些工人通常不止为一家企业工作，平均每人有 1.3 份工作。我们的调查对象在整个年度的大部分时间都在工作，全年平均工作 44 ~ 49 周。

这些工人的平均收入为 24 402 美元，工资范围从最低档的 18 590 美元到次高档的 30 910 美元。我们的调查对象是从每小时 9.61 美元到 16.18 美元不等，平均为 11.90 美元。不同工资类别工人在工作时间方面的差异对其年收入构成很大的影响。例如，每小时赚 12.75 ~ 14.75 美元的工人，平均收入高于那些时薪超过 14.75 美元的工人，主要是因为前者的工作时间比后者多出 26%。

从表 10.14 所示的样本人口统计特征来看，小家庭模式难以准确描述这些工人的生活条件。大多数是家庭中只有一位成年人，其中 43% 是单身无孩子，另外 14% 是单亲且孩子不足 18 岁的家庭。尽管大多数工人属于自己养活自己，但是大约 43% 的工人至少供养一个家庭成员，大约 30% 的工人要供养孩子。我们还发现，在受访者中，供养孩子的人数与整个城市的情况非常一致。受访者的家庭收入的波动范围很大——从两位成年人但无孩子的家庭平均年收入 18 000 美元，到单亲有孩子的家庭年收入 25 000 美元，再到不止有一位挣工资者的家庭年收入 39 000 ~ 49 000 美元。

正如表 10.15（A 栏）所示，这些家庭的贫困率相对较高；11% 处于极度贫困状态——低于联邦政府界定的贫困线——而将近 33% 达不到适当的贫困门槛；在这些家庭中约 40% 接近贫困，而有 50% 低于基本需求门槛。与波士顿地区的劳动力市场处境相似的工人相比，受访者的生活水平要低得多。[53]

表 10.14　**按家庭类型划分的波士顿受管辖工人的家庭收入和抚养比**

家庭类型	家庭数量和占总数的百分比	抚养比[a]（中位数）	家庭收入（2001 年美元）	
			平均数	中位数
1 个成年人；无孩子	41（43%）	1	24 085 美元	25 000 美元
1 个成年人；有孩子	13（14%）	2	24 473 美元	25 033 美元
2 个成年人，都挣工资；无孩子	10（10%）	1	43 348 美元	33 898 美元
2 个成年人，都挣工资；有孩子	13（14%）	2	39 197 美元	40 000 美元
2 个成年人，一人挣工资；无孩子	4（4%）	2	18 000 美元	20 250 美元
2 个成年人，一人挣工资；有孩子	4（4%）	3.5	24 410 美元	18 995 美元
多个成年人，多人挣工资	11（12%）	1.7	49 067 美元	35 000 美元
合计，所有家庭类型	97（100%）	1.5	30 813 美元	26 076 美元

资料来源　以上是作者对受管辖工人的调查结果。

注：[a]抚养比（Dependency Ratio）= 家庭成员人数/家中挣工资者的人数。这个比率衡量的是挣工资者用其收入抚养的人数。

如何对受管辖工人的低生活水平做出合理解释呢？也许，最清楚的贫困预测指标是高抚养比，即家庭的总人口数与支撑家庭的工人数的比值。我们发现，抚养一个家人的工人中有 50% 以上生活贫困（例外情况是有两个成年人都挣工资的家庭，这些家庭中只有 31% 生活贫困）。如果把受访者的家庭分为有孩子和无孩子两大类，这种效应更加明显。在有孩子的家庭中，约

40%的家庭生活贫困，43%的家庭接近贫困，足足有79%的家庭没有达到基本需求标准。尽管没有孩子的受访者家庭更可能越过贫困门槛，但有相当比例的家庭仍然生活困窘：将近25%生活贫困，同时大约38%接近贫困或没有达到基本需求标准。

表 10.15　按家庭类型和工资水平划分的波士顿生存工资法管辖下的
工人的贫困状态和基本需求状态（低于各种门槛水平的百分比）

A. 家庭类型	极度贫困	贫困	接近贫困	基本需求
1 个成年人；无孩子（家庭数量=41）	8%	18%	35%	35%
1 个成年人；有孩子（家庭数量=13）	8%	46%	46%	100%
2 个成年人，都挣工资；无孩子（家庭数量=11）	0%	11%	11%	22%
2 个成年人，都挣工资；有孩子（家庭数量=13）	8%	31%	31%	44%
2 个成年人，1 个挣工资者；无孩子（家庭数量=4）	25%	50%	50%	75%
2 个成年人，1 个挣工资者；有孩子（家庭数量=4）	25%	50%	75%	100%
多个成年人及挣工资者（家庭数量=11）	27%	54%	64%	—
无孩子家庭，[a]合计（家庭数量=64）	9%	25%	38%	37%
有孩子家庭，[b]合计（家庭数量=30）	13%	40%	43%	79%
所有家庭类型，[c]合计（家庭数量=94）	11%	30%	39%	50%
B. 工资类别	极度贫困	贫困	接近贫困	基本需求
所有工人	11%	30%	39%	50%
9.11 ~ 10.74 美元	25%	50%	69%	68%
10.75 ~ 12.74 美元	0%	28%	34%	46%
12.75 ~ 14.74 美元	6%	6%	13%	38%
14.75+美元	0%	8%	8%	42%

资料来源　以上是作者对所管辖工人的调查。

注：[a]我们无法对任何有两个以上成年人的家庭的基本需求门槛做出界定，所以，这里的基本需求的计算仅以 54 个家庭为基础。

[b]本范畴的基本需求的计算以 24 个家庭为基础。

[c]该范畴的基本需求的计算以 86 个家庭为基础。

毫不奇怪，我们发现低工资和贫困之间存在密切的联系，从表 10.15（B 栏）中可以看出这一点。例如，个体收入在 9.11 ~ 10.74 美元之间的家庭中有 25% 处于极度贫困状态。这些家庭中有一半处于贫困状态，69% 处于接近贫困状态，68% 没有达到基本需求门槛。[54] 工资收入在 10.75 ~ 12.74 美元之间的工人所组成的家庭全部摆脱了极度贫困状态，但其中的 28% 的工人处于贫困状态，超过 1/3 的工人接近贫困，并且 46% 的工人无法满足基本生活要求。在更高的两个工资类别中，不到 8% 的个体处于贫困或极度贫困状态，然而大约 40% 的工人没达到基本需求标准。

尽管受访者中的贫穷发生率很高，高达 50% 的受访者收入高于基本需求标准——这个比例远高于洛杉矶和圣菲等诸多城市，在这些城市中，多达 80% 的潜在受影响工人没有达到这个标准。[55] 那些达到基本需求标准的波士顿工人都是哪些人呢？

达到基本需求标准的工人与没有达到基本需求标准的工人在很多方面很相似。平均来看，前者与受生存工资法管辖的所有工人在年龄上相同（两种情况下都是 32 岁），并且女性的比率也大体相同（达到基本需求的工人中 74% 是女性，而在整个样本中，该比例是 79%）。[56]

但是，达到基本需求水平的工人在若干重要的方面仍与其他受访者不同。例如，这一部分人中有 1/2 是白人，而所有受访者中有 1/3 是白人。达到基本需求门槛的工人比所有受访者在收入方面每小时高出 1 美元。进一步说，与受生存工资法管辖的所有工人相比，达到基本需求门槛的雇员每年的工作时间平均要多出 200 个小时左右。

但是，在那些达到和未达到基本需求门槛的工人之间，最引人注目的差异是他们所处的家庭类型。达到基本需求门槛的工人中，将近 70% 的是单身，但是另外 16% 的工人的家庭有配偶、无孩子，并且夫妇二人都有工作。仅有 16% 的达到基本需求门槛的工人有孩子，并且这些家庭中有第二个成年人有工资收入。

相比其他城市的生存工资法，波士顿生存工资法在以贫困工人为目标群体方面做得不到位吗？我们的调查表明，波士顿生存工资法在针对目标群体方面至少不逊于全国的其他生存工资法。我们的研究结果与早期研究之间的主要差异在于，我们针对更广泛的家庭类型来界定基本需求门槛，其中包括那些没有孩子的家庭。我们如果只调查有孩子的受管辖工人，就会发现这些家庭中大约 80% 没有满足基本需求门槛——这实际上与洛杉矶的情况相同。这些有孩子的波士顿家庭中的极度贫困、贫困和接近贫困的发生率也比洛杉矶的低工资工人要高。[57]

10.4.3　生存工资法对工资和收入的影响

波士顿生存工资法的实施带来了哪些变化呢？生存工资法是否对任何受访者的贫困状态产生了可察觉的影响？它是否使那些低工资工人摆脱了贫困状态，或将其生活水平提升到能够满足基本需求的标准？为了回答这些问题，我们要求这些受访者对其 1998 年（法律生效前）和 2001 年的工资水平、家庭收入状况进行对比。[58]

我们发现，工资在 1998 年低于生存工资的工人们到 2001 年已经有了很大的进步：按实值计算，时薪上涨了 2.10 美元。由表 10.16（A 栏）可见，这些工人的工作时间都延长了，他们的实际收入也增加了 10 000 美元；这反映出工作时间延长、实际工资上涨的事实。工作小时数的增加印证了我们的早期结果：受管辖企业——尤其是那些为遵守生存工资法而被迫提高工资的企业——从雇用兼职员工转向雇用全职员工。生存工资的受益人也实现了家庭收入的大幅增长，平均每个家庭增加了 3 650 美元。

与此相反，工资在 1998 年已经超过生存工资的工人，却几乎没有享受到工资增长的福利——每小时仅增长了 0.09 美元——他们的实际年收入几乎与以前持平。这些工人的确体会到了家庭收入的增长，只不过，体现在家庭的其他成员身上。

通过表 10.17（a）（A 栏），我们还能够发现那些跳槽与未跳槽的雇员之间在工资和收入方面存在差异。最大涨幅的工资增长发生在那些 1998 年收入低于生存工资并跳槽的雇员身上——这些雇员每小时实际增长了 2.88 美元，年增长 11 880 美元。而那些未跳槽的且受生存工资法影响的工人工

表 10.16   1998 年、2001 年受波士顿生存工资法管辖的
工人的工资、家庭收入和贫困状态

A. 时薪、年度收益和家庭收入（2001 年美元）[a]

	时薪	年度收益	家庭收入
1998 年收入低于生存工资（工人数量=21）			
1998 年	9.22 美元	16 990 美元	37 310 美元
2001 年	11.32 美元	26 990 美元	40 960 美元
差额	2.10 美元	10 000 美元	3 650 美元
1998 年收入高于生存工资（工人数量=38）			
1998 年	12.78 美元	27 350 美元	33 750 美元
2001 年	12.87 美元	27 800 美元	36 620 美元
差额	0.09 美元	450 美元	2 870 美元

B. 贫困和基本需求状态（低于各个门槛的百分比）

	极度贫困	贫困	接近贫困	基本需求[b]
1998 年	34%	41%	50%	54%
2001 年	13%	28%	41%	54%
差额	22%	13%	9%	0%
1998 年	9%	32%	46%	63%
2001 年	0%	23%	30%	48%
差额	9%	9%	16%	15%
	13%	3%	−7%	−15%

资料来源 以上是作者对受管辖的工人的调查。

注：[a]年度收益和收入指的是上一年度的。

[b]我们无法对任何超过由 2 个成年人组成的家庭的基本需求门槛做出界定，所以，与其他门槛相比，这些数字以较少的个体为基础。这是因为，在一种情况下，生活在基本需求门槛之下的家庭比例低于那些处于接近贫困的家庭的比例。

表 10.17（a）　在波士顿，变更雇主和保留雇主对所管辖工人的
收入、家庭收入和贫困状态的影响

A. 时薪、年度收益和家庭收入（2001 年美元）[a]

	时薪	年度收益	家庭收入
相同的雇主（工人数量＝25）			
1998 年收入低于生存工资（工人数量＝21）			
1998 年	9.81 美元	21 770 美元	35 690 美元
2001 年	10.64 美元	28 720 美元	36 090 美元
差额	0.83 美元	6 950 美元	400 美元
1998 年收入高于生存工资（工人数量＝17）			
1998 年	12.27 美元	28 210 美元	36 310 美元
2001 年	13.12 美元	26 620 美元	33 900 美元
差额	0.85 美元	−1 590 美元	−2 410 美元
不同的雇主（工人数量＝33）			
1998 年收入低于生存工资（工人数量＝13）			
1998 年	8.86 美元	14 060 美元	38 310 美元
2001 年	11.74 美元	25 940 美元	43 950 美元
差额	2.88 美元	11 880 美元	5 640 美元
1998 年收入高于生存工资（工人数量＝21）			
1998 年	13.20 美元	26 660 美元	31 680 美元
2001 年	12.67 美元	28 760 美元	38 820 美元
差额	−0.53 美元	2 100 美元	7 140 美元

注：[a] 年度收益和收入指的是上一年度的。

资的实际增长幅度很有限，每小时仅增长 0.83 美元，每年仅增长 6 950 美元。在 1998 年工资已经高于生存工资的工人以及未跳槽的工人的实际工资减少了 1 590 美元，而那些跳槽且不受法律影响的工人的实际收入却增加了 2 100 美元。

工资在 1998 年低于生存工资且跳槽的员工获得了最大的收益，这个事实反驳了一些有关提高工资底限会促使雇主以高技能（大概属于高工资）工人来替换低工资（想必是低技能）工人的说法。从实际情况来看，低工资（想必是低技能）的工人看起来是生存工资法的最大受益者。

这些结果还表明，需要更全面地了解生存工资法所带来的好处。分析人士通常只是从低收入个体工资上涨的角度来研究生存工资法的好处。然而，我们的研究显示，在生存工资法实施后并非只有那些工资增长了的个体从波士顿生存工资法中获益。生存工资法还将一系列不相关联的工作转变成了待遇更好的工作——通常是工作时间更合理、待遇更好的工作。研究结果还表明，生存工资法不但没有让那些低收入工人处于不利地位，而且还给很多人提供了从事更好工作的机会。

10.4.4 家庭收入和生活水平的变化

尽管那些跳槽的且不受法律影响的工人在 1998—2001 年间的家庭收入增长幅度最大（增长了 7 140 美元），但是那些跳槽的且受法律影响的工人在收入上也有显著增长，家庭收入增长了 5 640 美元。相比之下，保持原有工作的受影响工人在家庭收入上增长有限，而那些未跳槽的且不受法律影响的工人的家庭收入反而下降了 2 410 美元。

这些工资和家庭收入的转变是如何影响到生活水平呢？我们发现，对于 1998 年收入低于生存工资的个体来说，生活在极度贫困状态的比例从 34% 下降到 13%（见表 10.16（B 栏））。贫困家庭比例也显著下降，从 41% 下降到 28%。处于接近贫困状态的比例从 50% 下降至 41%，但家庭收入低于基本需求门槛的比例没有发生变化。

1998 年收入高于生存工资的工人在家庭生活水平方面也得到提高，极度贫困的家庭比例从 1998 年的 9% 下降到 2001 年的 0%，贫困家庭比例从 32% 下降到 23%。但是，接近贫困的家庭比例下降得更为显著——从 46% 下降到 30%——而低于基本生存需求的家庭比例从 63% 下降到 48%。

对于那些处于贫困状态的工人而言，受影响的工人及其家庭在生活水平方面的提高幅度要比不受影响的工人高出很多。这其中有多少要归功于生存工资法？一种衡量方法是在两个群体之间比较生活水平的提升趋势。尽管我们的调查设计并不适合于正式的统计检验，但我们依然可以合理地将这些趋势上的差异归功于生存工资法。进行这样的比较后，我们发现——通过观察表 10.16（B 栏）中的两个群体在趋势上的差异——在贫困和极度贫困的下降幅度中，1/3 到 1/2 的比例来源于生存工资法的实施。[59]

然而，这些好处似乎仅限于那些生活在贫困或极度贫困的工人。在不受影响的工人中，家庭接近贫困或低于基本需求标准比例的下降幅度更大。由于受影响的工人在 1998 年的收入远远低于 2001 年，所以受益于波士顿生存工资法的仅限于处于收入分配下游的工人并不令人奇怪。但是，尽管生存工资法降低了处于贫困状态的家庭比例，但它看起来并没有提高贫困状态以上家庭的生活水平，这些家庭在经济上仍存在一定程度的风险。

和以前一样，为了加深读者对这些研究成果的理解，我们考察了那些跳槽和未跳槽的工人在家庭收入方面的差异，对比结果见表 10.17（b）（B 栏）。在那些跳槽且收入在 1998 年低于生存工资的工人中，家庭处于极度贫困状态的比例从 42% 下降到 17%，与此同时，家庭处于贫困状态的比例从 50% 下降到 38%。在这部分人中，家庭接近贫困的比例下降幅度有限，家庭低于基本需求标准的比例维持不变。

在那些未跳槽且收入在 1998 年低于生存工资的工人中，家庭处于极度贫困和贫困状态的比例从 1998 年的 13% 下降到 2001 年的 0%；家庭接近贫困的比例从 38% 下降到 13%；家庭低于基本需求标准的比例维持不变。那些收入在 1998 年高于生存工资且处于贫困或极度贫困状态的工人的收入则上涨得更为温和，这与他们在此期间是否跳槽无关。相比之下，家庭处于接近贫困或低于基本需求门槛在收入上的增长更为可观。

表 10.17（b）　在波士顿，改变雇主和保留雇主对所管辖工人的收入、
家庭收入和贫困状态的影响

B. 贫困和基本需求状态（低于各个门槛的百分比）

	极度贫困	贫困	接近贫困	基本需求[b]
相同的雇主（工人数量＝26）				
1998 年收入低于生存工资（工人数量＝8）				
1998 年	13%	13%	38%	29%
2001 年	0%	0%	13%	29%
差额	13%	13%	25%	0%
1998 年收入高于生存工资（工人数量＝18）				
1998 年	0%	28%	44%	56%
2001 年	0%	22%	28%	44%
差额	0%	6%	17%	13%
两组工人之间趋势上的差异	13%	7%	8%	−13%
不同的雇主（工人数量＝50）				
1998 年收入低于生存工资（工人数量＝24）				
1998 年	42%	50%	54%	64%
2001 年	17%	38%	50%	64%
差额	25%	13%	4%	0%
1998 年收入高于生存工资（工人数量＝26）				
1998 年	16%	35%	46%	67%
2001 年	0%	23%	31%	50%
差额	16%	12%	15%	17%
两组工人之间趋势上的差异	9%	1%	−11%	−17%

资料来源　以上是作者对受管辖工人的调查。

注：[b]我们无法对任何超过由 2 个成年人组成的家庭的基本需求门槛做出界定，所以，与其他门槛相比，这些数字以较少的个体为基础。这是因为在一种情况下，生活在基本需求门槛之下的家庭比例低于那些处于接近贫困的家庭的比例。

总体而言，与那些收入已经超过生存工资的贫困工人相比，那些收入低于生存工资的贫困工人因为生存工资法而生活水平的提高幅度更大。然而，生存工资法实施后，受影响工人的生活水平超过接近贫困和基本需求门槛的比例很有限，与那些不受生存工资法影响的工人比起来更是如此。通过将受

影响的工人与处境相似的不受影响的工人进行比较，我们的结论是波士顿生存工资法在促进工人摆脱贫困方面相当有效。但是，根据当前的工资水平，生存工资法无法使所有工人摆脱贫困或者使低收入工人达到一个更高的可以满足其自身需求的生活水平。

根据研究发现，我们也得出这样的结论：生存工资法所带来的各种好处大体上都集中在那些设法在生存工资法管辖范围内的企业就职的工人身上。那些在生存工资法实施前后为同一雇主工作的受影响工人的收入上涨得更为温和。这些结果表明，政策制定者必须扩展生存工资法的受益范围，不仅要包括现有工人而且还要包括未来的入职者。其实，波士顿生存工资法的主要好处之一就在于，它导致工作本身条件的改善。只要继续受生存工资法的管辖，这些工作就会保持良好的工作条件。

10.4.5　生存工资法对工人生活质量的影响

本次研究的目的不仅包括定量评估波士顿生存工资法对其所管辖范围内工人的影响，还试图传递"工人工资的提高对生活质量构成具体的影响"这一深刻理念。因此，在 2003 年夏天，我们对 8 名因生存工资法而工资增加的工人进行了电话跟踪访问。我们从收入在 1998 年不足 9.11 美元的工人中随机选择了这些（占最初样本数的 8%）。调查结果显示，提高工资在给低工资工人带来诸多挑战的同时，也带来一些适度且具体的好处。

例如，更高的工资事实上已经使这些工人的储蓄都增加了。一名工人表示她（他）已经开立了她（他）的第一个银行账户，并且另一名已经开通了 401（k）退休金账户。债务是几乎所有人都担心的问题，被受访 8 人中有 6 人表示更高的工资在一定程度上减轻了他们的债务负担。

受访者还表示，他们的个人生活和职业生涯都取得了不大但具有实质性的进展。他们中的 5 人已经开始参加课堂学习，4 人已经可以开始旅行，并且有 4 人已经用较高的可支配收入来补贴家庭开支。这种可以帮助家人和朋友的能力对这些工人来说有着特殊意义，因为它代表着一定程度的经济独立和安全感，这是这些工人在低收入阶段无法获得的。例如，一位妇女能够经常为她年迈的母亲购买杂货，并且攒足够多的钱为她的母亲购买一套新的客厅家具，为她的儿子支付大学学费。一名男性可以帮助母亲支付了购房首付款。另一位妇女帮助她的两位家人支付了葬礼费用。另外 3 人用他们得到的更高的工资购买了汽车，并有一位青年男子从他母亲家搬出去，通过和朋友们合租公寓而改善了居住环境。3 名受访者均表示在挣到生存工资后，能够缩短工作时间了。

我们的受访者全都证实了：生存工资法已经对他们的生活发挥了积极且适度的影响，但是更高工资并没有提供足够多的钱来避免这种方案。例如，选择了休假的工人就不能为他们的家庭提供财政支持，而购买了汽车的工人就不能参加进修课程的培训。

尽管经济状况得到改善，但是我们的受访者也明确表示更高工资并没有使他们在经济上有更多的安全感。只有两名工人表示他们有很强的经济安全感。在这两种情况下，这些工人已经减少了债务，提高了储蓄。这些工人强烈缺乏安全感的事实印证了分析人士在研究旧金山生存工资影响时得到的结论：更高的工资并没有让工人们阔步向前，仅仅是使他们没有落后而已（Reich，Hall and Jacobs 2003）。另外，也表明了生活成本的快速上涨。

10.4.6　生存工资法对工人的总体影响

我们的调查显示，受波士顿生存工资法所管辖的工人的生活水平低下。在 2001 年，约有 11% 的家庭处于官方贫困线以下，这个贫困线是我们衡量波士顿地区极度贫困状况的标准。采用更准确的地区贫困标准，我们发现在受生存工资法管辖的工人中，将近 33.3% 处于贫困状态，将近 40% 处于比官方标准低 185% 的接近贫困状态。我们还发现，其中有将近 50% 的工人生活在更全面的基本需求生存标准以下。进一步的调查显示，有子女的工人更有可能生活在各项生存标准以下，这些工人中有 40% 在贫困线以下，43% 接近贫困，足足有 79% 的人达不到基本需求门槛。尽管这些数字证实了波士顿生存工资法针对的是就业的贫困个体，但它们使我们清楚地认识到，对于很多人来说，9.11 美元仍然不足以使他们的家庭摆脱贫困，达到更高的生活水平。

然而，我们发现有确凿的数据显示，自波士顿生存工资法实施以来，实际工资和年度收益均有所增长。受影响的工人的实际工资大约上涨了 25%，实际年度收益大约上涨了 60%。年度收益的急剧增长反映了每周工作小时数和每年工作周数的平行上涨。同时出现了向全职就业倾向的转变，这与我们以往的研究结果相一致，其中我们还看到了向更多全职高薪工作转变的数据。经仔细观察，我们发现，最大的变动发生在生存工资法实施后在其管辖范围内的企业入职的低工资员工身上，而不是那些老员工身上。这就意味着，政策制定者应当进一步认识到生存工资法的好处，其中包括创造出更高薪的就业机会和更多的全职工作岗位。

有明显的数据表明，在波士顿生存工资法所管辖范围内的工人中，贫困发生率急剧下降，而且我们还发现，贫困者减少了 33.3%，极度贫困者竟然减少 50%，这都要归功于生存工资法的实施。但是，我们也看到，波士顿生存工资法尚不足以将受影响工人的生活水平提升到更高的标准，以更好地反映出该法律寄予的精神和意图。

第五部分

理论分析及争论

本书第五部分包含的 4 项研究与前面各部分相比更为理论化和技术化。特别是，第五部分提供了运用规范的经济计量学模型得出的更为详细的研究结论。我们意识到，在本章的内容中，至少有些部分会使许多读者感到灰心丧气。但同时，这一部分全部 4 章的大多数内容，包括讨论的主要问题和分析问题时所用的基本方法，仍是能够被理解的。

我们之所以决定将这些技术性的论文收入本书，是出于两个原因。首先，关于生存工资和最低工资提案的优点，有很多争论，这些议题都涉及了实质问题。其次，所有论文的核心的重大发现都是那些从经济计量研究中直接浮现出来的结论。如果将经济计量研究从论文中删掉，那么能够呈现研究全貌而不是对研究的简单概括的内容基本上就所剩无几了。

因此，我们所做的是把这些论文收入本书，但也以一种易于理解的方式，针对不懂技术分析的读者阐释了主要的研究结论。为了给探讨的主要问题提供背景，也为了对主要的研究结论加以概括，我们在这个介绍中做了比较详细的解释。然后在后文各章中，我们再次使用非技术性的术语来呈现主要的研究结果。

第 11 章（由简妮特·威克斯-利姆执笔）考察了生存工资和最低工资增加的波纹效应（指企业提供给员工的涨薪待遇扩大到了最低工资标准的要求之外）的显著性，这是迄今为止最为全面的研究。正如我们在第二部分关于新奥尔良和圣菲的研究中所看到的那样，这种具有波纹效应的工资增加的可能性相当大，不但可能给低工资工人及其家庭带来额外收益，而且还可能给支付工资增额的企业带来额外的成本。在最低工资增加额本身较小但覆盖范围较大这种情况下（例如，2006 年 11 月，各个州的最低工资都从每小时 5.15 美元增加至不到 7 美元），即使企业没有法定义务提供波纹效应的工资增加，波纹效应的工资增加也可能等于或大于法律批准的工资增加的本身。有数据表明，如果对可能产生的波纹效应没有清楚的理解，我们就无法精确地评价生存/最低工资标准的影响。

在第 4 章和第 5 章对新奥尔良和圣菲标准的经营成本的研究中，我们以写作时开发的方法为基础，对波纹效应进行了估计。这些方法是可靠的，相应地，这些方法产生了关于这两个地区的明显、可靠的估计结果。但在第11章所概述的研究中，威克斯-利姆比我们或其他研究者更为深入、详尽地考察了这个问题。就其研究结果本身而论，重要的一点是，对所有试图理解生存工资和最低工资增加带来的收益和成本的全部内容的读者来说，她的研究视角是很有帮助的。

关于生存工资的大多数争论都不可避免地回到关于非预期结果的讨论中，具体说来，在大多数情况下被讨论得最广泛的潜在非预期结果就是就业损失（失业率）问题。[1] 在对新奥尔良和圣菲的前瞻性研究以及对波士顿的回溯性研究中，我们已经用一定的篇幅讨论了这个问题。在第12章中，我和马克·布兰纳、简妮特·威克斯-利姆简要地描述了另一种能够使我们考虑到负面的就业效应的方法。就是说，有些州有高于联邦标准的最低工资法，有些州没有，因此，我们直接比较了近年来这两类州的相对就业情况，特别是受最低工资增加影响较大的酒店和宾馆行业。在这章中，我们不但做了描述性的统计分析，而且提出了一个规范的经济计量学模型。并且，至少在各州已经实施的最低工资增加的范围之内，我们没有发现对"较高的最低工资标准已经产生负面就业效应"这一观点有支持性的论据。

第13章和第14章是另外一些学者对经济计量研究的批评，尽管这些研究本身非常注重理论表述，但却被媒体和政策制定部门广泛地讨论。所以，这说明了为什么我们在进行批评时也必须给出一个经济计量学的方法。

第13章由我和简妮特·威克斯-利姆共同执笔，探讨了关于2004年新墨西哥州圣菲市的最低工资增加到8.50美元的基本问题：8.50美元的最低工资是否意味着该市低工资工人的工作机会减少了？在本书第二部分的概述中，我提出了有关这一问题的最基本的依据——有关数据表明，圣菲市实行8.5美元最低工资标准之后的第一年里，就业增长势头良好。最为明显的是，实行8.5美元最低工资使餐饮业和旅馆住宿业吸收了最大比例的人力成本增加，这两个行业的就业状况也是良好的。我们在第13章中详细呈现了有关这个问题的数据。

　　然而，在最低工资的增加产生了何种效应的问题上，有关就业增加的这些基本数据本身并不能提供最终结论。这是因为这些数字没有对生存工资法以外的因素加以控制，而这些因素也可能对就业增加产生影响。例如，很可能有这样的情况，同企业没有被迫在 8.5 美元最低工资下运营时的雇佣数量相比，该市的企业可能愿意雇用更多的员工。如果情况是这样的话，那么我们也许仍有理由认为，圣菲的生存工资倡议以损害了某些人的就业前景而告终，而这些人正是该标准意欲帮助的那些人。2005 年，由肯塔基州立大学的艾伦·耶洛利斯所写的一篇题为《圣菲的工资条例和劳动力市场》的文章，就曾明确地表达了这一观点。他旨在表明，一旦人们确实适当地控制了可能影响圣菲地区就业水平的其他因素，那么事实上，该市那些谋求就业的、受教育最少的工人的失业机会就会明显上升。

　　第 13 章评价了耶洛利斯的这一观点。正如本章所显示，耶洛利斯的研究所得出的经济计量学结果是很精确的（如果他用来估算的数据是可靠的话）。也就是说，在 8.50 美元最低工资实施后的 2004 年 6 月和 2005 年 7 月间，圣菲市受教育程度较低的工人的失业概率确实有所上升。但是，本章也表明（这一点耶洛利斯没有考虑到），在这一时期，圣菲市同一类工人受雇的概率仍然是不变的。这两个研究结果（同一时期同一组工人失业的概率上升而受雇的概率没有下降）似乎显现出矛盾，更严重点说，使用了某种统计上的"花招"。实际上，这个解释相当直白易懂，而且与劳动力市场如何运行的标准方法完全一致。

　　也就是说，当圣菲的最低工资提高到每小时 8.50 美元时，更多的人进入了该市的低工资劳动力市场，申请获得某些工作，而以前对这些工作支付的小时工资是在每小时 7 美元系列范围内，但随后很快能提供的工资就不得低于 8.50 美元了。如前文所述，尽管我们不认为工作数量的增加是由于生存工资法的颁布带来的，但圣菲市工作岗位的数量在实行了 8.50 美元的最低工资之后确实增加了。我们只是观察到了这样的事实：在 8.50 美元最低工资成为法律时，工作数量事实上同时增加了。我们所做的经济计量学的研究结果表明，当生存工资法实施后，这种就业增长足以为低教育水平的工人提供与以前同样数量的工作机会（请记住，由于人口在增长，因此通常一定会有就业的增长，从而在一段时期中给人们提供同样数量的工作机会）。然而，如果在这段时期中，这个城市中找工作的人数以更快的比率上升的话，那么该市的就业增长和失业率都会上升。这是因为就业增长衡量的是保有工作人数的增加，而失业率则反映出保有工作人数占全部找工作人数的比例。

根据这些数据，我们对于"圣菲市最低工资标准对该地区的低工资工人及其家庭的福利产生了什么影响"这一问题，能得出何种总体结论？耶洛利斯认为，失业可能性的增大是评价圣菲法律效果的唯一恰当途径。与此不同，我们则认为，由于一方面该市低工资工人可获得的工作数量以正常比率增加了，另一方面支付给劳动力市场上低端工作的工资也显著增加了，因而最低工资增加的总体影响确实使得目标人群受益了。在这些情况下，就圣菲市劳动力市场环境来看，低教育程度人群的失业率有可能上升，这一上升因而也是劳动力市场的改善带来的副产品，而不是衰退。在这个城市，正在寻找工作的人比该地区其他市更多，正是由于圣菲市比其他地方有更多的工作数量和更好的工作岗位。

在第 14 章中，我和马克、珍妮特对 2003 年的一篇文章作了评价，该文的题目为《生存工资条例减少了城市贫困吗》，作者是加利福尼亚大学欧文分校的大卫·纽马克和威斯康星大学密尔沃基分校的斯科特·亚当斯。这两人的研究在该领域内可以说是雄心勃勃，他们试图考察截止其写作时为止美国所实施的全部生存工资条例，评价这些条例对工资、就业水平和贫困程度的影响。这些方面显然是需要评价的关键性问题。在他们的评价中，生存工资法律的影响是鱼龙混杂的，但总体来说是积极的。首先，他们总论道：由于生存工资法律的实施，因此，劳动力市场上低端工作的工资确实上升了。但他们也发现，生存工资法律减少了法律所辖城市的就业机会。不过，由于工资增加比工作机会减少得更多，因此这些措施的综合效果是改善了实施生存工资法律的城市的贫困状况。我们对纽马克和亚当斯的批评仅针对他们所使用的方法，而不是他们的研究结果。然而，由于我们认为他们采用的方法不可靠，因此，这也意味着我们无法相信其研究结果。不管我们是否认为其研究结论作为一种政策工具对生存工资措施具有促进作用，事实都是如此。

我们认为，在纽马克和亚当斯的文章中有两个基本的方法错误。第一个是他们建构其经济计量估计所使用的数据。他们没有像其他作者（包括我们自己）那样检验生存工资法律的效果，没有收集其研究中涉及的生存工资法律所辖不同城市的实际企业或工人的信息，而是将其经济计量估计完全建立在美国劳工部的最新人口调查（CPS）数据的基础上。

使用最新人口调查数据来评价生存工资法律或有关政策措施当然并无本质上的错误，最新人口调查数据事实上还是一个不可或缺的数据来源，我们自己也在很大程度上使用这些数据，如第二部分和第三部分以及本部分的第11~13章。但是，CPS数据和所有同类数据一样，必须在审慎判断的前提下被使用，不能用于不适合的任务。用CPS数据来评价生存工资法律对各个不同城市的工人的影响，其问题是这些早期生存工资法律所涵盖的工人人数是很少的。如第10章介绍的波士顿生存工资条例的实施情况所示，2001年实施措施的结果是，大约2 000名工人获得了工资增加，这一工人人数的背后是由173 000名工资位于6.75美元的州最低工资和9.11美元的生存工资之间的工人组成的劳动力队伍。可见，涵盖的工人人数相对于整个劳动力队伍人数来说，同其他城市的生存工资法律实施后的情况类似，比例同样也是微不足道的。如果最初的生存工资法律仅仅涵盖每个城市的劳动力（与该城市有服务合同的私营企业所雇用的劳动力）中很小的一部分，这一情况便不足为奇。

由于每一个城市中因实施生存工资法律而获得工资提升的工人人数较少，因此人口调查数据不大可能采集足够多的工人人数样本，很难对生存工资引致的工资、就业或贫困状况的变化建立起可靠的估算模型。由此，在其数据样本中，纽马克和亚当斯的研究不大可能观察到生存工资条例本身对工人的实际影响。

但是，即使承认CPS数据适合用于分析较窄范围的生存工资法律的影响，纽马克和亚当斯的研究方法也还存在着第二个问题。他们假定，在一个实行生存工资的城市里，如果法律条文包括"如果企业从市政府得到了某种形式的财政援助，就要求企业支付生存工资"的条款，那么几乎所有工人都被该法律所涵盖在内。如第 14 章所述，来自城市档案和市政官员的直接数据表明：由于从市政府获得了补贴而被要求遵守生存工资法律，这样的企业（如果有的话）为数并不多。一旦我们对经济计量模型进行了调整，把上述事实考虑在内，纽马克和亚当斯的结果就不再成立了。

重新强调一下：在得出上述结论时，我们的论点并不是反对纽马克和亚当斯关于生存工资法律在减少贫困方面成效显著的研究结果。我们显然相信生存工资法律对于提高低工资工人及其家庭的生活水平的确起到了很大的作用。但是出于实事求是的考虑，即使是我们自己关于生存工资法律的效果和影响的倾向性观点，我们也不能轻易接受。对于其他研究者的结论，无论它们对生存工资政策如何有利或如何不利，只要这些结论是基于经不起推敲的研究方法得出的，我们也同样不能接受。

第 11 章

法定的工资底线和工资结构：
对最低工资的波纹效应的新估测

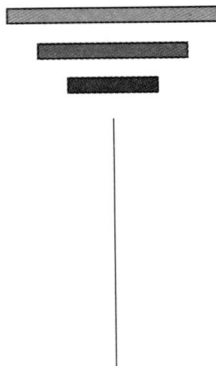

珍妮特·威克斯-利姆

11.1　引言

　　在围绕着最低工资和生存工资法律的争论中，一个反复出现的问题是，法定最低工资（工资底限）是否比单独的法定加薪要求对工资的影响更为广泛。也就是说，当法定最低工资提高时，雇主是否被迫在法律要求的水平之上给工人加薪，这也被称为波纹效应的工资提升。

　　为什么雇主会感觉到被强迫给工人波纹效应式的工资提升？我们来看看下面的情景，如果目前的 5.15 美元联邦最低工资提高到 6.15 美元，雇主就必须依法提高所有挣得低于 6.15 美元的工人的工资。但如果没有波纹效应，在雇主依法提高工资后，提高工资之前能挣 6.15 美元的工人的相对工资水平就会下降，这些工人的工资在工资结构中不再是高出最低水平 1 美元，而是处于工资结构的最底端了。而且，这些工人将与那些以前挣较低等级工资的工人挣得同样的工资。这种工资相对位置的下降能损害工人的士气，从而影响生产率。为了避免这种局面，雇主便在最低工资基础上扩大加薪的范围，以便保持一个连贯一致的工资等级结构。以前挣 6.15 美元的工人将得到由"波纹效应"带来的工资增加，这样，在工资结构中，其工资仍保持在高于最低水平的位置。[1]

在围绕着法定工资底限的这场政治争论中，双方都认为波纹效应可大可小，但其解释却各不相同。对于大波纹效应，政策的倡导者认为：法定工资底限由于扩大了受益者的范围从而其效果更为显著。但反对者则声称，大波纹效应会极大地增加这些法律给雇主带来的经济负担。对于小波纹效应，倡导者认为它使法定工资底限给企业带来的成本最小化。但同理，反对者则认为，小波纹效应会减少工人从该法律中获得的收益。不管个人的政治立场如何，理解波纹效应的范围和大小都是评价法定最低工资的一个重要组成部分。

如果波纹效应在政治上意义重大，那么令人惊讶的是，对这个问题的经验研究却稀少而薄弱。到目前为止，只有一项认真的研究工作严格地估算了最低工资的波纹效应（Neumark，Schweitzer and Wascher 2004）。但遗憾的是，纽马克（Neumark）、施韦策（Schweitzer）和沃舍（Wascher）的研究方法使其测量工资增长时提出错误数据的问题更加严重，引起了对其研究发现的质疑。[2] 结果，人们对于波纹效应的大小和范围仍没有一个清晰的理解。

本书提供了关于 1983—2002 年间美国各州和联邦最低工资增加产生的波纹效应的详细经验估计，填补了这一研究空白。下一节主要讨论本书用来估计波纹效应工资增加的大小和范围所使用的数据和方法。第三节阐述了研究结果。在第四节中，我考察了这些结果的政策含义，回答了下述问题：波纹效应工资增加对于法定工资底限的总体成本影响有多大？波纹效应工资增加怎样改变了从工资底限中受益的工人总量？生存工资法律的波纹效应与传统的最低工资法律的波纹效应有何不同？最后一节是研究结论。

11.2　数据和方法

11.2.1　数据

美国劳工统计局人口调查署发布的最新人口调查（CPS）是分析这一问题的基本的数据来源。CPS 每月调查大约 50 000 户家庭，就收入问题向这些样本家庭的 1/4 进行了详细询问。[3]

本书分析的时间段是 1983—2002 年，这一时期大致囊括了两个经济周期：一个是 80 年代的经济周期（1982—1990），另一个是 90 年代的经济周期（1991—2000）。[4] 这一时间背景包括两次衰退，衰退之前是两次较长的经济扩张期。

在这期间，州和联邦层面的最低工资法律都有所变化。联邦最低工资共计提高了 4 次：1990 年（从 3.35 美元提高到 3.80 美元）、1991 年（从 3.80 美元提高到 4.25 美元）、1996 年（从 4.25 美元提高到 4.75 美元）以及 1997 年（从 4.75 美元提高到 5.15 美元）。将州最低工资设定在高于联邦水平的州的数量从 1983 年的 2 个州增至 2002 年的 11 个州。有效的最低工资是两者之中较高的一个。

11.2.2　方法

这里用来观察最低工资的改变对工资的影响所用的方法，是基本的差中差方法。我对两组变化情况作了比较，一组变化是那些适用于工资底限提高的工人的工资变化（例如，当有效的最低工资提高时某个州的工人），另一组是不适用于工资底限提高的工人的工资变化（例如，当有效的最低工资没有改变时某个州的工人）。这两类工人的工资变化的差异应归因于最低工资的设定。[5] 这里使用了回归分析方法，把影响工资增加的其他因素（稍后分析）都考虑了进来。

为了详细地估计波纹效应的范围和大小，这里需要考察的不仅仅是提高最低工资的总体影响，而是这种影响在多大程度上超越了工资分布的上限，以及这种影响的大小是如何变化的。为此，我采用差中差方法，把适用于工资底限提高工人工资的百分位数的变化，同不适用于工资底限提高的工人工资的百分位数相比较。也就是说，我估计了州有效最低工资标准的变化对工资的影响，方法是将州工资分布状况分为 13 个不同的点，代表不同的工资分位：5 分位、10 分位、15 分位、20 分位、25 分位、30 分位、35 分位、40 分位、50 分位、60 分位、70 分位、80 分位以及 90 分位。基本模型如下：

$$\Delta \ln \left(\text{wage percentile}_{st} = \alpha + \beta_1 \Delta \ln \left(\min_{st}\right) + \beta_2 \Delta \ln \left(\min_{s,t-1}\right) + \underline{\delta}\left(\Delta \underline{X}_{st}\right)\right.$$
$$+\eta\left(\text{Half1}\right) + \gamma_Y\left(\underline{Y}_t\right) + \underline{\tau}_S\left(\underline{S}_s\right) + \epsilon_{st}$$

这里，下标 s 表示州，下标 t 表示时间段。因变量 ln（工资百分位$_{st}$），是从时期 t 开始的一年期间某个特定州的工资百分位的自然对数的变化。[6] 式中的 ln（$\min_{st}$）是最低工资的直接影响的测量标准，与因变量的功能相似。提高最低工资产生的影响不一定立即显现，考虑到这一可能性，ln（$\min_{s,t-1}$）被包括在内。这一测量标准相当于 ln（$\min_{st}$），不同之处是，它是指时期 t 之前 1 年内最低工资的变化。这两个测量标准的系数可以作为最低工资的提高对工资的影响的估计值，包括即刻的影响和滞后的影响。

下一组变量$\underline{X}_{st}$是测量有关各州劳动力的人口统计、行业和职业的变动。例如，由于考虑到各州劳动力性别构成的变动对州第 10 工资分位的影响，我便把工资水平位于州的第 5 ~ 15 工资分位的女性劳动者占比的变化包括进来。[7] 模型中所包括的其他人口统计学上的特点是指种族、受教育程度、工会会员身份、全职工作以及工作经验。[8]

年哑变量（$\underline{Y}_{st}$）考虑了某一特定年份可能对工人造成不利影响的国家宏观经济影响因素（例如，通货膨胀）。州哑变量（$\underline{S}_{st}$）主要考虑了不同的州之间工资增长率的差异。最后，由于有关数据是两年一次的观察资料，我加了一个控制季节性影响的测量标准（Half1）。[9]

把最低工资提高产生的影响分离出来

研究经济现象通常面临的挑战是把一个因素的影响从经济中同时变化着的众多其他因素中挑选出来。如果这些因素中的两个因素同时引起了作为研究对象的经济结果的变化，那么把每个因素的单独影响分离出来是十分困难的。更糟糕的是，这可能会导致不真实的结论：一个因素为另一个因素的效果或影响负责。这一节讨论了1983—2002年间受最低工资影响发生变化的两个方面，就最低工资变化对工资的影响来说，这些方面的问题可能会导致不可靠的结论。

首先，州最低工资法律存在着地区特点。新英格兰州比其他州更频繁地改变该州的最低工资。结果，我必须把最低工资的提高对工资增长的影响从新英格兰经济的其他方面分离出来。模型中的州哑变量考虑了不随时间而变化的地区性影响。然而，这些变量没有考虑随时间而变化的地区性影响。在20世纪80年代后期的经济上扬时期，新英格兰几乎是一枝独秀，只有这一个州提高了最低工资。这一事实，再加上这轮经济繁荣中新英格兰相对于其他地区来说更快的经济增长，说明了由于宏观经济状况导致的新英格兰加速的工资增长，很难同由最低工资提高导致的工资增长分离开来。[10] 为了避免把不同时间的地区性影响同最低工资的提高对工资的影响相混淆，我在对模型进行估算时没有考虑新英格兰州。

其次，最低工资的增加还受经济周期因素的影响，因为联邦最低工资的提高发生在这一时期经济周期的关键点，首先是在1990年和1991年，一轮经济周期的末尾和另一轮周期的开始，然后是1996年和1997年，此时90年代的经济周期开始呈现加速运转的趋势。这个事实，再加上许多州采用联邦标准作为本州的有效的最低工资标准的实际情况，意味着经济周期对工资的影响也很难同最低工资提高后产生的影响相区别开。而年哑变量正好解释了国民经济的年度变化，从而提出了一个解决办法。但是，这个变量并没有对年度之内国民经济的变化作出解释。例如，如果联邦最低工资和国民经济增长率都在年中增加的话，那么由于国民经济增长趋势所带来的工资增长可能看起来是由最低工资增加所引起的。[11] 1990年和1996年就是这种状况，这很可能导致了这种不可靠的结果（详细的论述参见本章附录）。因此，我在对模型进行估计时剔除了这些年份。

11.2.3　零售商业

由于零售商业这一行业[12]聚集了众多的低工资工人，因此我挑出这一行业做单独的分析。[13] 以 2002 年为例，劳工统计署报告显示，在挣小时工资的全部工人中，3% 的工人的工资位于联邦最低工资水平或位于联邦水平之下。[14] 在零售商业行业的小时工资工人中，这一比例数高出两倍之多，达 8%。

但是，人们对波纹效应的工资增加的规模和范围产生何种影响仍不明了。一方面，零售行业最低工资的显著作用使它成为一个有重要参考价值的工资水准，结果，由于雇主具有避免企业内部工资层级变化的强烈动机，因而便普遍地提高工资，形成了波纹效应的工资增加。另一方面，面对着更高的工资成本，这些雇主也可能决定仅实行法定的工资增加。

11.3　波纹效应的范围和大小

表 11.1 的 A 栏显示了对 13 个工资分位的每个分位的两组回归估计，第 3 列和第 4 列中的回归估计基于全部的样本，第 5 列和第 6 列中的回归估计是根据除了新英格兰州和 1990 年、1996 年两个年份以外的样本（参见上文的讨论）。每个系数都表示一个工资弹性，具体说，它大致等于有效最低工资增加每个百分比的条件下，特定工资分位增加的百分比。

综合来看，回归估计反映了预期的模式。最低工资提高的影响在第 5 分位（大致等于最低工资）、第 10 分位和 15 分位都非常大。工人的工资率越高，增加的规模越小。

以全部样本作出的研究结果，出现了一个出乎意料的问题。在第 4 列，统计上具有显著意义的正系数在 70～90 工资分位上表明，在最低工资增加后的一年，挣得最高的工人获得了工资的提升。但是，当采用不包括新英格

表 11.1 估计州和联邦最低工资变化带来的波纹效应（1983—2002）

A. 所有行业

（1） 工资分位	（2） 相对于最低工资的平均工资ª	全部样本		两项除外的样本	
		（3） 即显影响	（4） 滞后影响	（5） 即显影响	（6） 滞后影响
5	1.00	0.39**	0.13**	0.42**	0.02
10	1.12	0.24**	0.11**	0.22**	0.02
15	1.23	0.16**	0.08**	0.16**	-0.01
20	1.35	0.05*	0.05	0.04	0.03
25	1.47	0.04	0.02	0.01	0.00
30	1.59	0.01	0.04	-0.01	0.00
35	1.72	-0.01	0.01	-0.02	-0.01
40	1.86	0.02	-0.01	0.01	-0.02
50	2.17	-0.03	0.03	-0.02	0.01
60	2.53	-0.03	0.02	-0.04	-0.01
70	2.98	-0.03	0.05*	-0.02	0.03
80	3.59	0.01	0.06**	0.00	0.02
90	4.50	0.03	0.06**	0.02	0.04

B. 零售业

5	—	—	—	—	—
10	0.99	0.49**	0.21**	0.58**	0.15**
15	1.03	0.47**	0.12**	0.53**	0.07
20	1.07	0.36**	0.13**	0.35**	0.07
25	1.10	0.22**	0.13**	0.18**	0.02
30	1.15	0.18**	0.13**	0.17**	0.07
35	1.19	0.20**	0.12**	0.20**	0.01
40	1.25	0.16**	0.13**	0.12**	0.02
50	1.38	0.05	0.10*	0.05	0.00
60	1.56	0.02	0.10*	0.06	0.03
70	1.81	-0.01	0.09	-0.01	0.02
80	2.21	0.06	0.07	0.04	-0.06
90	2.95	-0.07	0.23**	-0.04	0.02

资料来源 美国劳工部劳工统计署，1983—2002 年卷。

注：**和*分别表示 0.05 和 0.10 水平的统计意义。标准误差通过 Prais-winsten 回归，用时序—截面校正标准差估计。时序—截面校正的标准误差估计有下列假定：1. 一阶特定面板数据的自相关性；2. 面板数据的异方差性；3. 同期的面板数据的相关性。

ª平均工资位置根据总样本确定。

兰州以及 1990 年和 1996 年两年的另一组样本时，这些未必真实的结果就没有出现。实际上，对大多数工资分位来说，使用另一组样本在很大程度上降低了最低工资提高对一年以后工资增长的影响。这说明，对大多数工资分位来说，与最初结果显示的最低工资的增加相联系的至少是某些工资的增长（对工资最高的工人来说则是全部的工资增长），实际上是由经济周期或地区经济发展趋势带来的。这一栏的其他数据主要是从另一组样本中得出的结果。

针对工资位于第 5 分位上下的工人，估计的工资弹性为0.44（0.42 + 0.02），这表明，在最低工资增加 10% 的情况下，这些工人的工资平均上升了 4.4%。以 1997 年联邦最低工资从 4.75 美元提高到 5.15 美元为例，工人的工资增长了 8%，以前，工资水平处于旧的 4.75 美元最低工资上下的工人，其工资平均增长了 3.5%（8.0×0.44 = 3.5），或者说，增加了 0.17 美元，达到了 4.92 美元。

为什么第 5 工资分位的工资增加幅度没有同最低工资的增加幅度保持精确的一致呢（总体的工资弹性为1）？这是因为，虽然那些刚好挣最低工资的工人可能发现了自己的工资与最低工资的增长方向保持一致，但那些工资在最低工资水平上下（高于或低于最低工资）的工人却没有发现。从本书未介绍的其他分析中，我发现，当最低工资提高后，挣得低于最低工资的工人获得的工资增加额小于（而不是等于）最低工资的增加额。[15] 而挣得接近、但高于最低工资的工人（见下文的讨论）也是如此。结果，第 5 工资分位的估计影响（这反映了工资低于、等于、略高于最低工资的工人平均水平的经验）小于 1。

平均看来，最低工资每增加 10%，位于第 10 工资分位附近的工人得到了 2.4% 的工资增加（工资弹性为 0.24）。将此应用于 1997 年联邦最低工资的提高，则位于第 10 工资分位附近的工人（小时工资为 5.22 美元）得到了 2% 的工资提高（8.0×0.025），大致为 10 美分，达到 5.32 美元。

在工资分布中，最低工资变化产生可察觉影响的最高点位于第 15

工资分位。由于在第 20 工资分位没有可察觉的影响，因此，第 15 工资分位就接近于波纹效应上限的较低边界了。对于每 10% 的最低工资增加，这些工人的工资平均增加了 1.5%（就是说，工资弹性为 0.15）。1997 年联邦最低工资增加了 8%，使工资处于第 15 分位（5.74 美元）的工人的工资提高了 1.2%（8.0×0.15），即增加了 7 美分，达到 5.81 美元。

综合考虑上述结果，这些估计描述了一种压缩了工资分布的最低工资效应。考虑一下 1997 年联邦最低工资的情况，在提高之前，工资底限的最低水平几乎比第 15 工资分位低 1 美元，提高之后，新的工资底限被向上推进了 70 美分。

零售商业

零售行业与其他行业相比，其最低工资明显地具有较强的"咬定"作用。尽管这样，该行业中最低工资的影响方式，就其范围和程度来看，基本上与整个经济中的方式是相同的（见表 11.1 的 B 栏）。并且，提高最低工资产生的影响扩展到了零售行业的第 40 工资分位。由于低工资工人在该行业比较集中，所以零售行业工人的第 40 工资分位大致相当于全部工人的第 15 分位（见第 2 列）。零售行业第 40 工资分位的工资弹性为 0.14，也大致等于全部工人第 15 工资分位的工资弹性（0.15）。

零售行业低工资工人的高集中度，没有产生性质上不同的结果，只是提供了关于最低工资影响的一个更为详尽的见解。其主要是因为每个工资分位描述的只是一个较窄范围的工资的特点。[16] 其结果是，零售行业第 10 分位上 0.73 的高工资弹性比起所有行业第 5 分位上 0.44 的较低工资弹性，对最低工资工人的估计更为准确。这些估计的工资弹性也更加清楚地表明了工资提高的规模的急速下降。甚至工资略高于最低工资的工人也只能获得小于（成比例）整个最低工资增幅的加薪。

11.4 政策含义

11.4.1 波纹效应对综合成本的影响

尽管波纹效应的范围有限，但工资的增加却在很大程度上扩大了提高最低工资的综合成本。工资略高于最低工资水平的工人人数远远多于挣最低工资的人数，正是这一事实形成了上述结果。为了清楚地阐述这个问题，我在表 11.2 中给出了 1997 年联邦最低工资变化引起的工资增加的估计。第 3 列是联邦最低工资提高之前，工资处于第 5、10、15 分位附近的工人人数。由于第 5 工资分位刚好处于 4.75 美元的最低工资水平，所以，工资处于第 5 分位上下的工人仅得到了法定的工资增加。根据这个例子，工资处于第 5 分位附近的工人数量几乎是第 10 和 15 工资分位的工人数量的 3 倍。换句话说，工人在接近但略高于最低工资水平的高度集中下产生了较大的波纹效应。

我计算出了波纹效应乘数，以便提供一个测量方法，测量波纹效应在最低工资提高招致的综合成本方面的重要程度。这个乘数表示波纹效应的工资增加是法定工资增加本身给雇主带来的年工资支付额变化的倍数。

为了计算该乘数，我估算了 1997 年联邦最低工资的提高带来的雇主年工资支付额的总变动量，分析出了法定的工资增加和波纹效应的工资增加分别导致的年工资支付额的变动。具体说，我用工资处于每个工资分位的工人人数（第 3 列）乘以联邦最低工资提高 8.4% 时通过回归分析估计的工资的平均增加额（第 4 列），以及每周工作的平均小时数（第 5 列），再乘以每年工作的平均周数（第 6 列）。

我的估计结果是雇主对联邦最低工资的提高做出了反应，有大约 4 百万工人得到了 7.41 亿美元的法定工资增加（第 7 列）。波纹效应使另外 1 150 万工人得到了 13 亿美元的工资增加（第 8 列），接近最低工资受益者的 4 倍，

表 11.2　根据 1997 年 9 月联邦最低工资从 4.75 美元增至 5.15 美元，

对全部行业波纹效应的乘数估计

(1) 工资分位	(2) 原平均工资[a]	(3) 工人人数（百万）[b]	(4) 联邦最低工资增加 8.4% 导致平均工资增加的金额	(5) 平均每周工作小时数[c]	(6) 平均每年工作周数[d]	(7) 法定增加（百万美元）	(8) 波纹效应的增加（百万美元）
5	$ 4.73	4.0	$ 0.17 (3.6%)	28.0	39	$ 741.0	
10	$ 5.22	6.1	$ 0.10 (1.9%)	30.5	40		$ 757.5
15	$ 5.74	5.4	$ 0.07 (1.6%)	32.5	43		$ 522.7
						$ 741.0	$ 1 280.3
						乘数	2.7

资料来源　美国劳工部劳工统计署，1997 卷。

注：[a]平均工资是工人收入在工资上下变动两个百分位的区间里的估计。例如，工人平均工资的第 5 个百分位是基于超过第 3 个工资百分位和低于第 8 个工资百分位的工人收入得到的。这里的"原"指的是 1997 年 1—6 月。

[b]工人的数量是从计算平均工资的样本中估计得来的。

[c]平均工作小时数是从计算工人的数量的样本中估计得来的。

[d]平均每年工作周数的数据不是从 CPS-ORG 得来的，而是近似的从表 11.3 得到的（见 11.3 的注解）。

几乎使雇主的年工资支付总额的增加翻了两番。也就是说，就工资支付额的总体变化来看，波纹效应的存在使雇主增加的成本成倍上升，达 270%（（741.0+1 280.3）/741.0），从而形成了 2.7 的波纹效应乘数。根据 20 世纪 90 年代另外 3 次联邦最低工资的提高可以进行相似的计算，这样算出的平均波纹效应乘数为 2.5。[17]

尽管波纹效应乘数很大，但与最低工资变化（指令性的增加或波纹效应的增加）相联系的成本上升所造成的实际经济影响，只有将其同企业吸收这些成本的能力的某些测评指标联系起来考虑，才能被评估出来。评价吸收能力的一个方法是把增加的成本同企业的销售收入作对比。我和罗伯特·波林、马克布·莱纳在 2004 年研究佛罗里达州计划实行的 6.15 美元州最低工资的经济影响时，曾进行了这样的对比，当时该州把有效最低工资在5.15 美元的联邦标准基础上提高了 1 美元。我们就指令性的增加和波纹效应的增加，估计了最低工资议案带来的成本增加额占企业销售收入的比重，使用的方法类似于本章估计波纹效应的工资增加额的方法。

我们发现，根据佛罗里达州最低工资议案，平均来说，总成本增加总计不到企业销售收入的 1%。单独指令性增加这一项在企业销售收入的 1% 中占不到 1/2。从这一情况看，很显然，波纹效应工资增加产生的巨大乘数效应并没有根本性地改变最低工资法给企业带来的经济负担。如果佛罗里达的典型企业希望通过提价来彻底消化最低工资提高带来的成本，那么把价格提高不到 1% 即可。事实的确如此，即使佛罗里达州得到波纹效应工资增加的工人数量达 55 万人，几乎是 6.15 美元工资议案下得到法定工资增加的工人人数（30 万人）的两倍。

11.4.2　波纹效应对最低工资受益者群体的影响

上文对波纹效应的估计为关于最低工资的好处是否流向了目标受益人群的争论提供了新的信息。对最低工资法律的普遍批评是，最低工资的受益者中，有些人是次要的挣钱者（例如，十几岁的高中毕业生，挣点儿零花钱）。如果波纹效应使受最低工资提高之影响的工人数量增加了 3 倍，那么当把波纹效应的增加考虑在内时，最低工资受益者的人口统计数据可能就有所不同了。

表 11.3 表明了，如把波纹效应的工资增加考虑在内，最低工资受益者的人口统计数据是如何变化的。第 1 列是 1999—2000 年位于第 5 工资分位（5.50 美元，全州平均）的工人的一般人口统计特点。[18] 如果联邦最低工资提高 13.5%，达到 5.85 美元（同 1990 年和 1996 年联邦最低工资提高相类似），那么这些工人最有可能得到法定的工资增加。第 2 列加上了工资达到和接近第 15 分位的工人（6.83 美元，全州平均）。在联邦最低工资提高 13.5%

表 11.3　　　　　　　　　　　**工人的基本人口统计数据**

	（1）最低工资受益者	（2）最低工资受益者（受波纹效应的工资增加）
工人数量	480 万	1 440 万
占比	3.6%	10.7%
个体特征		
平均小时工资	$ 5.52	$ 6.17
	(0.00)	(0.00)
青年人	33.3%	25.4%
	(0.72)	(0.37)
学生以及 16～24 岁	31.1%	24.0%
	(0.72)	(0.37)
青年人或学生	38.7%	30.6%
	(0.73)	(0.39)
非白人	29.7%	30.3%
	(0.62)	(0.35)
女性	57.5%	58.3%
	(0.69)	(0.38)
一般每周工作时间	30.6	32.7
	(0.18)	(0.10)
家庭特征		
家庭收入	$ 48 088	$ 46 449
	(720)	(375)
工人工资占家庭收入比例	33.9%	38.9%
	(0.48)	(0.30)
极度贫困（联邦贫困水平）	17.1%	14.3%
	(0.52)	(0.27)
低收入（联邦贫困水平的200%）	45.5%	44.9%
	(0.69)	(0.38)

资料来源　美国劳工部劳工统计署，2000—2002 年卷。

注：这里的美元指的是 2000 年的价格。括号内的数值表示标准差，个体特征和家庭特征标准差的单位相同。CPS－ASEC 抽样的权重是根据 CPS－ASEC 的收入数据以及 CPS－ORG 各卷中的工资数据的报告误差的差异所调整的。

的情况下，这些工人有望得到指令性的或波纹效应的工资增加。

这两组数据的最显著不同是，通常被当做"次要挣钱者"（十几岁的青年和 16～24 岁的所谓传统年龄段的学生）的工人占比下降了。十几岁的青年所占比例从 33% 下降至 25%，传统年龄段的学生所占比例从 31% 下降到 24%。因次，当波纹效应的工资增加被考虑在内时，主要挣钱者构成了最低工资受益者的较大部分，工人对其家庭收入的贡献平均从 34% 上升到了 39%。

11.4.3　当最低工资具有较强的"咬定"（bite）时，波纹效应是否更大

在零售行业中，波纹效应的范围是有限的，同时，低工资工人大量集中于这个行业，这表明，在该行业最低工资提高产生的总体影响中，波纹效应的工资增加所起的作用是比较小的。我仅针对零售行业 20 世纪 90 年代 4 次对联邦最低工资的提高的事实，重复做了类似于表 11.2 所示的计算。正如预期的那样，在该行业，大量的工人集中在工资底限，这降低了波纹效应乘数的大小。这些计算表明，零售行业的平均波纹效应乘数为 1.9。

对生存工资法的意义

生存工资水平明确地依赖于提供"可供生活的收入"（Livable Income）的工资水平，诸如三口之家的联邦贫困水平收入门槛，因此，生存工资法通常比州和联邦的最低工资法要求有更高的工资底限。最低工资水平则不是这样。这一差异影响巨大，例如，2007 年，新墨西哥州最低工资设定在 5.15 美元，等于联邦最低工资水平。但在新墨西哥州圣菲市，整个城市的生存工资设定为 9.50 美元，比州最低工资高 84%。结果，相比于最低工资法的一般情况，按照生存工资法，适用企业中有更高比例的工人得到了法定工资增加。当 2004 年圣菲市生存工资处于原来的 8.50 美元的水平时，波林曾估计，圣菲市劳动力的 16.4% 将得到法定的工资增加——假定联邦最低工资的提高如表 11.3 所示，16.4% 的数字是该假定下可能得到法定的工资增加的工人比例的三倍之多。

对零售商业所做的单独分析的结果表明，从工资底限提高中得到法定工资增加的工人高度集中，并没有导致更大范围的波纹效应。结果，生存工资法使雇主面临的成本上升（和工人获得的工资利益）很可能主要是由法定的工资增加而不是波纹效应的增加所带来的，这与最低工资法的通常状况刚好相反。与全部行业的波纹效应乘数（2.5）相比，零售行业的波纹效应乘数要小得多，只有1.9，这清楚地说明了上述状况。

对于为什么生存工资法会产生不同于最低工资法的波纹效应，有两个方面的原因：

第一，工资仅略高于生存工资水平的工人（在康涅狄格州首府哈特福德市，2006年这一数字高达15.39美元）与工资仅略高于最低工资水平的工人（在华盛顿州，2006年最高点仅为7.63美元）相比，有着更强的讨价还价能力，因而当生存工资法颁布时，前者更能够获得工资增加。在这种情况下，生存工资法会产生更大的波纹效应，这是因为不同类型的工人（或许有更熟练的技能，工会化程度更高）处于只比新工资底限略高一点的水平。

第二，生存工资法通常只适用于那些与市政府有财政纽带关系的雇主，比如市政项目的承包商。因此，生存工资法覆盖的人数通常不到一个城市全部工人的2%（Neumark和Adams，2003a）。最低工资法往往近乎覆盖了全体工人。生存工资法的这一特征，使波纹效应除了在适用该法律的企业内部沿着工资等级而发生外，也可能跨越企业而发生。因为不适用生存工资法的雇主要同适用该法律的雇主在同一个劳动力市场上竞争工人，所以不适用该法律的雇主也会提高本企业工人的工资。波纹效应工资增加的这一另外根源会导致波纹效应比本书估计的结果更大些。

但是，到目前为止的经验数据仍支持这一结论：与最低工资法带来的工资增加相比，生存工资法带来的波纹效应工资增加的作用和影响往往要小得多。对旧金山和洛杉矶生存工资法所做的案例研究表明，波纹效应的工资增加仅给法定工资提高带来的成本增加额增添了13%～35%（Reich, Hall and Jacobs 2003；Fairris 等人，2005）。

11.5　结论

本章对 1983—2002 年间美国的州和联邦最低工资提高产生的波纹效应做了详细的经验估计。在倾向于较高的法定工资底限的政治潮流中，某些政策问题被提了出来，这些估计对阐释这些政策问题将有所助益。

在法定工资底限的综合成本中，有多少是由波纹效应的工资增加所带来的？对这个问题的估计表明，波纹效应极大地改变了法定工资底限的总体影响。在一般情况下，波纹效应的工资增加通常会加大雇主的综合成本，可高达 2.5 倍。尽管如此，波纹效应的工资增加对雇主来说是很小的一笔成本负担，因为法定工资提高带来的成本（用成本占企业销售收入的百分比来衡量）是很小的。

那么波纹效应的工资增加如何改变了从法定工资底限中获益的工人群体状况。由于波纹效应的作用，从最低工资提高中得到工资增加的工人总数上升了 2 倍或 3 倍，波纹效应扩大了最低工资受益者的总人数，甚至把大多数成人劳动者都包括了进来。

生存工资法的波纹效应与更传统的最低工资法的波纹效应相比较，有何不同？根据零售行业的经验，生存工资法给工人带来实惠的同时，也将给雇主带来成本的增加，这主要是通过法定的工资增加而不是波纹效应的工资增加来实现的，与最低工资法的一般状况正好相反。

附录　对错误的相关关系的可能来源的补充解释

对于由国家宏观经济变化引起的工资增长为什么会被错误地与最低工资的提高联系在一起，在这个附录中，我对此提供了更详细的说明。正如本章正文所述，在我们所研究的整个时期中，几次联邦最低工资的变化导致了几乎各个州的有效最低工资同时发生了变化。虽然年度指标变量控制了国家宏观经济趋势的逐年变化，但没有控制某个年度之内的国家经济的变化。

如果宏观经济因素导致大多数州在同一年里经历了相似的工资增长模式，而联邦最低工资增加在该年内发生了变化，那么这种工资增长有些就可以归因于最低工资的提高。在表11.4 最后一列中，我给出了这些年内发生的变化。1990 年和 1996 年这两年格外引人注目，可能是有疑问的年度。在这些年中，联邦最低工资变化有较大的实际差异，并滞后了一年，与经济的重大好转过程相交叠，以实际 GDP 增长率相对较大的上升为标志。如果工资增长恰巧是宏观经济的一个指示器，那么这种偶然一致性导致的结果是，对滞后的最低工资变量的回归估计部分地反映了宏观经济的影响。

特别是对于高工资分位，联邦最低工资提高和宏观经济增长之间的一致性很可能产生不真实的结果，这是因为在 80 年代和 90 年代经济周期的好转时期，高工资工人的实际工资增长比其他工人群体更为显著（Mishel, Bernstein and Boushey, 2003）。

表 11.4   **联邦最低工资变化和宏观经济增长趋势**

A. 联邦最低工资变化（相隔时间 1 年）

年度	（1）	（2）	年内增长差额（（2）栏-（1）栏）
1983	0.0%	0.0%	0.0%
1984	0.0%	0.0%	0.0%
1985	0.0%	0.0%	0.0%
1986	0.0%	0.0%	0.0%
1987	0.0%	0.0%	0.0%
1988	0.0%	0.0%	0.0%
1989	0.0%	0.0%	0.0%
1990（联邦最低工资从 3.35 美元增到 4.25 美元）	7.0%	13.0%	6.0%
1991	13.0%	12.0%	−1.0%
1992	6.0%	0.0%	−6.0%
1993	0.0%	0.0%	0.0%
1994	0.0%	0.0%	0.0%
1995	0.0%	0.0%	0.0%

1996（联邦最低工资从4.25 美元增到5.15美元）	0.0%	6.0%	6.0%
1997	12.0%	11.0%	−1.0%
1998	8.0%	3.0%	−5.0%
1999	0.0%	0.0%	0.0%
2000	0.0%	0.0%	0.0%
2001	0.0%	0.0%	0.0%

B. GDP 实际年增长率

年度	1季度（1—3月）	3季度（7—9月）	年内增长差额
1983	8.1%	3.9%	−4.2%
1984	3.8%	6.4%	2.6%
1985	3.9%	3.9%	0.0%
1986	2.7%	3.7%	1.0%
1987	2.0%	2.1%	0.1%
1988	4.1%	2.9%	−1.2%
1989	4.7%	0.0%	−4.7%
1990（联邦最低工资从3.35 美元增到4.25美元）	−2.0%	1.9%	3.9%
1991	4.2%	4.0%	−0.2%
1992	0.5%	2.1%	1.6%
1993	4.1%	2.3%	−1.8%
1994	1.1%	3.3%	2.2%
1995	2.9%	3.4%	0.5%

续表

1996（联邦最低工资从 4.25 美元增到 5.15 美元）	3.1%	5.1%	2.0%
1997	4.5%	4.7%	0.2%
1998	3.4%	4.8%	1.4%
1999	1.0%	−0.5%	−1.5%
2000	−0.5%	−1.4%	−0.9%
2001	2.7%	2.4%	−0.3%

　　资料来源　美国商务部经济分析局；GDP 的数据来自于 Percent Change from Preceding Period，见 http：//www. bea. gov/bea/dn/gdpchg. xls。

　　注：最低工资变化（滞后一年）和 GDP 增长率都是由表中第 2 列减第 1 列得出的。

第 *12* 章

较高最低工资的就业效应：对各州的对比分析

马克·布伦纳　罗伯特·波林　珍妮特·威克斯–利姆

　　本书第 4 章、第 5 章、第 10 章（关于新奥尔良、圣菲和波士顿的生存工资和最低工资标准的分析）提供了一个令人信服的综合案例，说明适用这些标准的企业有能力吸收较高的工资底限带来的新增成本，企业主要是采用小幅度地提价和改善生产率两者结合的方式。这意味着，在这些案例中（如果不在更一般的意义上讲），提高最低工资标准不大可能诱使企业为了避免新标准带来的成本上升而解雇员工或对员工进行岗位调整。相应地，这也意味着，在大多数场合，为了弥补对低工资工人的较高的工资支付额，企业并不需要侵蚀利润或降低原来工资较高的工人的工资。但是，我们确实看到，第 10 章探讨的波士顿的某些企业主要是通过降低原有的高额利润的手段来吸收增加的成本。

总体来看，这些结论尤其与失业效应有关，就是说，在前面几章我们曾讨论过的范围之内，法定最低工资的提高是否会使企业解雇低工资工人或者今后更不愿意雇用低工资工人。当然，在考虑最低工资法或生存工资法的非预期负面结果时，在低工资工人就业方面的潜在损失已经理所当然地成为了一个最为关切的问题。因此，本章就这个问题进行了略为详细的讨论。

正如前面几章所述，考察最低工资法的就业效应，广为人知的最新研究是大卫·卡德（David Card）和艾伦·克鲁格（Alan Krueger）做出的，特别是我们在前文引用过的 1995 年两人的专著《神话与尺度：最低工资的新经济学》（Myth and Measurement：the New Economics of the Minimum Wage）。卡德和克鲁格发现，人们往往看不出最低工资的改变使失业增加（事实上，最低工资的改变往往和低工资工人就业的微小增加相联系，对这个问题，请参见卡德和克鲁格 2000 年的文章）。但两人的研究方法和结果受到了许多学者的质疑和挑战，最引人注目的是大卫·纽马克（David Neumark）和威廉·沃舍（William Wascher）（例如 2000 年的文章）对其发表的评论。不过，尽管与卡德和克鲁格的研究仍存在分歧，但纽马克和沃舍的最新研究也表明：最低工资提高的结果或者根本没有显著的就业效应，或者仅有很小的负面效应。哈佛大学的理查德·弗里曼（Richard Freeman）对卡德和克鲁格的研究发现同纽马克和沃舍的研究结果之间的差异做了恰当的总结，他写道："这场争论是关于最低工资适度增加是'没有'就业效应、还是有适中的正效应，或是有微小的负效应。争论不是围绕着是否有大的负效应。"（1995，833；原文强调）

1998 年，斯坦福大学的维克托·福克斯（Victor Fuchs）、艾伦·克鲁格以及麻省理工学院的詹姆斯·波特巴（James Poterba）在 40 个研究型大学中对一些劳动经济学和公共经济学领域的专业学者做了一项调查，这项调查的发现也支持弗里曼的一般结论。根据此调查，一般的专业性看法同样也认为，如果最低工资的提高幅度相对较小，对就业就没有太大的负面影响（如果有影响的话）。具体地说，福克斯、克鲁格和波特巴的调查向专业经

济学者询问：他们对于最低工资提高带来的对青年劳动力需求的就业弹性有
何看法，也就是说，当最低工资上升时，青年劳动力的就业率会下降多少。
就中间数值而言，经济学者的观点是最低工资每提高 10% 将导致青年的就
业率下降 1%——这是对于受最低工资变化的影响相对来说最大的工人群
体，这一数字代表了相对微小的负就业效应。该项调查没有询问关于总的就
业水平将受到最低工资提高的何种影响，即对青年劳动者和成年劳动者就业
的影响。但是，考虑到中间数值说明最低工资提高对青年的影响本身是微乎
其微的，因此大多数经济学者认为，对成年人劳动力市场来说，就业效应在
很大程度上更加微不足道。

到目前为止，这些综合性研究的结果与 2005 年的一系列研究也具有一
致性，2005 年的研究考察了旧金山（Dube，Naidu 和 Reich，2005；Reich，
Hall 和 Jacobs 2005）和洛杉矶（Fairris 等人，2005）提高生存工资和最低
工资后产生的影响。这些研究都没有发现生存工资法的实施导致就业大量缩
减的数据。

这项研究的结论同我们在本章中提出的更多数据也是完全一致的。这
里，我们特别考察了两组州层面的就业状况（这里哥伦比亚特区被算作一
个州）：一组是最低工资高于联邦水平的 11 个州，另一组是最低工资等于
5.15 美元的联邦水平的 33 个州；考察的期间是自从刚经历过的经济衰退以
来的整个 2001—2005 年的时期。实行较高最低工资的 11 个州是阿拉斯加
州、加利福尼亚州、康涅狄格州、特拉华州、哥伦比亚特区、夏威夷州、马
萨诸塞州、俄勒冈州、罗得岛州、佛蒙特州以及华盛顿州。这些州 2005 年
1 月的最低工资处于 6.15 ~ 7.50 美元之间。表 12.1 提供了比较之后的一些
基本研究结果。[1]

我们看到，就总体就业状况来说，在上述年份中，最低工资高于联邦
5.15 美元法定水平的 11 个州都经历了平均每年 0.57% 的就业增长，而没有
实行州最低工资高于联邦水平的 33 个州的平均年就业增长率只有 0.52%。
换句话说，在整个时期中，实行较高最低工资的 11 个州比最低工资等于联
邦水平的 33 个州经历了更快的就业增长。

表 12.1　　　　　**最低工资高于同其等于 5.15 美元**
联邦标准的州的就业增长对比

	2001—2005 年私营部门的年平均就业增长率		
	50 个州和哥伦比亚特区	高于 5.15 美元最低工资的 11 个州[a]	仅实行 5.15 联邦标准的 33 个州[b]
总体就业增长	0.48%	0.57%	0.52%
酒店（宾馆）业就业增长	0.07%	0.19%	0.12%
饭店业就业增长	2.29%	2.21%	2.32%

资料来源　美国劳工部劳工统计署，2001—2005。

注：具体的计算过程见 Pollin and Wicks-Lim（附录 2，2006）。

[a] 高于 5.15 美元最低工资的 11 个州分别是：阿拉斯加州、加利福尼亚州、康涅狄格州、特拉华州、哥伦比亚特区、夏威夷州、马萨诸塞州、俄勒冈州、罗德岛州、佛蒙特州、华盛顿。

[b] 除了 7 个州（佛罗里达州、伊利诺伊州、缅因州、明尼苏达州、新泽西州、纽约、威斯康星州）在此期间的某一时期最低工资标准超过了 5.15 美元之外，其他州的最低工资标准都等于 5.15 美元。

该表接着考察了饭店业和旅馆住宿业的就业状况，用全地区范围的生存工资或最低工资标准来看，这两个行业受最低工资提高的影响是最大的。饭店业的数据显示，11 个州的就业增长为 2.2%，比 33 个州的 2.3% 略低一些。在旅馆住宿业中，11 个州的就业增长为 0.19%，而 33 个州的就业增长略低，为 0.12%。

综合起来看，表 12.1 中当然没有数据表明某个州实行较高的最低工资会极大地降低该州的就业增长率。相反，如果有什么不同的话，实行较高最低工资的州，其就业增长往往比那些实行等于联邦水平的最低工资的州还略快一些。当然，在任何既定时期内，除了最低工资法之外，还有许多其他因素影响着就业增长。例如，2001 年 9 月 11 日的恐怖袭击无疑是造成随后时期旅馆住宿业几乎没有任何就业增长的原因之一。2001 年国家经济的衰退（始于当年 3 月，远在恐怖袭击之前）显然也导致了所有各州就业增长的下滑。尽管考虑到这些因素，表 12.1 中的数据仍然说明，相对于同样会影响就业的全部其他因素来说，制定高于联邦法令水平的最低工资法本身并不能对就业产生巨大的负面影响（或对任何类型的就业产生明显的、可识别的影响）。如果相对于其他因素来说，11 个州较高的最低工资法对就业产生了重大影响，那么这些州的就业增长率就会相当低，但我们观察到的 2001—2005 年时期的情况显然不是这样的。

通过更规范的统计过程，对该州可能影响就业的其他因素进行控制之后，我们也能检验出州最低工资法对该州的就业产生的影响。在这一分析中，我们考虑了 1991—2000 年时期，并也根据各州的最低工资是否高于联邦水平而对所有的州做了分类。在这个框架下，我们分析了零售商业、饭店业和旅馆住宿业的就业趋势（统计分析见表 12.2）。这里使用的是时序—截面数据（国内期刊文章多称为面板数据，虽然很形象，但不准确——译者注）。在表 12.2 中，我们把对数（就业）的变化回归到一系列独立变量上。

这个模型的设计如下[2]：模型中的因变量是 1990—2000 年时期每个州的对数 log（就业）的变化。我们在此测度由各州最低工资标准的差异导致的每个州的就业变化。为了更突出地强调最低工资的影响，我们没有把这个就业变量放在每个州的整体经济状况中考虑，而是聚焦于最低工资提高对就业的影响相对较大的行业，这些行业包括零售商业、饭店业和旅馆住宿业。

模型中的解释变量包括：（1）受到最低工资提高的直接影响的工人所占的比例；（2）州就业量对人口的比率的变化；（3）州失业率的变化；（4）平均的成年男性工资的对数的变化；（5）地区效应。这里，关系重大的解释变量是第一个，其余的解释变量是作为控制因素被纳入模型的。

我们通过第一个解释变量，试图捕捉到什么结果？是受最低工资提高直接影响的工人所占的比例？这个变量测度的是：当某个州提高最低工资时，有望得到法定工资增加的工人所占的比例。

因此，在某特定年份，某个特定的州没有提高其最低工资，这个比例数就等于 0，即在这一年里，没有工人获得法定的工资增加。换句话说，在该年该州，最低工资没有影响。相应地，当在某个州和某一年，最低工资确实

表 12.2　　　　联邦和州最低工资变化的就业效应的回归分析

因变量——log（就业）的变化	零售业	旅馆住宿业	酒店业
受最低工资增加直接影响的	0.191**	0.369**	−0.103
工人	(5.75)	(9.35)	(0.97)
州就业/人口的比率变化	0.014	−0.049	0.290
	(0.23)	(0.68)	(1.48)
州失业率变化	−0.453**	−0.483**	−0.556*
	(4.13)	(4.05)	(1.78)
对数的变化（成年男性的工资）	0.010	0.036	0.007
	(0.46)	(1.40)	(0.10)
地区效应	−0.004***	−0.006***	−0.003
	(3.91)	(4.40)	(1.01)

资料来源　就业总量的数据来源于美国劳工部劳工统计署 ES-202 数据，1991—2000 卷；就业/人口的比率和失业率的数据来源于美国劳工部劳工统计署，1991—2000 年卷；受最低工资增加直接影响的工人和每个州成年男性的平均工资的数据来源于美国劳工部劳工统计署，1991—2000 年卷。

注：这个模型是对美国 50 个州（不包括哥伦比亚特区）中 450 个地区每年的观察值使用最小二乘法的随机效果进行回归分析的。在系数值之下、括号里面的数字指的是 t 统计值。

*表示在 10% 的水平下是统计显著的。

**表示在 5% 的水平下是统计显著的。

***表示在 1% 的水平下是统计显著的。

提高时，这一变量就测度了最低工资提高时，工资在原来水平和新工资水平之间的工人所占的比例。这些人就是当较高的最低工资生效时，按计划应得到法定工资增加的人。所以，这个比例越大，最低工资提高对该州就业（模型中的因变量）的影响也越大。

现在我们就所关注的特定行业来分析。以加利福尼亚州的饭店行业为例，如果实行最低工资确实对就业有负面影响的话，那么在该州最低工资提高的年度中，饭店的就业变化就是受到负面影响的例证。因此，当受最低工资提高直接影响的工人所占比例上升，可能就对就业产生了负面影响——尤其是在饭店、旅馆和零售行业，因为在这些行业中低工资工人的比例相对较高。

考虑到模型中的控制变量，一个州的就业人数与人口的比率以及失业率的变化都是劳动力市场总体状况的标准测度指标。在模型中引入这些指标，我们可以把最低工资变化的影响从劳动力市场的总体状况中分离出来。成年男性工人的平均工资的变化是一个州的劳动力市场状况的另一个综合测度指标，考虑这一变量也使我们能把最低工资的影响从一般的环境状况中分离出来。最后，我们对每个地区的总体状况增加了一个控制变量。

关于解释性变量的结果，我们看到，在零售业和饭店业，受最低工资提高的直接影响的工人所占比例，与这些行业的就业率之间的关系是正相关的，并且它在统计上有显著意义。就是说，作为一般的研究发现，若所有其他条件不变，当一个州的零售业或饭店业有更多的工人即将获得法定的工资增加时，这些行业的就业人数往往会增加，而不是减少。这个结论与增加某个州的最低工资将对就业造成负面影响（所有其他条件不变）的观点是相反的。对于旅馆住宿业来说，更多的工人获得最低工资增加会对就业造成负面影响。但是，在这种情况下，不像零售业和饭店业，负就业效应在统计上无显著意义。

所以，这项研究的主要结果可以总结为：就 1991—2000 年时期来看，在控制了影响就业增长的其他因素的条件下，没有发现把最低工资标准提高到联邦标准之上的州的就业增长有所放慢，零售业、饭店业或宾馆业的情况都是如此。

换句话说，规范的统计分析再次支持了我们在前文的讨论中得出的主要结论：在前面各章曾讨论过的范围内提高最低工资，将不会引起企业雇佣实践的任何重大变化。由于实行了较高的最低工资，企业将据此做出一些小的运营调整。可能做出的主要调整是小幅提价，尤其是旅馆和饭店行业，最典型的是快餐和其他有限服务型的饭店。若企业在一般利润水平之上有较多的富余利润，就可以小规模地缩减利润，那么工资增加促成的生产率的微小改变对于吸收增加的成本也能起到一定作用。

第 *13* 章

对于亚伦·耶洛利斯"圣菲的
生存工资法与劳动力市场"的评论

罗伯特·波林　珍妮特·威克斯-利姆

　　亚伦·耶洛利斯最初参与到这场关于圣菲生存工资法令的争论中来，是由于他参与了 2004 年 4 月一次反对该法律有效性的庭审。特别是，在庭审中，耶洛利斯受雇于原告，反驳我们两人之一波林的报告，波林在该庭审中是该市的专家证人。在庭审中，耶洛利斯不但提供了一份书面证词，而且接受了详细的口头质询。

　　耶洛利斯对波林研究的反驳存在着严重的错误和不当表述，甚至他引用专业文献的陈述方式以及基本数据的处理都有问题。因此，法官丹尼尔·桑切斯拒绝接受耶洛利斯的庭审证词。法官写道，耶洛利斯"没能动摇波林博士的可信性"，同时称赞波林自己的工作"具有方法论上的可靠性"和

"数据来源的可靠性"。[1]

在一项有关"圣菲的生存工资法与劳动力市场"（Yelowitz 2005b）的新研究中，耶洛利斯断言，圣菲生存工资法给受教育程度最低的圣菲居民带来了极大的不利后果，包括这些工人的失业率增加了 9 个百分点。但是，他是通过提供具有误导性且不完整的数据来得出这些结果的，错误地使用了可得到的数据。[2]

13.1　圣菲的就业增长情况

要评价圣菲 8.50 美元/小时工资的生存工资法对就业的影响，最有用的唯一起点是从 2004 年 6 月生存工资法实施以来该市就业增长率的数据，详见表 13.1。从表中可见，2004 年 7 月至 2005 年 7 月期间圣菲的总体就业增长率为 2.0%，休闲娱乐业的增长率为 3.2%。如果因生存工资法而获得工资增加的工人高度集中在休闲娱乐业（包括作为该行业主要组成部分的圣菲市宾馆和酒店业），3.2% 的就业增长意义尤其重大。如果新标准确实导致了就业增长率的下降，那么在该行业生存工资标准影响过大时，我们就可以认为这个行业的就业增长速度已经放慢了。但是，我们反而发现休闲娱乐业的就业增长率大大超过了圣菲全市的就业增长率（从圣菲全市看，2004 年 7 月至 2005 年 7 月，就业率 3.2% 的增加同 2% 的实际增加之间的差距为 738 个工作）。

表 13.1　2004 年 7 月至 2005 年 7 月新墨西哥州的就业增长率

	非农场总就业增长率	休闲娱乐业就业增长率
圣菲城市统计区	2.0%	3.2%
整个州	2.0%	2.3%
阿布奎基城市统计区	1.7%	0.8%
拉斯克鲁塞斯城市统计区	3.0%	1.6%
法明顿城市统计区	2.6%	3.9%

资料来源　新墨西哥州劳动署，2005 年劳动力市场报告 7（3）：第 8 页、第 13～15 页。

相对于整个州以及该州除圣菲以外的其他地区的就业趋势来说，圣菲市的就业增长统计数字，尤其是在休闲娱乐业的数字，令人印象深刻。在这个期间，圣菲是该州中实施生存工资法的唯一城市。新墨西哥州的其余地区实行 5.15 美元/小时的联邦最低工资标准。从表 13.1 中可以看出，新墨西哥州的就业总体增长率为 2%，正好等于圣菲的就业增长率。虽然该州休闲娱乐业的就业增长率达 2.3%，比整个州的就业增长率要快一些，但仍然远远低于圣菲 3.2% 的增长率。这里，看来没有数据表明圣菲的就业增长率受到了 2004 年 6 月实施 8.50 美元/小时的生存工资法的不利影响。

表 13.1 还提供了新墨西哥州其他三个城市统计区（MSAs）的就业增长率。在圣菲市，无论是总体就业状况还是休闲娱乐业的就业状况都非常不错。它的就业增长率显然比阿布奎基市（美国新墨西哥州中部的大城市）的增长速度更快，比拉斯克鲁塞斯的总体就业增长速度要慢一些，但比拉斯克鲁塞斯休闲娱乐业 1.6% 的就业增长率要低得多。法明顿的就业无论是总体状况还是宾馆业和休闲娱乐业的状况，确实增长的更快。但圣菲的数字和法明顿大致不相上下，无论如何，法明顿的就业基数是全州最小的。从这些对比中又一次发现，相对于继续实行 5.15 美元/小时的最低工资的新墨西哥其他的城市统计区来说，没有数据表明圣菲的就业增长受到了 8.50 美元/小时的生存工资法的损害。[3]

这些数据为分析圣菲生存工资法实施第一年对就业的影响，提供了重要的基本依据。可是，这些数字本身并不能揭示事情的全貌。这是因为，这些数据没有控制到生存工资法以外其他也可能影响就业增长的因素。例如，很可能，即使这期间圣菲就业增长状况良好，该市的企业如果不想被迫实施 8.50 美元/小时的最低工资，就可能增加雇佣人数。这是耶洛利斯观点的基础，他认为，圣菲的最低工资标准增加了该市的失业率。现在我们可以评价一下耶洛利斯的具体主张。

13.2 专业文献引证中的曲解

1. 在本研究正文的第一页，耶洛利斯断言"严肃的经济学家基本上都不会认为最低工资 6.5% 的增加将导致就业的增长"（2005b，3）。这种说法不仅不准确，还会引起极大的误解。我们这里只讨论主要的曲解观点。

A. 专业上的争论不是围绕着最低工资增长本身是否会提高就业率的问题展开的。争论的唯一实际问题是，在政策制定者讨论范围内的最低工资增加，是否对就业仅会产生很小的不利影响（也就是说，引起很小的就业损失，或不会引起任何就业损失），或者是否会引起较大的就业损失。经过多年的研究和争论，多数专业人士的意见是，政策制定者所讨论范围内的最低工资增加没有产生较大的就业损失。本文我们简要地回顾了专业人士对这个问题的观点（第 12 章）。

B. 耶洛利斯提出，由于生存工资法的实施，圣菲的最低工资提高了 63%，即从每小时 $ 5.15 提高到 $ 8.50，但他没能说明，即使最低工资增加了，相对于销售额来说企业平均增加的成本约为 1%，并且，即使是宾馆和酒店业，成本增加与销售额的比率也不过大约为 3%。罗伯特·波林根据从公开渠道可得的数据，估计了这一比率。

C. 圣菲最低工资增加了 65% 后没有任何就业损失，这个观点难以接受。但平均来看，增加的成本占总销售额的 1% 不到，即使是圣菲庭审案原告那样的酒店也占不到 3%，企业完全有能力吸收由生存工资法带来的成本增加，了解了这一点，接受这个观点要容易得多。企业吸收增加的微小成本的主要方法是以同样微小的幅度提高价格（假定客户的需求没有下降）。例如，在上述原告的酒店吃一顿饭的价格需要从原来的 $ 20.00 上涨到 $ 20.60，以便完全吸收圣菲最低工资法对企业成本的影响（假定价格的提高不会引起对企业产品需求的下降）。

2. 也是在 2005 年 9 月的报告的第一页，耶洛利斯引用了纽马克和沃舍（2000）对"就业弹性"的估计值，即最低工资提高的就业弹性为 -0.22。

这个就业弹性的估计值意味着，如果最低工资提高 10%，那么就业将会减少 2% 多。在 2004 年耶洛利斯对波林的研究进行批评时，同样引用了 -0.22 的就业弹性估计值。但是，如同他 2004 年的文章一样，耶洛利斯在目前的研究中又一次没能指出与纽马克和沃舍的估计值有关的一个基本事实，即该数值只适用于快餐行业。纽马克和沃舍从未说过该数值适用于所有行业的所有工人，而耶洛利斯却错误地引证了这个数字，仿佛它是普遍适用的。经 2004 年 4 月的交叉验证，耶洛利斯被迫承认了这个重大的错误引证。但目前这个报告中，他继续重复了这个错误。

13.3 根据耶洛利斯使用的数据和模型得出的结论：就业率没有降低

耶洛利斯的结论是基于一个不完整的分析做出的。他的主要发现仅仅是根据对失业率的考察得出的。可是，失业率只反映某一既定劳动力市场上就业状况的一个方面。失业率有时确实会提供关于工作岗位增加状况的误导性描述，因为在工作岗位的数量维持不变或增加的同时，失业率都可能上升。

由于这点，经济学家常常考察劳动力市场的其他特征，以便得出关于工作岗位或工作岗位数量增长状况的更为完整的描述。劳动力市场的其他特征包括以下两点：一个是就业量与人口的比率（就业人数占人口总数的比率），另一个是劳动力参与率（对保有工作兴趣的工人人数占人口总数的比率）。耶洛利斯的研究结果还称：具有高中或高中以下学历者的失业率上升了，只是把他的分析扩展开来，把圣菲劳动力市场的其他重要特征囊括进来，我们就会发现，耶洛利斯的结果完全是由于这些人在"后生存工资时期"加入劳动力队伍的比率大量增加，即由于劳动力参与率的提高而造成的，根本不是由于原有的既定人数的工人找工作才面临更大的困难。

为了清楚地阐明这一点，我们考察一些简单的描述性统计数据，这些数据基于当前人口调查数据（如表 13.2 第 1 栏和第 2 栏所示）。这里，耶洛利斯考察的重点也是高中或高中以下学历的人，我们看到，有工作的这类人所占比例（就业人数占人口总数的比率从 66.7% 增加到 70%）。换句话说，在圣菲生存工资法实施后，一名高中或高中以下学历的成人获得（或保有）一份工作的机会没有因此而减少。在就业机会没有减少的情况下，失业率上升的唯一途径是由于找工作的成年人的比例增加了，而不是由于已经有工作的成年人的比例减少了。劳动力参与率从 70.3% 到 76.6% 的大幅增加也揭示了这个趋势。

表 13. 2　　　　　　生存工资法实施前和实施后时期圣菲城市
统计区高中及以下学历者的就业数据

	（1）法律实施前时期 2003.1—2004.5 （来自当前人口调查的实际数据）	（2）法律实施后时期 2004.6—2005.6 （来自当前人口调查的实际数据）	（3）法律实施后时期 （假定不变的劳动力参与率）
成年人口	32 199	33 512	33 512
就业人口	21 476	23 472	23 472
就业率（就业的成年人口占总成年人口的比例）	66.7%	70.0%	70.0%
劳动力参与率（成年劳动力人口占总成年人口的比例）	70.3%	76.6%	70.3%
劳动力人数（成年人口×劳动力参与率）	22 631	25 674	23 559
失业人数（未就业人数）	1 155	2 202	87
失业率（失业人数/劳动力人数）	5.1%	8.6%	0.4%

资料来源　美国劳工部劳工统计署，当前人口调查的基本月报，2003 年 1 月至 2005 年 6 月卷。

下面的假设例子有助于理解这一点。我们假定，在生存工资实施前后的时期里，参与到劳动力队伍中的人所占比例保持在 70.3% 的水平上不变，而不是从 70.35% 上升到 76.6%。我们还假定，后生存工资时期有工作的高中或高中以下学历的人数也是不变的，如果这两个假定都是真实的，那么从表 13.2 最后一栏可知，劳动力队伍的人数是 23 559 人，就业人数为 23 472 人。就是说，就业人数比劳动力总数正好少了 87 人。当然，这是个大致的估计，但是基本要点很清楚，那就是：如果在生存工资实施前后的过渡期内，劳动力参与率不增加的话，那么在给定的就业水平下（生存工资实施后时期），圣菲城市统计区的高中或高中以下学历者将实现有效的充分就业。

从这个简单的例子中得出的结果完全可以用来解释和说明问题的。但这个例子中没有考虑到可能影响圣菲就业水平的其他因素。然而，如果对耶洛利斯的模型（控制了圣菲城市统计区可能影响就业的其他因素）进行正面回应，我们基本上能得出同样的结论。对耶洛利斯模型的回应见表 13.3，从该表中我们可以发现下列主要结果：

表 13.3　　　　对耶洛利斯的失业、就业和劳动力参与的
可能性概率模型的回应与扩展分析

	三个指标的概率模型		
	（1）月失业（劳动力参与者）	（2）月就业（成年人）	（3）月劳动力参与（成年人）
生存工资法指标	0.480	−0.004	0.144
	(0.205)	(0.098)	(0.088)
	0.090	−0.002	0.051
圣菲指标	−0.420	0.208	0.119
	(0.153)	(0.078)	(0.068)
	−0.044	0.079	0.043
拉斯克鲁塞斯指标	0.088	−0.082	−0.064
	(0.068)	(0.042)	(0.043)
	0.013	−0.032	−0.024
该州其余地区指标	0.103	−0.138	−0.127
	(0.051)	(0.028)	(0.026)
	0.014	−0.053	−0.047
已婚	−0.288	0.077	0.004
	(0.044)	(0.024)	(0.023)
	−0.040	0.030	0.001
户主	−0.018	0.089	0.099
	(0.038)	(0.023)	(0.022)
	−0.002	0.034	0.036
男性	0.020	0.392	0.461
	(0.035)	(0.024)	(0.024)
	0.003	0.151	0.168

	三个指标的概率模型		
	(1)	(2)	(3)
	月失业	月就业	月劳动力参与
	(劳动力参与者)	(成年人)	(成年人)
高中未毕业	0.214	−0.386	−0.395
	(0.045)	(0.025)	(0.028)
	0.031	−0.150	−0.146
白人	−0.406	0.234	0.155
	(0.044)	(0.031)	(0.034)
	−0.067	0.092	0.058
拉丁或西班牙裔	0.252	−0.116	−0.052
	(0.043)	(0.026)	(0.026)
	0.034	−0.045	−0.019
退役军人	0.051	−0.233	−0.266
	(0.100)	(0.048)	(0.046)
	0.007	−0.092	−0.101
家庭规模	−0.017	−0.009	−0.020
	(0.012)	(0.010)	(0.010)
	−0.002	−0.003	−0.007
是否包括了时间趋势	是	是	是
当前人口调查样本大小	9 294	14 529	14 529

资料来源　美国劳工部劳工统计署，当前人口调查的基本月报，2003 年 1 月至 2005 年 6 月卷。

注：括号中是标准误差，就城市"统计区×月×年"水平的集合束做了修正。概率导数用斜体表示。为了被包括进第 1 栏的样本中，个人必须满足几个条件：(1) 居住在新墨西哥州；(2) 年龄在 16~64 岁之间；(3) 高中学历或高中以下学历；(4) 处于劳动力队伍中。为了被包括进第 2 和第 3 栏的样本中，个人也必须满足几个条件：(1) 居住在新墨西哥州；(2) 年龄在 16~64 岁之间；(3) 高中学历或高中以下学历。除了显示的各个变量外，针对 16~64 岁的人，所有模型都包含了一个不变的期限和虚拟变量。我们还采用耶洛利斯的另一个模型（引入了每个月份和每个年度的虚拟变量）做了估计，结果基本未变。

1. 对于耶洛利斯的模型，我们发现与生存工资法实施前的 2003.1— 2004.5 基期（第 1 栏）相比，在 2004.6—2005.6 期间，圣菲城市统计区为，高中或高中以下学历的劳动参与者失业的可能性（概率）上升了 9%。

2. 但是，对于高中或高中以下学历的所有成年人，使用耶洛利斯自己的模型，我们也会发现就业的可能性（概率）根本没有发生变化，就是说，对于高中或高中以下学历者来说，生存工资法与高中或高中以下学历者可获得的工作机会的减少没有任何关联（第 2 栏）。

3. 最后，仍利用耶洛利斯的模型，我们发现，在生存工资实施后的时期里，加入劳动力队伍（就业或正在寻找工作）的可能性（概率）提高了 5.1%（第 3 栏）。

因此，按照耶洛利斯和他自己的模型所使用的当前人口调查数据，我们再次发现由于找工作的人数的增加（而不是就业机会的减少）导致了失业率的上升。

根据主流经济学理论，对这一结果的解释是非常简单明了的——因生存工资法带来的工资提高吸引了更多的人进入了劳动力市场，寻找报酬更高的工作。在圣菲城市统计区，生存工资实施后的时期，可得的工作数量并没有减少，甚至相对于同时期的人口水平来看也是如此。但在该城市统计区，找工作的人更多了。这就是为什么总的工作机会的数量有所增长，失业率（没有工作的人数/寻求工作的总人数）也可能上升。

13.4　工作时间的缩减和挣得收入的增加

在法律实施以后的时期，有工作的工人每周工作的小时数有所下降，耶洛利斯对此也提供了数据。他发现，在生存工资法实施后，高中或高中以下学历的工人每周工作时间减少了 3.5 小时。我们暂且假定这个数字是准确的。耶洛利斯把"工作时间有所缩减"这一结果作为工人的困苦境况提出来。事实上，若假定这个数字是准确的，那么最可能的情况是，即便工作时间有所减少，大多数工人仍能挣得更多的钱。

根据波林 2004 年的专家证词中提出的结果，我们就法律对工人的工资的可能影响，在表 13.4 中给出了一个大致的估计。在专家证言中，波林估计：在生存工资法通过以前，圣菲市挣得不足 $ 8.50 的工人的平均小时工资为 $ 6.91，这表明，在圣菲确立 $ 8.50 的最低工资将导致这些工人的平均工资增加 $ 1.59，即从 $ 6.91 增加到 $ 8.50。

在波林最初的估计中，这些工人平均来看也是每周工作 33 个小时，每年工作 50 周。假设在生存工资法实施后，工作小时数不变，那么 $ 8.50 的生存工资底限将使他们每年多挣 $ 2 647，年挣得水平由 $ 11 505 增加到 $ 14 152。但是，假设工作小时数没有发生耶洛利斯所估计的 3.5 小时的变化，这仍然表明，他们的年挣得水平因 $ 8.50 的生存工资标准而提高了 $ 1 160，达到了 $ 12 665。即使低工资工人平均每周少工作 3.5 小时，这种情况仍会发生。就是说，由于生存工资法的实施，即便工作时间缩短了，工人全年的工资仍会增加 10%。

表 13.4　　受法律影响的工人年工资收入的变化情况
（假定耶洛利斯关于工作时间减少的估计成立）

	每周工作时间 不发生变化情况下的估计	根据耶洛利斯的估计
在生存工资法之前的平均工资	$ 6.91	$ 6.91
法定的工资增加	$ 1.59	$ 1.59
每周平均工作小时数	33.3	29.8（扣除 3.5 小时）
每年工作周数	50	50
生存工资法之前的平均年工资	$ 11 505 （工作 33.3 小时/周）	$ 11 505 （工作 33.3 小时/周）
实施生存工资导致的平均年工资增加额	$ 14 152 （= $ 2 647 工资增加）	$ 12 665 （= $ 1 160 工资增加）
平均工资增加的百分比	23.0%	10.0%

资料来源　2004 年 3 月 9 日罗伯特·波林就有关案例提交给新墨西哥州圣菲第一司法区法院的专家报告，案件是包括新墨西哥自由企业、圣菲商会、Pranzo 公司、Zuma 公司、Robbie Day 公司以及圣菲希尔顿的 Pinon Grill 公司的原告，诉被告圣菲市，卷宗号 D-101-2003-00468，2004 年 4 月 15 日听证。

注：修正后的估计数基于耶洛利斯（2005b）估计的预期小时数的减少。

生存工资法的设计和颁布并不是为了加速工作数量的增加，而是为了通过提高工资来提高工作效率，同时，避免工作机会的损失。如前所示，使用耶洛利斯本人所用的同样数据和模型，圣菲法律没有使工作机会发生任何减少。而且，我们的分析表明，即使我们接受了耶洛利斯关于工作时间减少的估计，生存工资法实际上仍提高了该法律所适用的工人的工资水平。简言之，即使仍以耶洛利斯自己的模型和估计为基础，到目前为止，我们的结论依然是：圣菲生存工资法成功地实现了其主要目标，即在不减少其就业机会的前提下，提高了圣菲市低工资工人的工作效率。

第 14 章

探求生存工资法的影响：
对纽马克和亚当斯的评论

罗伯特·波林 马克·布伦纳 珍妮特·威克斯-利姆

从 1994 年以来，美国 100 多个城市实行了生存工资法。尽管各个城市工资标准的具体规定各不相同，但共同的主题是：要求与地方政府有商务关系的企业支付高于联邦和州最低工资标准的最低工资。这些法律的目的是确定一个足够高的工资底限，以便使全职工作的工人能支撑起一个三口之家或四口之家，使其生活水平高于官方贫困线水平。大多数法律适用于大规模的市政服务承包商，尽管少数几个法律也适用于那些得到政府财政资助、税收减免或其他补贴的企业。

大多数现有的研究都承认这些法律对于那些得到了法定工资增加的工人及其家庭的益处（例如，Pollin 和 Luce 1998；Reich，Hall 和 Hsu 1999；

Fairris 等人 2005；本书第 8 章和第 10 章）。但这项研究也明确承认，这些工资标准对于众多的贫穷劳动者的影响是有限的。的确，大多数研究都发现，对于倡议的和实施的生存工资法而言，这些标准只对某些地区少数私营部门的企业产生了影响，且在任何一个既定城市，全部劳动者中只有很少的一部分人得益于较高的工资带来的好处（例如，Pollin 和 Luce 1998；Niedt 等人 1999；Nissen 1998）。这些研究结论是在考虑了（通过一系列标准方法）适用相关法律的企业所雇用的低工资工人的数量以及这些工人现有的工资水平后才得出的。

大卫·纽马克和斯科特·亚当斯在一篇名为《生存工资法减少了城市贫困人口吗》（2003b）的文章中，采用了截然不同的研究方法。不同于其他作者，他们两人没有去收集其研究范围内各个城市中适用生存工资法的实际企业或工人的信息，而是构建了经济计量模型，旨在估计生存工资法对工资、就业和贫困的影响，其分析全部是以美国劳工统计署进行的当前人口调查（CPS）的数据为基础的。

在研究生存工资法的影响时，由于纽马克和亚当斯的研究方法和其他人显著不同，因此，相应地，他们两人的结论也与以前的研究有着明显的差异。特别是，他们发现，受生存工资法影响的工人数量比以前的研究结果要多得多。首先，其研究显示，在采用了最低工资标准的城市，工资最低的工人最多可实现 11% 的工资增加，而其他研究者的估计值平均为 1.3%。两人还得出结论：由于生存工资法的实施，工资底限每提高 10%，低工资工人的就业就减少 1.4%。概言之，他们认为较高的工资和较少的工作机会之间存在着明显的此消彼长的关系，这种关系不只是发生在个别企业层面，而且也发生于有关城市中全部的低工资劳动者中。他们的另外一个结论是，法律对工资的积极（正面）影响比对就业的消极（负面）影响更大，生存工资法确实在很大程度上减少了城市贫困人口。

他们的研究结果对于我们如何理解生存工资法有着重要的启示。首先，纽马克和亚当斯的结果表明，生存工资法的影响远远超出了人们过去的普遍认知。其次，他们把这一广泛的影响归因于适用于企业补贴接受者的生存工资法。换句话说，他们发现，由于生存工资法带有企业补助条款，使得这些法律的覆盖范围扩展到了仅适用于城市承包商的法律所覆盖的范围以外。如果他们的分析是正确的，那么在评价未来的生存工资法时，政策制定者、研究人员以及生存工资的倡导者和反对者就必须把这一新的信息纳入考虑范围之内。

本章将对纽马克和亚当斯的研究结果进行审视和评论。我们的分析主要集中于这些法律对工资的影响，这是因为，如纽马克和亚当斯所承认的那样，"如果生存工资法不能在促进低工资工人的工资提升方面有所作为，那么随后它也不大可能发生任何积极的（或消极的）影响"（2003b，503）。不过，我们还是进一步分析一下他们关于法律对就业的影响问题。

我们的一般结论是：纽马克和亚当斯的研究结论在方法论上是不可靠的，而且从统计数据或内容上看也是经不住推敲的。首先且最重要的是，我们认为纽马克和亚当斯依赖当前人口调查数据进行分析是错误的，这是由于，事实上在当前人口调查的样本中，不太可能包括足够的工人数量（适用于生存工资法并且该法导致了其工资增加的工人）可供观察，更不用说统计上的意义了。其次，与我们分析法律对工资和就业的影响一样，即使假定当前人口调查数据适合用来分析生存工资法，纽马克和亚当斯的结果也无法经受住（对生存工资法所覆盖的工人的）更精确的分类分析。这里的关键问题是，纽马克和亚当斯认为，如果法律规定了"从市政府获得了某种形式的财政资助的企业必须支付生存工资"的条款，那么基本上该城市的所有工人都被包括在内。但来自城市档案、市政府官员以及其他研究者的回顾性直接数据显示，只有少数企业（如果有的话）因从市政府获得了补贴而受法律指令管辖必须遵守生存工资法。

关于生存工资法对工资和就业的影响，经验研究结果与纽马克和亚当斯的结果是不一致的。根据上述方法论方面的评析和经验研究结果，我们可以得出结论，他们观察到的法律对城市贫困的积极影响似乎不是来源于生存工资法。注意我们的批评既没有肯定也没有否认生存工资法具有减少贫困的可能性。在其他的研究中，包括第 8 章和第 10 章的分析，我们认为，生存工资法确实降低了低工资工人家庭的贫困程度。我们此处的观点是：纽马克和亚当斯使用了有缺陷的方法，因此，他们的研究无法可靠地确定生存工资法的消极影响或积极影响。

14.1 纽马克和亚当斯的方法存在的问题

14.1.1 基本模型

文章一开始，纽马克和亚当斯对于生存工资法对工资和就业的影响做了一个展开分析。为了估计这些影响的大小，他们根据 1996—2000 年时期当前人口调查中的数据，构建了个人观察资料。[1] 两人通过使用差中差方法，将这些年里颁布了法律的城市中低工资工人的经济状况同没有颁布法律的城市中低工资工人的经济状况相比较，试图识别出生存工资法的影响。这里重点分析工资效应，下式（1）代表了纽马克和亚当斯的第一个模型。

$$\ln（W_{icmy}）=\alpha+X_{icmy}\omega+\beta\ln（W^{min}_{cmy}）+\gamma\max\left[\ln（W^{liv}_{cmy}），\ln（W^{min}_{cmy}）\right]+$$

$$\delta_Y Y_y+\delta_M M_m+\delta_C C_c+\varepsilon_{icmy} \tag{1}$$

此处，作者详细规定了一个工资方程，W 为小时工资，X 是控制了性别、种族、教育程度和婚姻状况的虚拟变量的矢量，W^{min} 是联邦和州最低工资中较高的一个，W^{liv} 是实行的最低工资或可适用的城市生存工资中较高的水平（本章中的符号完全采用纽马克和亚当斯的文章中所用的符号）。YM 和 C 分别表示年、月和城市控制标准。分析的单位（以下标 icmy 表示）是既定城市（c）中的单个工人（i），既定月份 m，既定年度 y。在这个详细说明中，β 记录最低工资（州或联邦）对某个工人的工资的影响，γ 记录生存工资法的工资效应。

纽马克和亚当斯还对模型（1）中的详细规定做了修改，替换了生存工资变量中两个相互作用的项，以便把生存工资法对适用该法的工人产生的影响同对不适用该法的工人产生的影响区分开来。这些相互作用的项由虚拟变量组成：代表某个工人是否可能被生存工资法所包括（Cov）或可能不被包括（Uncov），再乘以生存工资水平的自然对数。[2] 方程（2）是第二个模型。

$$\ln（W_{icmy}）= \alpha + X_{icmy}\omega + \beta\ln（W^{min}_{cmy}）+ \gamma\max\left[\ln（W^{liv}_{cmy}）\times Cov_{icmy}，\ln（W^{min}_{cmy}）\right] +$$
$$\gamma'\max\left[\ln（W^{liv}_{cmy}）\times Uncov_{icmy}，\ln（W^{min}_{cmy}）\right] + \delta_Y Y_y + \delta_M M_m +$$
$$\delta_C C_c + \varepsilon_{icmy} \tag{2}$$

在这个公式中，γ 记录生存工资法对可能适用该法的工人的工资产生的影响，γ' 记录生存工资法对不适用该法的工人的工资产生的影响。

纽马克和亚当斯对于不同的工资分布区间，建立了这两个模型，重点分析了低工资劳动者的工资情况。他们把大量注意力放在对调查月份中各个相应城市工资分布的最低分位数的工人的估计上，但他们也对第 10～25 分位之间的工人进行了估计和评析。

此外，他们通过生存工资变量的三个可供选择的项目估计了每个模型。第一个项目考虑了法律颁布后即刻发生的影响。第二个项目考虑了法律颁布6 个月后的影响（就是说，影响滞后了 6 个月）。第三个项目考虑了法律颁布 12 个月后出现的影响（就是说，影响滞后了 12 个月）。

纽马克和亚当斯使用了类似于他们的模型（1）的线性概率模型，以便评价生存工资法对就业的影响。一个明显的不同是就业模型包括了当前没有处于劳动力队伍中的个人。其就业分析的这个特点使得共同剖面中包括的城市数目大大增加了。这个特点也迫使作者去估计没处于劳动力队伍的工人的工资，以便将其置于总体工资分布中。为了保持一致性，纽马克和亚当斯在其就业分析中，使用了对全部工人估算的工资。

14.1.2　样本规模的不足

对于纽马克和亚当斯的方法，我们提出的第一个关注的问题是他们对样本规模的疏忽。当然，当前人口调查中的样本规模对分析国家层面的劳动力市场来说是足够的。但是，由于相对较小的样本规模，在当前人口调查的数据范围内，常常不可能研究地区性的劳动力市场。如果分析集中于地区劳动力市场的某个特定集合，尤其如此。[3] 尽管纽马克和亚当斯采集了好几个不同城市的数据，但其分析基本上仍是针对一个地区性的劳动力市场，因为他们采用的差中差方法依赖于实施生存工资法的城市同未实施生存工资法的城市之间的趋势对比，或者在实施生存工资法的城市内部，适用该法的工人同不适用该法的工人之间的对比。

如此看来，基础性的工作是评价纽马克和亚当斯的模型能探查生存工资法在相关城市发生影响的可能性。这反过来要求我们对这些城市中生存工资的覆盖范围有所了解，在表14.1（a）中，我们尝试着测量这一范围。在第二栏，我们就每个城市统计区（MSA）生存工资法将覆盖的工人总数给出了各个独立的估计。虽然这些估计使用了各种技术来测评每个城市生存工资法的范围，但方法论上的共性（不同于纽马克和亚当斯的方法）是，这些估计都是依据城市合约的实际数据作为计算的基础。并且，我们在第1栏中提供了1996—2000年期间每个城市统计区的年平均就业水平。把这些估计作为一个整体来考虑，我们得出的唯一结论是，生存工资法仅覆盖了整个城市统计区就业总人数的很小一部分，一般不到0.2%。而且，如果我们假设，实行生存工资的城市中适用该法律的所有工人都是工资最低的劳动者（那些处于工资分布中的最低分位的人），则平均来说，他们只占处于最底端分位的工人的1.3%不到，见表14.1的A栏。由于适用生存工资法的工人是非常有限的集中，因此，实行生存工资法的城市在工资、就业或贫困等方面所观察到的任何变化完全没有可能是由适用该法的工人所促成的。

我们用一个简单的例子来说明这个问题。按纽马克和亚当斯（2003b，表3）的看法，最低工资分位的平均工资为 $5.35。在纽马克和亚当斯所研究的城市中，生存工资比已有的最低工资平均增加了约45%。如果表14.1（a）中关于覆盖范围的估计是准确的，那么这意味着生存工资法将使最低工资分位的很小的一部分人得到相当大的工资增加，大约能增加1.3%。由于覆盖范围如此之低，即使是类似于45%的工资增加，对城市的平均工资也只会有微弱的影响。的确，从这些数字中，我们可以看出，生存工资法将使样本中的城市的平均工资增加大约3美分，或对于最低工资分位作为一个整体看（见表14.1（b）），平均增加0.6%（ $5.35×[（0.987×1.00）+（0.013×1.45）] = $5.38）。这些数值远远低于纽马克和亚当斯的研究结果所暗示的7% ~11%的平均工资增加。

表 14.1（a）　生存工资覆盖范围的估计数以及生存工资城市的样本规模

A. 总就业水平以及实行生存工资的城市中生存工资的覆盖范围

城市	(1)　1996—2000 年城市统计区的平均就业水平	(2)　法律覆盖的工人人数（估计）	(3)　法律覆盖的工人占低分位工人的百分比	(4)　估计数的来源
巴尔的摩	1 244 455	1 500	1.2%	NIEDT 等人（1999）
波士顿	1 756 785			
芝加哥	4 005 477	1 760	0.4%	Tolley, Bernstein 和 Lesage（1999）
代顿	454 021			
底特律	2 180 670	2 300	1.1%	Reynolds, Pearson 和 Vortkampf（1999）
达拉谟	608 951			
哈特福德	566 106			
泽西城	263 707			
洛杉矶	4 266 435	7 500	1.8%	Pollin 和 Luce（2000）
密尔沃基	779 175			
明尼阿波利斯	1 636 074			
奥克兰	1 143 258	3 111	2.7%	Zabin、Reich 和 Hall（1999）
波特兰	995 456			
圣安东尼奥	726 727			
圣荷塞	923 641	1 500	1.6%	Benner 和 Rosner（1998）
总计/加权平均	21 550 937	17 671	1.3%	

表 14.1（b）　　生存工资法覆盖范围估计以及实施生存工资的城市的样本规模

B. 滞后 12 个月的工资分析的样本规模

城市	模型（1）		模型（2）	
	实施生存工资法的城市的所有工人		法律所覆盖的工人	
	（1）	（2）	（3）	（4）
	未加权的 N	加权百分数	未加权的 N	加权百分数
巴尔的摩	325	12.6%	23	1.7%
波士顿	157	3.5%	20	0.8%
芝加哥	476	10.4%	44	1.9%
代顿	95	2.1%	1	0%
底特律	230	5.0%	215	8.7%
达拉谟	96	2.3%	31	1.4%
哈特福德	9	0.3%	7	0.4%
泽西城	15	0.3%	1	0%
洛杉矶	1 196	27.5%	1 136	49.1%
密尔沃基	250	8.0%	25	1.6%
明尼阿波利斯	369	10.4%	344	18.2%
奥克兰	106	4.2%	94	7.0%
波特兰	360	8.4%	13	0.6%
圣安东尼奥	79	2.6%	73	4.5%
圣荷塞	69	2.6%	58	4.2%
合计	3 832	100%	2 085	100%

在有关文章中，两位作者承认，在现有生存工资法的范围内，自己的估计数比预想的要大许多（纽马克和亚当斯 2003a）。他们的结论是，与以前的研究结果有如此大的差异，说明有必要进一步进行经验研究，以便确定其研究结果确实捕捉到了生存工资法的影响，而不是探查出某些其他影响。

为了确定生存工资法和他们所观察到的较大的工资增长之间的因果关系，纽马克和亚当斯对模型（2）进行了估计，该模型区分了生存工资法对可能适用该法律的工人的影响以及生存工资法对不适用该法律的工人的影响。如两人所述，发现生存工资法的影响集中发生在适用该法律的工人中，这个结论支持了"这样的情形，即我们所估计的生存工资法的影响是真实的"的说法（Neumark 和 Adams 2003b，509）。作者还承认"相反的发现是，对于不大可能适用该法律的工人，工资效应更大，这一相反的发现对表中所揭示的对工资的积极总体影响的因果关系解释提出了质疑"（2003b，509）。尽管我们也同意：这一扩展是更稳妥地确认生存工资法是否是工资增加背后的原因的一种有用方法，但我们的第二个主要关切的问题恰好是，他们如何辨别哪些工人很可能被生存工资法所包括，下面我们将讨论这个问题。

14.1.3　识别法律所覆盖的工人

为了对法律可能包括的工人和可能不包括的工人进行分类，纽马克和亚当斯对于以下两类法律作了区分：第一类是只适用于市政服务承包企业的生存工资法，第二类是也适用于得到市政府某种形式的财政资助的企业。"只适用承包企业"的法律通常涉及那些国土维护、安全保卫以及物业管理之类的服务。纽马克和亚当斯对这类合约可能包括的工人做了详细解释，将其界定为"被行业选中的工人"（通常占劳动力人数的 10%~20%）。对于属于第二类"企业补助"的法律标准，纽马克和亚当斯把可能包括的工人界定为"所有私营部门的工人"（通常占劳动力人数的 90%~95%），因为私营部门中任何企业都可能从当地政府获得财政支持。[4] 我们在下一节将说明，纽马克和亚当斯如何界定法律可能覆盖（包括）的人员范围，这对于产生有统计意义的研究结果是至关重要的。

正如我们在开头提到的，他们没有参照有关城市中这些法律实际的覆盖程度的数据，便把工人分为"可能覆盖的"和"可能不覆盖的"两类。而且，从他们所依赖的当前人口调查数据中，无法辨别出哪些人被实际包括在法律覆盖的工人中。以这种方式使用当前人口调查数据，研究者就需要雇主的信息，还需要有关城市提供的关于哪些私营部门企业受到了生存工资法的影响的信息。

为了认真评价纽马克和亚当斯的分类方法在实践中效果如何，我们以洛杉矶的案例为例。根据纽马克和亚当斯的分类方法，洛杉矶低工资工人的90%（工资低于25工资分位的工人）都可能被该市的生存工资法所覆盖。按这一近似方法，纽马克和亚当斯得出结论：近96万低工资工人可能被生存工资法所覆盖。与此对比，Pollin 和 Luce（2000）从洛杉矶市档案中采集了数据，估计总共仅有6个企业属于符合洛杉矶法律详细规定的财政资助获得者的范围。法律详细而明确地把覆盖范围仅限定于为"经济发展"而取得财政资助的企业，并且只限于总金额超过100万美元或者以持续资助的方式、年支付金额为10万美元的企业。波林和卢斯提供了一个高端估计：这6家企业总共雇用了大约3 700名工人。在这3 700名工人之外再加上3 900名因被城市承包商雇用从而有望被包括进来的工人，波林和卢斯估计洛杉矶法律所覆盖的全部工人为7 600人。换句话说，对于法律覆盖的工人人数，纽马克和亚当斯的估计数是波林和卢斯的估计数的125倍左右。

幸运的是，随着时间的推移，现在我们获得了有关生存工资法在纽马克和亚当斯样本中的城市如何被实际执行的信息。波林和卢斯数据（见表14.1（a）、表14.1（b））是洛杉矶市获得市政府补贴的企业的范围的一个反映。

下面讨论的是洛杉矶、明尼阿波利斯、奥克兰三个城市的经验，这三个城市都有企业资助生存工资条款。然后我们将对有企业补助条款的生存工资法给予更一般性的评价。

首先分析这三个城市，原因有两点：其一，对于这些城市中的每一个，我们都有多个历史信息来源，从中可以采集数据。这些来源既包括我们自己对市政府官员的访谈、亚当斯和纽马克（2005）进行的访谈，也包括关于这些生存工资法律的实际执行情况的独立研究和城市报告。[5] 其二，正如亚当斯和纽马克所指出的，在生存工资法带有企业补助条款的城市中，这三个城市有记载的生存工资法的时间最长。因此，纽马克和亚当斯模型认为会受生存工资法影响的大多数工人都居住在这三个城市。所以，以这三个城市为依据得出的任何结论都广泛地适用于纽马克和亚当斯的研究结果。

为了理解这一点，我们在表 14.1（b）中提供了关于他们的样本中工人数量的分类分析，他们的模型认为这些工人会受到研究中包括的 15 个城市中每个城市的生存工资法的影响。更明确地说，这些人是工资最低的工人（在每个城市的工资分布中，他们的工资处于 10 分位或低于 10 分位的水平），在法律颁布后的 12 个月里，他们住在这些城市之一，被认为会受到生存工资法的影响或覆盖。因为纽马克和亚当斯未发现法律实施后立即出现影响或实施 6 个月后出现影响，所以我们仅考虑 12 个月的滞后事项。在第一栏里，我们列示了纽马克和亚当斯样本中各城市工人的实际数量（未经调整的样本权数），这些工人被认为受到了模型（1）中 12 个月滞后事项的影响。在第二栏里，我们说明了这些工人在其城市的分布状况，用纽马克和亚当斯的回归分析所使用的样本权数进行了加权。我们可以看到，受影响的工人有 42% 居住在洛杉矶、明尼阿波利斯和奥克兰这三个城市。

我们就模型（2）（第 3 栏和第 4 栏）的 12 个月滞后事项来考虑这些同样的数据。这次，人数就是居住在每个实行生存工资的城市并且依纽马克和亚当斯的分类方法被归类为覆盖范围内的工人人数。我们看到，法律所覆盖的工人更加集中在这三个城市——被认为生存工资法实施后 12 个月所覆盖的工人中，几乎有 3/4 居住在这三个城市之一。据此，我们相信这三个城市的经验应该能就纽马克和亚当斯识别法律的覆盖对象的方法是否适当的问题，提供令人信服的数据。下文逐次讨论各个城市。

洛杉矶

洛杉矶的经验显著地折射出了生存工资法企业补助条款的实行同它们的

实际影响之间的重大差异。亚当斯和纽马克在回应我们对其方法论的批评（2005，91）时说，他们对合同履行办公室的一位市政官员进行了访谈（姑且认为他们是指合同管理署，简称 BCA），并被告知该法律被制定出来后立即就实施了。但是，亚当斯和纽马克并没有提供任何关于生存工资法律要求适用的企业的数量（或这些企业雇用的工人数量）的信息。在洛杉矶的例子中，这个信息尤为重要。虽然生存工资法于 1997 年 4 月正式实施，但洛杉矶市议会当时由于合同管理署工作效率低下而剥夺了它执行该法律的职权（Luce 2004；Sander 和 Lokey 1998；Fairris 等人 2005）。该市议会的行动表明，在 1999 年之前，没有几个雇主被要求满足生存工资法的条件。这一结论与我们对城市行政管理办公室一位官员的访谈是一致的（在合同管理署被取消了执行生存工资法的职权后，城市行政管理办公室被授权执行该法律），这名官员还称，到 1999 年为止从没有任何企业适用过企业补助条款。[6]

Fairris 等人（2005）就企业补助条款的有限影响的问题，提供了另外一些数据。到目前为止，这是对洛杉矶生存工资法的最全面的分析。Fairris 等人发现，截至 2001 年，受洛杉矶生存工资法影响的近 9 600 个工作岗位中只有 7%（约 672 个工作岗位）受到了企业补助条款的影响。按照某区域发展机构的一项单独政策，有些工作岗位附带有生存工资的要求，如果把这些工作岗位也包括进来，这个数字将增加 400 个，总数达到约 1 100 个。[7]换句话说，根据这项综合性的回溯研究，企业补助条款仅包括了法律所覆盖的工人中的一小部分人，更不用说洛杉矶的全部低工资工人了。

基于这个依据，我们可以得出结论：由企业补助条款带来的洛杉矶生存工资法覆盖范围的扩大是微乎其微的。具体说，这 1 100 个工作岗位仅构成了全部受影响工作的 0.1 多一点（1 100/10 900＝0.1）。[8]也就是说，洛杉矶生存工资法的城市承包商条款比企业补助条款有着更大的覆盖范围——这与纽马克和亚当斯的假定正好相反。

无论覆盖范围是基于城市承包商或是企业补助状况，洛杉矶生存工资法的综合覆盖率（正如 Fairris 等人的研究所表明的那样）是很有限的。所有受影响的工作岗位数量总共占洛杉矶低工资劳动力的约 1% 不到（根据当前

人口统计数据，按照劳动力数量的最低的四分位值进行估计，或 10 900/
1 066 609）。也就是说，洛杉矶低工资劳动者的 99% 应该被归类为"未覆盖
者"，这样更合适。纽马克和亚当斯对覆盖范围的界定把 90% 的洛杉矶低工
资劳动者都归类为可能被覆盖的人，对几乎所有的低工资工人都做了错误归
类。根据现有的对受洛杉矶生存工资政策实际影响的工人数量的估计，纽马
克和亚当斯对工人的分类几乎是完全错误的。

明尼阿波利斯

明尼阿波利斯的生存工资法与其他大多数生存工资法有所不同，该州最
早的法律不包括城市承包商条款，而是规定：只有通过某种形式的企业补贴
与该市有特殊关系的企业，才受生存工资法的约束。

亚当斯和纽马克称，明尼阿波利斯区域发展机构（MCDA）办公室的一
位市政官员（自我描述为"生存工资法令的制定的关键人物"）说，"统一
的实施和执行指南"大约在生存工资法制定后的 12 ~ 18 个月才出台
（2005，91）。但他们还是没有提供关于实际受到指南规定的生存工资标准
约束的企业数量的任何信息。根据我们对明尼阿波利斯区域发展机构的劳动
者协调员肯特·罗宾斯的访谈，截至 1999 年，没有企业受到生存工资标准
的约束。[9]

在 2002 年，罗宾斯向明尼阿波利斯市议会提交了第一份全面的报告，
其中提供了受生存工资有关项目影响的工人和企业的数量的数据。在报告
中，他确认，到 2001 年，明尼阿波利斯生存工资法的企业补贴条款仅涉及
36 个工作岗位。如果我们承认，2001 年受影响的工作的数量非常接近于
2000 年的数量，那么这个报告表明，从生存工资法颁布的 1997 年直到 2000
年，明尼阿波利斯生存工资法所覆盖的工人在该州工资分布的最低四分位数
中所占的比例是微不足道的，只有 1% 的 1/100 （36/409 019 = 0.0001），可
以忽略不计。

尽管按照生存工资法的要求，只有获得了超过 $ 25 000 补贴的企业才
符合生存工资法的先决条件，但还有其他两个明尼阿波利斯区域发展机构
（MCDA）的项目也把企业补助同提高工资联系起来。第一个项目是"工作

关联计划"（Job Linkages Program），在这个项目下，获得企业补助但不符合获得企业补贴的资质要求，就同明尼阿波利斯区域发展机构签署一项自愿协议，确立五年内的工资和就业目标。这个项目虽然没有直接绑定明尼阿波利斯生存工资法，但它开始将生存工资水平作为一项参照标准，用来评价1997年生存工资法通过后雇主参与该项目的工作成果。2001年，该项目的雇主提供了888个工作岗位，这些工作岗位的工资等于或高于2001年生存工资水平（每小时9.33美元）。第二个项目是"企业圈激励赠予计划"（Enterprise Zone Incentive Grant Program）。这个项目与明尼阿波利斯生存工资法的直接关联更少，但是，这个项目确实给获得赠予的雇主提供了经济上的激励，促使他们随着时间的推移而提高工资。因此，虽然生存工资水平本身没有被当做基准，但通过这个项目，该市利用政府的财政资助作为杠杆，激励雇主提供工作岗位并逐步提高工资。在2001年，该项目包括的218个工作中，有124个工作岗位的工资超过了 $ 9.33 的生存工资水平。

将所有的工作岗位概括起来，包括2001年支付等于或高于生存工资水平的工作、明尼阿波利斯生存工资法所覆盖的工作以及市政府采用的另外两个旨在促进工资提高的企业补助计划，受影响的工作岗位总计达到1 048个。假定这个数字表明了1997—2000年间每一年的覆盖率，明尼阿波利斯低工资工人的大致覆盖率（仍使用当前人口调查中最低工资分位的工人人数的估计值）大约为1%的1/4，或0.26%（1 048/409 019＝0.0026）。

根据这一报告结果，我们针对纽马克和亚当斯的覆盖范围分类的准确性得出了同样的结论。在明尼阿波利斯的个案中，与洛杉矶的情况一样，纽马克和亚当斯在分析中归类为"被覆盖"的绝大多数工人都被错误地分类了，也就是说，纽马克和亚当斯归类为"可能被覆盖"的大多数工人实际上属于"未覆盖"的。

事实上，按照罗宾斯的说法，生存工资法在2005年做了修改，把城市承包商包括了进来，人们正是期待城市承包商条款可以极大地扩展该法律的覆盖面。[10] 我们的观点一直是企业补助条款并没有比城市承包商条款带来更高的覆盖率，上述观察结果又一次与我们的这个观点相一致。如果有什么不同的话，那就是相反的情况也可能是真实的。

奥克兰

两个独立的研究表明，在奥克兰，受企业补助条款约束的企业的实际数量是极其有限的。根据对奥克兰市一位合同执行官的面谈，Zabin、Reich 和 Hall 提供了证明："到 1999 年 10 月，市政服务合同的 56 名工人以及获得市财政资助的企业所雇用的 31 名工人已经获得了加薪"（1999，6）。受奥克兰生存工资法影响的这一工人总人数占奥克兰低工资工人的很小份额——工资分布中最低分位工人 1% 的 2%（67/285 185 = 0.0002）。即使我们假定，法律覆盖的工人人数是这个估计值的 10 倍（超出了市政官员所预计的，一项完全执行的法律将影响 400 名工人），覆盖率仍旧不到低工资工人的 1%（Zabin、Reich 和 Hall 1999，6）。进而，受影响工人的大多数人是由于适用承包商条款而不是企业补助条款而得到了加薪，这与纽马克和亚当斯的假定完全相反。

埃尔莫尔（2003）访谈了 20 个市和区的官员和行政事务主管，其中 10 个市和县有企业补助条款。他发现，在 2001 年，奥克兰市只有一个从市政府得到企业补助的项目规定了适用于该项目的生存工资条件。虽然他没有提供关于该项目雇用的工人人数的详细资料，但他的发现与 Zabin、Reich 和 Hall 的研究结果完全一致，Zabin、Reich 和 Hall 认为企业补助条款的有效覆盖面没有扩展到奥克兰劳动者人数的一小部分以外。

亚当斯和纽马克说："从生效日期开始，生存工资的要求在奥克兰市得到了强制实行"（2005，91）。这一结论是根据他们与负责任的合同执行官在奥克兰市政府办公室的谈话而做出的。不过，受生存工资法约束的企业雇用了多少工人，这才是支持其研究计划所需要的更为重要的信息。实际上，我们对一位市政府官员的访谈发现，到 1999 年为止，没有任何企业由于实行了企业补贴而被强制要求遵守生存工资法。[11] 这一不同点很重要，因为正是更大的覆盖范围（超出了城市承包商条款之外）强调了纽马克和亚当斯的覆盖面界定，并促使他们得出了经验研究结论。如果只有少数企业被企业补助条款所包括，那么法律实施的时机就不像覆盖范围那样具有关联性。

根据这些对生存工资法实行情况的回顾性研究，我们的结论是，纽马克和亚当斯关于奥克兰低工资工人的 92% 属于"被覆盖"这一分类是错误的。[12] 关于生存工资法在奥克兰的实际实施状况的报告显示，与纽马克和亚当斯的观点相反，仅有很少部分工人被生存工资法所包括。

企业补助条款的挑战

这些回溯性研究提出了一个关于生存工资法的重要政策问题。通过这样的法律并不能保证法律在实践中被应用于所有雇主。事实上，市政管理部门将生存工资企业补助条款应用于极少数企业（如果有的话），这一结果与卢斯（2004）对实行生存工资法的成功经验和困难之处所做的宽泛研究是一致的。

卢斯的研究发现，要求获得补贴的企业支付生存工资的条款特别难以实行。诸多因素对其有效实施起着相反的作用。第一，企业补贴有多种形式，不以任何系统化的方式公布，而是通常以单独个案的方式来制定解决方案，因此，单是企业补贴信息的集中化（更不用说评价它们对生存工资覆盖范围的影响了）就具有挑战性。第二，缺乏集中化的信息与负责实行生存工资法的部门人员不足和缺乏培训的问题相伴相随。也就是说，即使信息能被集中起来，对这些信息进行处理也需要有关人员的能力和专业知识达到某种程度，而以前他们的能力和知识很少被应用于实行生存工资法的任务。第三，试图通过补贴把企业吸引到本市的政府官员，有绕过生存工资法的动机。这样，政府官员可以在可能的情况下行使其选择权，准予企业放弃执行该法律，或者通过模糊的协议条款给企业提供某些类型的补贴，使企业看上去具有被生存工资法所覆盖的资格，从而规避生存工资法的要求。[13] 卢斯的结论是："尽管超过 40% 的生存工资法（至 2002 年）包含了要求获得赠予、贷款、税收折扣或其他政府补贴的雇主支付生存工资的条款，但只有极少数城市能够指出实际的例子来表明生存工资已被应用于某个经济发展项目。"（2004，153）

我们对圣安东尼奥、圣何塞和底特律的政府官员的访谈进一步支持了卢斯的研究结果，这是包括在纽马克和亚当斯的 12 个月滞后的详细说明中的剩下的三个城市。唯独圣安东尼奥的市政官员称，在 1995—1999 年间，他们在实践中把生存工资法的企业补助条款运用于所有私营部门的企业。即使这样，截至 2001 年，圣安东尼奥市也仅有 10 家企业能确定自己适用企业补助条款。[14]

这些数据使我们得出结论：纽马克和亚当斯对于可能覆盖的工人的分类应该仅限于服务行业的工人，这类行业容易受到包含城市承包商条款的生存工资法的影响，甚至在那些对获得补助的企业有生存工资要求的城市中也是这样。我们发现，在实践中，包含企业补助条款的生存工资法的覆盖范围并不比更普通的"仅承包商"的措施更宽。这极大地缩减了覆盖类别的规模，从有企业补助条款的每个城市统计区的低工资工人的 90% ~ 95% 减少到 10% ~ 20%。明尼阿波利斯是个例外，该市的生存工资法中没有城市承包商条款，因此在 1999 年以前，明尼阿波利斯市没有工人被恰当地分类为"被覆盖"。

14.2　修正有企业补助条款的城市的覆盖分类

14.2.1　工资效应

鉴于这些重要问题，我们现在重新考察纽马克和亚当斯关于生存工资法的工资效应的经济计量结果。如果采用与生存工资法的实际运用情况相适应的方法对工人进行分类，纽马克和亚当斯的结果就会改变。为了评价这种改变如何发生，我们再一次对纽马克和亚当斯的模型（2）进行了估计。在进行这项工作时，我们的分类方法是：在有企业补助条款的城市中，只有那些在最有可能涉及城市承包商因而也最有可能受到生存工资法影响的服务行业工作的工人才被归类为"可能被覆盖"（结果见表 14.2）。这里，我们的注意力放在最低分位的工人的结果上（纽马克和亚当斯就是针对这些工人进行研究得出了有统计意义的结果），并且我们同时提供了 6 个月和 12 个月的滞后设定。在表 14.2 的 A 栏中，我们只是重复了纽马克和亚当斯的结果，在这个表的 B 栏中，我们提供了根据修正后的覆盖分类得出的估计数。

表 14.2 　　　　生存工资法对工资的影响（另一种覆盖分类）

A. 模型（2）：可能被覆盖的和不被覆盖的工人（采用纽马克和亚当斯的企业补助覆盖面）

百分位数范围	未覆盖的工人	覆盖的工人
	≤10	
设定 2	−4.62	5.66＊＊
生存工资，6 个月滞后	（3.07）	（2.56）
设定 3	0.61＊	10.61＊＊
生存工资，12 个月滞后	（3.49）	（2.72）
未加权的 N	34 196	

B. 模型（2）：可能被覆盖的和不被覆盖的工人（采用修正后的企业补助覆盖面）

百分位数范围	未覆盖的工人	覆盖的工人
	≤10	
设定 2	0.21＊	−4.21
生存工资，6 个月滞后	（2.49）	（4.16）
设定 3	5.69＊＊	0.36＊
生存工资，12 个月滞后	（2.68）	（4.91）
未加权的 N	34 196	

资料来源　美国劳工部劳工统计署，当前人口调查（1996—2000）。

注：因变量是 log（工资）。估计的系数已经被乘以 100 了。括号中的标准误差均为异方差—稳健标准差，并且对城市一月份单元内的非独立性也是稳健的。如果在特定月份和年份中该城市有至少 25 个观察结果，那么该城市的观察结果就包括在了该特定月份和年份的样本中。回归分析中包括的其他控制变量在正文中都有说明。

＊表示在 0.10 水平的统计意义。

＊＊表示在 0.05 水平的统计意义。修正后的覆盖面的界定是根据生存工资法的实际执行情况（详细描述见正文）做出的。

从 6 个月和 12 个月滞后的详细数据都可以看到，我们的弹性估计值是数量的阶数（次数），比纽马克和亚当斯的结果更小，且在统计上与零没有差别。根据修正后对工人进行分类的方法，我们发现，生存工资法仅对"未覆盖的工人"的工资产生了积极且重大的影响。一方面，这一结果表明，在这一段时间里，实行生存工资法的城市统计区发生了大幅度的工资增长。另一方面，我们无法将这一工资增长与生存工资法联系在一起，因为是那些"未覆盖的"工人，而不是"可能覆盖的"工人经历了工资增长的变化。

14.2.2　就业效应

如前文所述，纽马克和亚当斯针对全部处于工作年龄的成年人所估算的工资分布中的最低分位，采用和模型（1）相同的基本结构，推测一个线性概率模型，据此分析了生存工资法对就业的影响。但是由于他们把不工作的个人也包括在了样本中，故无法重新产生覆盖／未覆盖的区分，而他们正是围绕着这种区分来分析工资效应的，其中的原因是：对于不工作的人，没有行业和职业数据。然而，我们对纽马克和亚当斯的方法做了一个微小的修正，就能够保留覆盖和未覆盖这两类工人之间的区别。

我们对纽马克和亚当斯的模型的修正来自于这样的事实：当前人口调查包括了上年度处于劳动力市场的所有人的行业和职业信息，即使在调查时被调查者已退出劳动力市场。这样，如果我们把样本仅仅限定在过去12个月的某个时点处于被雇用状态的人，那么出于分析就业效应的目的，我们就可以使用纽马克和亚当斯把工人归类为"被覆盖"或"未被覆盖"的方法。在这一限定下进行研究工作从本质上看是适当的，因为只有考虑那些与劳动力市场至少有着某种边缘性联系的个人，我们才能期待发现生存工资法对就业的影响。

在表14.3中，我们使用限定的数据样本，报告了对纽马克和亚当斯的模型1和模型2的估计结果。我们只考察了估算工资分布的最低分位，并提供了所有三个滞后设定的结果。

在表14.3中的第A部分，我们使用限定样本对模型1进行了估计。很清楚，我们仍生成了反衬纽马克和亚当斯的研究发现的结果。的确，生存工资变量由于滞后了12个月，在5%水平上具有统计意义，量值为-5.38，很接近于纽马克和亚当斯原来的-5.62的估计值（纽马克和亚当斯，2003b，

表 14.3　　　　生存工资法对就业的影响，不同的样本和分类

A. 模型（1）：新样本（仅包括那些处于劳动力队伍的人或者不处于劳动力队伍但上年度有工作的人）

百分位数范围	≤10
设定 1	−0.65
生存工资	(2.50)
设定 2	−1.58
生存工资，6 个月滞后	(2.55)
设定 3	−5.38＊＊
生存工资，12 个月滞后	(2.74)
未加权 N	47 759

B. 模型（2）：可能被覆盖和未被覆盖的工人，纽马克的分类——新样本（仅包括那些处于劳动力队伍的人或者不处于劳动力队伍但上年度有工作的人）

百分位数范围	未被覆盖的工人	被覆盖的工人
	≤10	
设定 1	−1.06	−1.35
生存工资	(3.28)	(2.96)
设定 2	−2.26	−3.16
生存工资，6 个月滞后	(3.40)	(3.21)
设定 3	−5.70	−6.65＊
生存工资，12 个月滞后	(3.83)	(3.55)
未加权 N	46 133	

C. 模型（2）：修正的分类，新样本（仅包括那些处于劳动力队伍的人或者不处于劳动力队伍但上年度有工作的人）

百分位数范围	未被覆盖的工人	被覆盖的工人
	≤10	
设定 1	−0.47	−1.45
生存工资	(2.62)	(4.71)
设定 2	−2.00	−2.04
生存工资，6 个月滞后	(2.77)	(5.27)
设定 3	−4.69	−6.55＊
生存工资，12 个月滞后	(3.04)	(6.12)
未加权 N	46 133	

　　资料来源　美国劳工部劳工统计署，当前人口调查（1996—2000）。

　　注：因变量是 log（就业）。就业的系数已经乘以 100 了。括号中的标准误差均为异方差—稳健标准差，并且对城市一月份单元内的非独立性也是稳健的。如果在特定月份和年份中该城市有至少 25 个观察结果，那么该城市的观察结果就包含了该特定月份和

年份的样本中。回归分析中包含的其他控制变量在正文中都有说明。

　　*表示在 0.10 水平的统计意义。

　　**表示在 0.05 水平的统计意义。修正后的覆盖面的界定是根据生存工资法的实际执行情况（详细描述见正文）做出的。

513，表 6）。这说明，把样本限定在与劳动力市场有某种边缘性联系的那些人，这本身并不能显著地改变纽马克和亚当斯原来的结果。此外，如表 14.3 中的第 B 部分所示，即使采用我们的限定样本，如果我们按照纽马克和亚当斯的定义，使用可能覆盖的归类方案，我们仍能得出与他们的原始估计相符合的结果——即对所覆盖工人的生存工资变量来说的一个负的具有统计意义的系数。

　　然而，如表 14.3 中的第 C 部分所示，如果我们像前面的工资分析一样，采用一种与生存工资法的实际应用状况相符合的方法对工人进行"被覆盖"或"未被覆盖"的归类，我们就将不再观察到"被覆盖"工人的一个具有统计意义的系数。的确，对于这两类工人，生存工资变量在统计意义上都无法与零区分开，尽管所有变量数字都为负值。因此，如同我们对工资效应的分析，我们可以得出结论：纽马克和亚当斯的研究结果对于更能精确反映生存工资法在全国的实际运用状况的覆盖面设定来说，不是强检验。

14.3　结论

　　纽马克和亚当斯的研究结论认为，生存工资法（尤其是规定了企业补助条款的那些城市的生存工资法）所带来的工资增加覆盖的低工资工人所占比例远远超过了原来的估计数，我们对纽马克和亚当斯（2003b）的论文的这一重要复述对他们的研究结论构成了挑战。此外，他们还认为，在那些实行生存工资标准的城市，生存工资法在极大程度上导致了工人被解雇，我们的结论也对此形成了挑战。如引言（概述）部分所介绍的那样，纽马克和亚当斯对法律的贫困效应的分析，是基于他们对工资和就业的分析得出的数据——更确切地说，他们观察到的工资增加应该有助于缓解贫困问题，而工作的丧失则会导致贫困程度的加剧。然而，我们对于工资和就业的研究结果（一旦我们对工人可能被覆盖或未被覆盖的情况进行适当的归类，就不会出现统计意义上的生存工资效应）也动摇了纽马克和亚当斯关于贫困效应的研究结论的基础。

根据方法论基础，我们认为当前人口调查数据不适合用来分析生存工资法的影响，这是因为生存工资的覆盖范围只局限于采用生存工资标准的城市中的极少数工人。因此，即使工人集中于工资分布的最低分位，这一较小的工人子集所获得的工资增加也不大可能使平均工资有足够大的增加从而使他们在当前人口调查数据中被探查出来。

我们还阐明，即使接受两位学者使用当前的人口调查数据，他们关于工资和就业效应的统计意义的结果也是依赖于他们界定含企业补助条款的生存工资城市中被覆盖的工人的方式。我们还发现，他们界定可能覆盖的工人时采用的粗线条方法基本上是错误的。我们的结论是建立在前瞻性和回溯性研究数据的基础上，这些数据显示了含有企业补助条款的生存工资法在有关城市的实际运用状况，并且更详细地考察了有企业补助条款的时间最久的三个城市。

如果根据新数据在当前人口调查框架内重新对工人进行归类（归类为"被覆盖"或"未被覆盖"），我们发现，法律对"未被覆盖"的工人的工资有积极效应，但对于那些"可能被覆盖"的工人却没有。这有力地说明了，纽马克和亚当斯得出的关于实行生存工资法的所有城市的积极且有统计意义的工资效应，是由除了生存工资以外的其他因素促成的。尤其是，在对"被覆盖"的工人的观察结果中（假定生存工资法的执行有 12 个月的滞后），洛杉矶、奥克兰和明尼阿波利斯具有很大的代表性，而且绝大多数被归类为"被覆盖"的工人实际上没有被覆盖，因此，纽马克和亚当斯的研究结果最可能反映了这三个城市的城市统计区范围内的总趋势。换个说法，纽马克和亚当斯把这几个城市几乎所有的工人都归类为"被覆盖"，这个界定在实际效果上导致人们会用生存工资标准去评价和判断 20 世纪 90 年代末上述城市（城市统计区范围内）的低工资劳动力市场的趋势。

亚当斯和纽马克提出了这种可能性：在规定了企业补助条款的城市的低工资劳动力市场上，立法通过了带有企业补助条款的生存工资法或许是产生上述趋势的原因，称"我们必须记住，我们的估计能够反映生存工资运动的广泛影响，这个运动令人信服地对那些通过了含有企业补助条款的生存工资法地区的低工资劳动力市场产生了巨大的影响"（2005，91）。然而，这一主张的逻辑是无说服力的。如前文所讨论的那样，在实践中，含企业补助条款的生存工资法的实际运用基本上同含有城市承包商条款的生存工资法无法区分，这是因为实际受到企业补助条款影响的企业数量是非常小的。因此，"生存工资法的企业补助条款产生了重大影响"（更不用说城市统计区范围内的影响）的这一结论是没有经验根据的。

我们关于就业的研究结果也采用了相似的方式得出。一旦使用我们做工资分析时遵从的同样方法（根据各有关城市提供的关于生存工资法企业补助条款在实践中如何实施的数据）对工人进行"被覆盖"或"未被覆盖"的重新归类，纽马克和亚当斯观察到的负面的和统计意义的就业效应就会消失。我们没有观察到生存工资法给工资和就业带来了全市性的影响，这个事实也意味着，这些法律也不太可能在全市范围内对贫困状况产生任何影响。

我们得出的总体结论是显而易见的：纽马克和亚当斯对美国的生存工资法产生的影响的分析经不起这项回复性研究的深入推敲。当然，对于生存工资法如何影响了低工资工人的工资水平、就业或其家庭的贫困状况，我们的研究结果也没有回答更为广泛的实质性问题。这些问题，我们在本书的其他地方也谈及了，它们仍然是理解生存工资法如何影响美国低工资工人的生活所要关注的核心问题。

注　　释

第一部分　问题的提出

第1章　概述

1. 洛杉矶法律最初规定的标准是每小时工资 7. 25 美元加上 1. 25 美元的医疗保险。

2. 关于全国的生存工资运动的状况的最新资料，主要来自不可或缺的 ACORN 生存工资资源中心（ACORN Living Wage Resource Center），详见 http：//www. livingwagecampaign. org/index. php？id＝2071。

第2章　生存工资的经济逻辑和道义使命

这是摘自以色列特拉维夫大学名人演讲的最新修订版本，2001 年 12 月 16 日。

1. 这是罗斯福说过的一句话，在斯塔比尔（1993，13）的文章中被引用。

2. 选自《联合国世界人权宣言》（1948），详见：http：//www. un. org/Overview/rights. html。

3. 尽管节约了大量的工资成本，但是，在实现政府资金节约这一有限的意义上，政府外包的效果显然是很不明朗。于是，在《公共管理评论》（1998）学术期刊上，乔治·博伊恩指出，所有的定量研究中仅有约 1/2 的研究发现了合同外包降低了政府开支并提高了效率。许多当地政府都认同这些说法。例如，国际城市（国家管理协会）在 2002 年进行了一项调查，调查报告显示有超过 1/5 的地方政府将私人服务引入到政府机构内部。近 3/4 的地方政府提到它们对这些服务的质量感到不满意，1/2 以上的地方政府认为没有充足的成本节约，这两个方面都有违于它们的基本动机（国际城市/国家管理协会，2003）。专家提出了一些与合同外包相关的几个问题，包括确保服务质量的挑战、监督合同契约人的成本（由于合同契约人试图重新谈判合同的价格或完全违约合同所导致的服务中断，以及腐败或管理不善的可能性），详见 Dilger，Moffett，Struyk（1997）；Hirsch（1995）；Pack（1989）；Sclar（1997）；Steel，Long（1998）。

4. 选自艾伦·格林斯潘的《国会半年度报告》（1997 年 7 月）。详见：http：//www. bog. frb. us. boarddocs/hh/1997/July/testimony. html。

5. 莫利·欧桑斯基是社会保障总署的研究人员，为贫困线的制定做出了基础性的工作，他实际上提出了两套界定贫困的标准：一是基于"节俭食品计划"，二是基于"低成本食品计划"。福利部门曾在很长一段时间里一直使用低成本计划，把它"作为贫困家庭最基本的食物分配计划"，但是联邦官员决定选择节俭食品计划（即两个门槛中较低的一个），从而使生活在贫困线以下的人口数量减少了（Fisher 1992）。

6. 艾伦·格林斯潘于 2001 年 7 月 18 日在众议院金融服务委员会上的证词的评论，被 Gosselin 引用（2001）。

第 3 章　关于最低工资法案的辩论

1. 保罗·克鲁格曼的书评最初发表于《华盛顿月刊》30（9）期，第 42-45 页。

2. 罗伯特·波林的回应发表于《华盛顿月刊》30（11）期的信函栏目，第 3 页。

第二部分　生存工资法对企业的影响

1. 这些例子来源于加州大学伯克利分校 Arindrajit Dube 的一篇非常优

秀但未公开发表的评论性文章《卡特里娜飓风让我们意识到工作着的穷人：我们对此能做些什么?》

第4章　新奥尔良市的最低工资标准：6.15 美元的最低工资标准对企业意味着什么

这一章的大部分内容来源于罗伯特·波林、马克·布伦纳、斯蒂芬尼·卢斯 2002 年的论文，《想要的和不想要的结果：对新奥尔良生存工资法律的评价》，《经济问题杂志》，36（4）：第 843 ~ 875 页。而 2002 年的论文又是从罗伯特·波林、斯蒂芬妮·卢斯、马克·布伦纳（1999 年）的论文中摘录的：《新奥尔良最低工资提案的经济分析》，PERI 研究报告第一卷，马萨诸塞州阿默赫斯特市：政治经济研究院，可从下述网址获得：http：//www. peri. umass. edu/fileadmin/pdf/research_ brief/RR1. pdf. 。

1. 除了简单的会计问题外，我们还可以利用标准的希克斯-马歇尔派生需求法则或动态的买方垄断框架，比如 Card 和 Krueger（1995）首先提出的分析框架，确定五种可能的途径。通过这些途径，受最低工资法影响的新奥尔良企业可以根据较高的城市最低工资做出相应的调整。

2. 当 2002 年 2 月通过最低工资法时，对它的某些法律性解释坚持认为：挣得低于最低工资的工人实际上也被最低工资法覆盖了。到本文发表时，有关争论尚没有最后结果。但是，我们做出了另一组估计，将低于最低工资的工人与增加工资相关联的成本也包括其中。这些结果可以从作者那里获得。

3. 我们没有得到 1998 年新奥尔良最低工资工人年工作周数的精确数据。在 1990 年，生活在贫困中的低工资工人当年的平均工作周数仅为 38 周。然而，由于 1990 年是经济萧条期，所以这至少是导致这一数字较低的部分原因。无论如何，我们假定低工资工人每年工作 50 周肯定是偏高的。这意味着，对最低工资增加带来的影响进行估计（无论是成本还是收益）也可能被夸大了。

4. 我们的问卷没有对被调研企业的经营成本进行明确的定义，而是让每一个企业根据它们自己的会计程序给出本企业经营成本的数值。对这一概念的一般理解是它包括所有的经常性的账户支出，但不包括资本支出或资本货物的折旧。

5. 与小企业管理机构使用的定义相一致，利维研究所（Levy Institute）把小企业定义为雇员不超过 500 人的企业。

6. 这种方法来源于 Elzinga and Hogarty（1973）分析，这是关于市场的地理边界的著名分析方法，即"市场包括决定产品价格的基本供求力量，地理上的市场区域就是包括了这些买家和卖家的区域"（47）。其他学者（例如，Benson1980）在 Elzinga 和 Hogarty 的理论框架之上做出了有效的扩展，但并不影响我们这里对另一种竞争环境的研究。Greenhut 和 Norman（1995）的论文集收集了上述以及其他有关区位经济学的优秀论文。

7. HRG & Torto Wheaton 研究，《单一市场旅馆业展望》，新奥尔良，2002，可从下述网址获得：http：//www. tortowheatonresearch. com。

8. HRG 的研究还提供了第三个亚市场的情况，称为法国区。然而，从这个市场得到的数据也包括新奥尔良城区以外的旅馆。这样，如果考虑这个亚市场的话，我们就无法清楚地发现新奥尔良城区内和城区外的旅馆之间的区别。

9. 细分市场旅馆价格的相关数据全部来源于波林，布伦纳和卢斯（2002），波林、卢斯和布伦纳（1999）。

10. 除了新奥尔良市场这种情况之外，研究者们一致认为，在一个相对较大的价格变动范围内，服务行业的需求弹性是相对较小的，具体说来，在新奥尔良，由于最低工资成本转嫁带来的价格上涨肯定在 1% ~ 2% 之间，可以参考 lewis 和 shoemaker（1997）的论文。

11. 根据 1994 年食品销售研究院的调查（Miller 1994），食品的价格只是消费者决定是否购买该食品的第 4 个重要因素（排在质量、店面清洁程度、店员的礼貌程度之后）。

12. Chung 和 Myers（1999），Finke、Chern 和 Fox（1997）这两篇论文详细描述了在不同的社区、种族群体和收入水平之间的食品价格差异。

13. 详见美国农业部（2000）对 1997 年食品券参与率的估计值。根据这些估计值，1997 年，路易斯安那州符合条件的家庭中有 70%～80% 的家庭参与了食品券计划。但是，由于 Revkin（1999）和 Mehren（2000）所述的福利改革的践行，参与率显著下降。这也是为什么我们在此仅报告了 70% 这一较低参与率的原因。

14. 计算过程如下：1.5%（食品价格增长率）×0.33（食品支出占家庭总预算的比例）×0.5（没有纳入食品券计划的食品预算）。我们得出食品券占食品支出预算的平均 50% 的方法在波林、卢斯和布伦纳（1999）的论文中做了介绍。但是，请注意，很多研究贫困的学者认为政府估计的食品支出占贫困家庭总的生活支出 1/3 的比率有点太高了。详见 Citro 和 Michael（1995）。

15. 波林、卢斯、布伦纳（1999，附录 4）解释了 200 万美元的营业税收入损失的具体计算方法。

16. 但是，支出不会绝对下降，这是因为经济总归是在增长的，考虑到这一因素，总收入和生产率也将增加。

17. 我们把低收入社区定义为那些平均家庭收入低于 26 000 美元的社区（1998 年的美元价格）。这一数字相当于 1990 年的 20 000 美元，我们的社区收入数据来源于 1990 年的人口普查。

18. 获得最低工资上调的工人中大约有 73% 的人住在新奥尔良，在这些人中，约 53% 的人住在低收入社区。最低工资增加后，2 000 000 美元的净收入增加考虑了政府补贴的变化。

第 5 章　圣菲市的生存工资标准：8.50 美元的生存工资标准对企业的影响

本章的材料最初是 2004 年 3 月 9 日罗伯特·波林的专家报告的一部分，该报告提交给了新墨西哥州圣菲市第一司法区法庭，案件的原告是新墨西哥人自由企业（New Mexicans for Free Enterprise）、圣菲商会、普兰佐（Pranzo）、祖玛公司（Zuma Corporation）、Robbie Day 公司以及圣菲希尔敦

（Pinon Grill）公司，被告是圣菲市，案件号是 D-101-2003-00468，于 2004 年 4 月 25 日举行了听证。根据法律程序，罗伯特·波林被列为初始专家报告的唯一作者。不过，这项研究在各个阶段上一直都是波林和马克·布伦纳合作完成的。2004 年的专家报告全文详见 http：//www. peri. umass. edu/fileadmin/pdf/other_ publication_ types/santa_ fe_ expertreport. pdf。在本章中，"2004 年专家报告"就是指这个报告。

1. 新墨西哥，圣菲，法令号 2003 - 8，第 4 章，第二部分。详见：http：//www. santafenm. gov/cityclerks/living-wage-2003-8. pdf。

2. 企业成本的计算方法来自下面三个资料：一是 2001 年美国区域经济状况（CBP）的邮政编码数据库，由美国人口普查局公布；二是 1997 年圣菲经济调查，亦由美国人口普查局公布；三是当期人口调查 outgoing rotation group（CPS-ORG）（译者注：CPS 中的每个家庭在 4 个月中每个月都接受访谈，随后的 8 个月不计，然后在接下来的 4 个月中再次接受访谈。只是在第 4 次和第 8 次，这些家庭才会被问及平均周工作时数、周工资等问题。每个月都有新家庭加入，因此每个月有 1/4 的家庭处于此点），由美国劳工统计署和人口普查局联合发布。地方供应商成本转移的估计数据来源于 IMPLAN，这是由明尼苏达大学的研究人员开发出来的一个地区投入—产出模型。而这个模型又是以美国政府企业调查数据为基础开发出来的。圣菲低工资工人的数据也来源于 CPS-ORG。

3. 对联邦和州最低工资法中的税收豁免与圣菲的法规是一致的。因此，我们在此假定收入低于当前最低工资的工人从而被税收豁免覆盖的工人，根据圣菲的最低工资法都能够被税收豁免覆盖。

4. 新墨西哥自由企业等公司诉圣菲市的案件，"原告 Pranzo 对被告的第 3 轮质询和第 4 回文件索求的回复"，2004，第 2 页。

5. 在 2004 年专家报告附录 1 中，我们论述得出了该代表性企业的总销售额的方法。我们给出的是中位企业的数值，而不是企业的平均数值，这是因为中位数值没有被成本与销售额比率极高或极低的少数几个异常的公司所扭曲。但是我们也要强调，平均值数据与中位值数据并没有实质上的不同。

例如，平均数据的成本增加占销售额的比率为 1.2% ，而不是 1% 。

　　6. 还要注意，这些本地供应商也会把自己增加的成本转移给那些未受覆盖的企业。

　　7. 自 2004 年 3 月作为罗伯特·波林的专家证词（2004 年的专家报告）出现的那一版以来，作者对该文的这一部分内容作过修订。修订的原因是：当时提供的计算结果是根据庭审之前原告提交给法院的工资数据来计算的。在庭审过程中的交叉检查之后，发现原告最初提交给法院的工资数据不准确。一旦在案件审理过程中原告的工资数据被改正过来，那么很显然，我们仅根据公开数据对圣菲酒店行业的成本的估计方法在用于估计原告本身的成本增加时，将比我们最初认为的要更加准确。

　　8. 两篇文章论证了这个一般性观点，一篇发表于 2004 年，作者是康奈尔大学酒店管理中心从事酒店业研究的 Linda Canina 和 Cathy Enz 以及斯密斯旅行研究中心主任 Mark Lomanno；另一篇发表于 2006 年，作者是 Canina 和 Enz。Canina 和 Enz（2006）在 2001—2003 年间研究了美国 6 000 个品牌酒店的定价行为，结论是"当酒店保持相对较高的价格并且不为了降低空房率而打折时，酒店直接参与竞争的运营方式更赚钱，这个结果是很清楚的"（2006，6）。

　　9. UNM 的研究确实提供了关于圣菲市的酒店在 1993 年至 2003 年 9 月间的价格和入住率的资料。这些数据表明，市区酒店的入住率在这期间总体上是下降的，从 1993 年处于峰值时的 78.5% 下降到 2002 年的 67.1%（2002 年是可获得数据的最后一个整年）。同时，在进行通货膨胀调整后，市区酒店的房间价格基本上变化不大，1993 年为 160 美元，2002 年为 156 美元（均以 2003 年美元价格计算）。但是，在某种程度上，与圣莫尼卡和加利福尼亚州相比，我们无法以一种与加州或圣莫尼卡市的情况可比较的方式来评价这些酒店的绩效，因为与圣莫尼卡的情况不一样，UNM 的研究没有提供酒店房间供给量的系统性数据，也没有提供细分市场中酒店绩效的数据。然而，论文提到："近年来，在阿尔伯克基（美国新墨西哥州中部的城市）的市场上，酒店房间的存量大量增加，这可能是使入住率和房间价格维持在较低水平的一个原因（2004，60）"。由此可以看出，面对快速增加的供给量，维持平稳的抑或较低的价格其本身并不能增加需求。

10.　总之，宾夕法尼亚的企业可以提高价格，以便从新泽西的价格上涨中得到好处，但是它们不会为了抵补成本的增加而提高价格。

11.　新墨西哥人自由企业等诉圣菲市，"Elizabeth Draiscol 支持预先性禁令提议的修订后证言书"，2004，第 3 页。

12.　在过去的 20 年里，经济领域关于效率工资和内部劳动力市场的学术研究详尽地探讨了高工资以及合作性的工作环境是怎样提高生产率的。若对这一领域的问题想做一个简单的了解，请参见 Akerlof 和 Yellen（1986），Campbell（1993），Pendergast（1999），拉奇尔 Lazear（1999），费利斯 Fairris（2004）。如果想了解这些问题的从历史视角出发的观点，请参见 Raff 和 Summers（1987），以及 Owen（1995）。

13.　Pranzo 和 Zuma 的数据之间只有两点显著的不同。第一，Pranzo 提供了当年全部 26 个时期中的 21 个付薪期的工资数据。第二，Pranzo 没有提供付薪期中就业量峰值的数据。但是，我们仍需要估计员工流动率的数字，而不把就业中的季节性离职作为流动的组成部分。因此，我们对 Pranzo 就业率峰值的估计就相当于我们对 Zuma 的实际就业率峰值的估计。根据 Zuma 的 10 月份实际就业峰值，我们估计了 Pranzo 的就业率峰值为 109。然后采用与 Zuma 同样的步骤，得出 92% 的年流动率，季节性离职的数量为 100。再根据每次离职成本 5 000 美元的行业数据来计算，Pranzo 每年的流动成本为 500，000 美元，比我们估计的由生存工资法所带来的法定成本 107 170 美元高出 4.7 倍。

14.　例如，根据该软件的创建者，新墨西哥州旅游局、农业局、劳动局以及新墨西哥行政管理和预算局、金融立法委员会都使用 IMPLAN。若想更详细地了解 IMPLAN 以及类似的投入—产出的建模软件，请参见 Rickman 和 Schwer（1995）。

15.　关于 pranzo，参见新墨西哥人自由企业等诉圣菲市，"原告 Pranzo 对被告提出的第 3 次质疑和第 4 次文件要求的回复"，2004 年第 2～3 页。关

于 Robbie Day，参见新墨西哥人自由企业等诉圣菲市，"原告 Robbie Day 对被告提出的第 3 次质疑和第 4 次文件要求的回复"，2004 年第 5 页。关于 Zuma，见新墨西哥人自由企业等诉圣菲市，"原告 Zuma 公司对被告提出的第 3 次质疑和第 4 次文件要求的回复"，2004 年第 7 页。

16. 新墨西哥人自由企业等诉圣菲市，"原告 Robbie Day 对被告提出的第 3 次质疑和第 4 次文件索求的回复"，2004 年第 5 页（强调部分系后加）。

第 6 章　亚利桑那州最低工资标准上调后的支出注入：企业如何受益

本章摘录于罗伯特·波林和珍妮特·威克斯-利姆（2006），《亚利桑纳州最低工资提案的经济分析》，华盛顿特区：美国进步中心和政治经济研究所，详见：http：//www. americanprogress. org/issues/2006/10/pdf/az_min_wage. pdf。

1. 关于我们是如何得出这些数据的技术性说明（带参考文献）请见波林和威克斯-利姆（2006，附录 1）。

第三部分　对工人和家庭的益处

1. 毫无疑问，我们是那场激烈辩论的积极参与者。若想更详细地了解，请参见波林（2000）。

2. 圣莫妮卡的信息由洛杉矶新经济联合会（LAANE）的 Vivian Rothstein 提供。

3. 这些州包括：阿拉斯加州、亚利桑那州、阿肯色州、加利福尼亚州、科罗拉多州、康涅狄格州、特拉华州、佛罗里达州、夏威夷州、伊利诺伊州、缅因州、马里兰州、马萨诸塞州、密歇根（密执安）州、明尼苏达州、密苏里州、蒙大拿州、内华达州、新泽西州、纽约州、北卡罗来纳州、俄亥俄州、俄勒冈州、宾夕法尼亚州、罗得岛、佛蒙特州、华盛顿州、西弗吉尼亚州、威斯康星州。但是，请注意，西弗吉尼亚州的最低工资所覆盖的范围非常狭小，原因是它没有把涉足州际商业的企业和小型商业企业包括在内。

第7章　何谓生存工资——以加利福尼亚州圣莫尼卡市为例

这1章是从罗伯特·波林（2002）的文章修改而来的，"何谓生存工资——对圣莫尼卡、加利福尼亚州的考量"。激进政治经济学评论34（2002年秋季）：第267～273页。这篇文章又是以波林和布伦纳对圣莫妮卡的研究（2000）为基础的。

1. 这部分所谈论的内容几乎和第2章是相同的。尽管如此，我们仍把这部分写入本书是基于以下3点原因：第一，第2章只对这一显而易见的核心问题做了简单介绍，而这一章进行了更深入的讨论。第二，本章还考虑了不同地点、不同时间的情况（将2000年圣莫妮卡的情况与2005年波士顿的情况相对照），因而为我们在各种特定环境下如何运用这个一般性的方法提供了某些指导。第三，通过对以1999年美元价格计算的生存工资标准的发展和完善，本章为第8章关于生存工资提案如何影响圣莫妮卡的工人的讨论提供了参考。

2. NRC的研究包括贫困的相对标准和绝对标准的考虑。相对贫困，顾名思义，把社会的显著不平等现象带来的问题考虑进来，即使社会的平均生活水平相对较高。然而，我们在此仅以绝对贫困为重点。如果想更深入地洞察和概览这些问题并了解当前整个世界的贫困趋势，请参见Griffin（2000）。

3. 与此同时，ACCRA指数就我们的目的来看是有局限性的。问题在于，ACCRA指数的设计目的很明确：是为了测量不同地区的相对生活成本，这些地区的生活水平被ACCRA称为"中层管理者的生活标准"。我们的目的是了解低工资工人的生活成本，显然，低工资工人的生活成本与中层管理者的生活成本属于完全不同的类型。因此，为了利用ACCRA的数据，我们首先必须考虑中层管理者水平的生活成本的差异（差额）在多大程度上反映了在适宜于低工资工人的生活水准上相似的相对成本差异/差额。在波林和布伦纳（2000）的文章中，我们提供了ACCRA指数是测量美国各个城市低工资工人和中层管理者相对生活成本的合理标准的有关证据。

4. 这些数字来源于 CBP 的数据（以 1998 年美元计算），并根据所有城市消费者的消费物价指数（CPI-U）的通货膨胀率做了上调，报告的金额以 1999 年美元价格计算。

5. CBP 的交通费用支出数据是根据 1998 年的国内收入署规定的每米里程 32.5 美分的补贴得出来的。这一数字反映了汽油、石油、轮胎、修理、保险、折旧和相关费用的成本。

第 8 章　圣莫尼卡市的工人是如何从 10.75 美元的生存工资中获益的

本章来源于罗伯特·波林和马克·M. 布伦纳（2000）的文章，《圣莫尼卡生存工资提案的经济分析》，马萨诸塞州阿默斯特市政治经济研究院（PERI）研究报告第二卷，详见：http：//www. peri. umass. edu/fleadmin/pdf/research_ brief/RR2. pdf。早期的全面研究包括几位其他投稿人，作为合著者他们分别负责研究论文的不同部分。斯蒂芬妮·卢斯和珍妮丝·威克斯–利姆（2000）都撰写了本章所摘引的研究文献中的一部分。

1. CPS 的数据来源于 1999 年的调查。但是问卷中的问题是有关 1998 年家庭状况的调查。相比之下，我们对圣莫妮卡的工人进行调查的时间是 2000 年 3 月至 5 月，但我们所提的问题与 1999 年的状况相关。因此，为了使数据具有可比性，我们把 CPS 的数据转化为 1999 年美元价格。根据两组样本得出数据的具体方法的介绍参见波林和布伦纳（2000，附录9—10）。

2. 在波林和布伦纳（2000，附录10）中，我们对调查具有可信性这一结论的基础做了解释。此外，我们使用了 CPS 的调查结果去检验我们调查的准确性。

3. 在波林和布伦纳（2000，附录9）中，我们比较详细地解释了为什么在这组数据中做这种限定增加了所得结果的综合可靠性。然而，这种方法论选择的一个副产品是我们低估了这些样本中 20 岁以下的青少年的占有率。为了更准确地测量青少年占比，应该把那些每年工作少于 250 小时的人包括在内，这样就得到了 6.8% 这一数值。但是，即使这一数字因包括青少年而高了很多，调查中工人的绝大多数仍然是处于长期职业轨道上的中年人，这是很明显的。

4. 这些数字并不严格地等于平均工资和平均每年工作的总小时数的简单乘积。这里的结果稍有不同，我们计算该表中的平均数据采用了逐个观察的方法，也就是等于每位工人的总工资乘以他（她）的总工作小时数之后再求平均值。

5. 在波林和布伦纳（2000）中，我们提供了平均值、中值、挣得和收入这些数据。在此。我们仅使用具有代表性的中值这一数据。

6. 在 CPS 中列出的全部家庭收入来源清单包括失业保险、体力工人补偿金、社会保障或铁路保险、附加保障收入、公共援助金或福利金、退伍军人补贴、残疾人补贴、退休收入、利息收入、股息收入、房地产或信托收入、净租金收入、子女抚养费、赡养费、私人经济援助。

7. 在我们的样本数据中，为了对青少年的数据增加一些额外的视角，那就是如果我们考虑年龄在 17 ~ 20 岁之间的工人，那么总家庭收入的中位数要比总样本的数额高出 38%。于是，那些包括青少年工人的家庭要比样本中的平均家庭要好很多，尽管并不是好很多。

8. 我们使用的调查方法来自于波林和布伦纳（2000，附录 10）的调查方法。我们还提供了有关调查方法论的详细说明。

9. 请注意，在样本中较高的青少年密度并不怎么有利于小型的平均家庭规模，因为家庭中的青少年人口平均为 3.9 人。有青少年工人的家庭其家庭收入的中值也是相对较高的，为 30 000 美元，但是比总体收入中值 23 500 美元高不了多少。的确，青少年工人为家庭带来的收入中值数 8 950 美元是提高其家庭总体收入超过样本的中值的主要原因。

10. 工人和其家庭从各种生存工资的增加中得到很多好处，生存工资是从联邦和州政府机构的信息中得来的，包括：联邦和州政府税收、食品券、加州医疗补助计划（如家庭健康计划）。关于计算的详细过程可以参见波林和卢斯（1998）。资料来源于以下几个：国内收入署，美国政府，1999 年个人所得税返回表单 1040A，详见：http://www.irs.gov/pub/irs-prior/f1040a-1999.pdf；加州税务局，加利福尼亚州，1999 年居民个人收入税表单 540A，详见：http：//www.ftb.ca.gov/forma/99_forms/99_540A.pdf；食品与营养服务，美国农业部；食品券法规，详见：www.usda.gov；加利福尼亚健康服务部（1999a，1999b）。

11. 纽马克和亚当斯（2000）以及其他的学者都客观地批评了我们先前的生存工资方案——对方案的影响是来源于家庭的类型而不是低收入家庭的平均特征。我们非常幸运在此项目期间有机会更加全面地看待此问题。同时，我们非常清楚我们在此描绘的方案仅适用于一些家庭，这些家庭中有一名工人的生存工资的确增加了。这些典型的家庭并不意味着对洛杉矶地区所有平均低收入家庭状况的描述，其中的绝大多数并不受到法令的影响。这一方案同样不适用于那些处于海岸线地带的低收入家庭，这些家庭的工人被企业以低于300万美元雇佣或通过一个倾斜的工人条款范围将其排出其中。

12. 请注意，家庭1和家庭2类似，在任何工资率的方案之下，这两个家庭都没有资格享受到无成本的加州医疗补助计划，因为享受的资格标准是他们的收入低于官方规定的贫困临界值之下。但是家庭1在任何工资方案下都可以享受到联合州或联邦家庭的健康计划。只有那些家庭收入低于官方规定的贫困临界值的250%的家庭才有享受这一项目（儿童医疗保健成本的部分津贴）的资格。因此在所有的情况下，关于政府支持的健康保险计划方面，家庭1的状况在2000年提出的三种生存工资方案下将不会发生变化。

第9章　亚利桑那州最低工资的增加对工人及其家庭的益处

本章来源于罗伯特·波林和珍妮丝·威克斯-利姆（2006），《亚利桑纳州最低工资提议的经济分析》，华盛顿：美国进步中心和政治经济研究所，详见：http：//www.americanprogress.org/issues/2006/10/pdf/az_min_wage.pdf。

1. 这里的凤凰城、图森市、尤马市指的是人口普查局所列的大都市统计区。

2. 这里的代表性是指为各种数据类别统计的中值，我们依旧引用波林和威克斯-利姆（2006，附录3）中相同数据集合的平均值和标准误，并讨论了在此种情况下为何中值要比平均值更具有代表性。

3. 这一特征从下述事实中反映出来：尤马市家庭成员中挣钱的人数平均为2.4，而凤凰城、图森市和亚利桑那州的其他城市家庭中挣钱的人数为2（详见波林和威克斯-利姆2006，附录3）。

4. 经济政策研究会（2005），基本家庭预算计算表，来源于 http：//www. epi. org/content. cfm/ datazone_ fambud_ budget。

5. 测算处于基本需要门槛以下的家庭所占百分比所用的数据样本并不包括所有家庭，而仅包括 Boushey 等人（2001）做出预算估计数值的家庭类型。这些家庭类型是：（1）有一个、两个或三个12岁以下孩子的单亲家庭；（2）有一个、两个或三个12岁以下孩子的双亲家庭。这些不同家庭类型的预算数字可从以下网址获得：http：//www. epinet - org/content. cfm/ datazone_ fambud_ budger。

6. 关于如何生成这些数据的详细介绍参见波林和威克斯-利姆（2006，a第4页）。

7. 这是针对那些基本需要门槛的家庭类型中的工人（见注释5）。

8. 亚利桑那州的低收入家庭也符合享受其他补贴的条件，包括儿童护理补贴、住房补贴、家庭能源资助。但是，对该州大多数低收入家庭来说，这些其他项目的参与率是较低的，而且最低工资增加对他们享受这些额外项目的资格的影响不足以大到严重影响我们的计算结果（即由于最低工资增加导致的可支配收入的平均变化）的程度。我们分析了这些计算的细节，包括额外补贴项目的参与率，见柏林和威克斯-利姆（2006，第4页）。

9. 关于波士顿生存工资法对那些因法律实施而获得加薪的工人生活的影响，请参见第10章的分析。Reich、Hall 以及 Jacobs（2005）证明了生存工资法对旧金山机场的工人的影响。其调查的质性证据包括：没有获得法定加薪的低工资工人，其生活水平有所下降，而获得法定加薪的大多数工人认为他们的生活水平至少没有下降。

10. 请注意对于有些家庭类型，EITC 的福利随着工资的增加而增加。

第四部分　回顾性分析

1. 例如，参见《洛杉矶生存工资法的回顾性研究》（Fairris 等人，2005）；旧金山机场生存工资政策（Reich，Hall 和 Jacobs，2005）；旧金山市最低工资法（Dube，Naidu 和 Reich，2005）；迈阿密生存工资法令（Nissen 和 Wolfe Borum，2006）。

第10章　生存工资法的实践：对波士顿、哈特福德和纽黑文三市的回顾性研究

本章摘自 Mark Brenner 和 Stephanie Lace（2005），《实践中的生存工资法：波士顿、纽黑文和哈特福特的经验》，艾摩斯特市，马萨诸塞州，政治经济研究院，见 http://www.peri.umass.edu/fileadmin/pdf/research_brief/RR8.pdf。

1. 由于政府在不同时间对生存工资和最低工资进行调节，因此与年中任何一点的差异相比，全年的平均差异可能大一些或者小一些。

2. 波士顿于 1997 年首先通过了生存工资法令，要求城市服务签约商公开披露工资和小时工资最高纪录，作为其遵守合约的构成部分。但是，在企业威胁说要就这一条款诉诸法律之后，该城市于 1998 年修订了该法。

3. 谈判合约成本是采购服务的真实成本的精确基准吗？投标人也许会提交虚假的低标以便赢得这些合同，只需在中标后再次就更优惠的条款进行谈判。一位分析人士给这种情况贴上了"要挟现象"的标签（Hirsch，1991）。如果这种做法普遍存在，那么我们的分析就低估了生存工资法的成本。对所有这些城市的政府官员的访谈并没有证据辨明存在着再谈判现象。例如，Diane Collins 考察了波士顿公共图书馆的生存工资，发现图书馆的工作人员提前花费一些时间以确保投标资料对工作任务进行了准确描述，这样外包商就不能就合同条款进行重新谈判。Collins 还表明，一位主管告诉一家外包商"如果他们想走歪门邪道，本图书馆将行使自己的权力废除合同，

并于 30 天后重新将标书授予其他企业"。纽黑文的审计主任 Mark Pietrosimone 讲述了一个类似的事例，在该事例中，中标企业试图就合同进行重新谈判，纽黑文市立即重新缔结了一个清洁的合同。

4. 关于最早研究巴尔的摩的详细情况，参见 Weisbrot 和 Sforza-Roderick（1996）；关于第二个问题的详细情况，参见 Niedt 等人（1999）。

5. 关于 20 个生存工资法令的概况，参见 Elmore（2003）。关于科瓦利斯市和俄勒冈州的详细研究，参见 Brewer（2001）。

6. 帕萨迪纳市的政府采购管理负责人 Steve Mermell 于 2002 年 1 月 14 日接受了马克·布伦纳和斯蒂芬妮·卢斯的访谈。

7. 俄勒冈州的蒙诺玛郡的数据来源于设施与财产管理部（n. d.）。关于更多的关系合约参见 Sclar（2000）。

8. 实际豁免于波士顿法律的合约被归类为必需合约，这是指那些根据城市需要来决定是否履行的服务合约（例如，自动玻璃修理、修锁服务、管道和电力设施修理）。仅当该市使用的这类服务超过了 10 万美元时，生存工资要求才适用（我们发现以前极少发生这种情况）。

9. 回想一下波士顿于 2001 年 9 月对生存工资法进行了重大扩展，工资底线提高到每小时 10. 25 美元，合约门槛降低至 25 000 美元，FTE 门槛降低为 25 名雇员（非营利组织）。由于逐步执行这些新条款的过程较长，我们仅把分析限定在那些受原来的条款所管辖的合约。

10. 参见布伦纳、威克斯-利姆和波林（2002）关于城市生存工资法适用于经济发展援助获得者的间隔时间的讨论。

11. 由于波士顿没有通过竞争性招投标来决标这类合约，故这里我们没有将特殊教育合约包括在内。特殊教育机构必须先得到州的认证，在由波士顿公立学校进行的筛选中胜出，然后才能设立场所。

12. 马克·布伦纳和斯蒂芬妮·卢斯于 2003 年 6 月 13 日对纽黑文市审计主任 Mark Pietrosimone 的访谈。

13. 马克·布伦纳和斯蒂芬妮·卢斯于 2003 年 6 月 12 日对阿格斯安全小组的 Pat Paboway 的访谈。

14. 马克·布伦纳和斯蒂芬妮·卢斯于 2003 年 6 月 12 日对三个城市安全服务机构的 Rod Murdoch 的访谈。

15. 马克·布伦纳和斯蒂芬妮·卢斯于 2003 年 6 月 11 日对艾尔·华盛顿联合公司的 Donald Coursey 的访谈。

16. 马克·布伦纳和斯蒂芬妮·卢斯于 2003 年 6 月 11 日对兰斯调查机构的 mark Cratin 的访谈。

17. 有些合同是年度合同，有些则持续若干年，因此我们分别计算了年度成本。和大多数城市一样，波士顿、哈特福特和纽黑文三市是随着合约到期并重新招标或续约而逐步实施生存工资法的。为了把这种阶段性考虑进来，我们对生存工资法生效以前的时期的合约同随后时期谈判的合约做了比较。当服务的范围随时间推移而明显变化时，我们也相应地对合约总值加以调整。

18. 没有关于中标合约的年管理费用的更多信息，我们则无法评估其所获利润在生存工资法实施后实际上是增加了还是减少了。

19. 一个例外是纽黑文儿童营养项目，在该项目中，尽管该市根据单位成本来招标合约，但成本却下降了。这一结果也许反映出：与根据单位成本竞标的其他服务相比，该项目涉及的做饭等非劳动力成本所占比重较大。

20. 当然，对于许多服务来说，合并合约不具有可操作性。更详细的讨论请参见波林、卢斯和布伦纳（1999）。

21. 关于降低成本转移的详细讨论，参见布伦纳和卢斯（2005，附录1）。

22. 马克·布伦纳和斯蒂芬妮·卢斯于 2003 年 6 月 12 日与波士顿公共图书馆的 Dianne Collins 的面谈。

23. 马克·布伦纳和斯蒂芬妮·卢斯于 2003 年 6 月 12 日与波士顿公立学校的 Joann Keville-Mulkern 的面谈。

24. 2002 年 3 月 5 日，波士顿生存工资管理部门的 Mini Turchinetz 在普罗维登斯市议会的证词。

25. 关于生存工资文献综述，参见布伦纳（2004）。

26. 这些观点反映了 20 世纪早期著述的经济学家的主张，如克拉克·科尔、理查德·莱斯特、劳埃德·雷诺兹以及萨姆纳·史利特。

27. 在大多数情况下，我们是按照工程来采集信息的。然而，好几个多工程承包商在合并的基础上报告了受法律管辖的工程业务数据。因此，我们的分析单位是企业，而不是工程，这样更准确。当然，我们的数据不反映大企业的全国性工程业务。

28. 布伦纳和卢斯（2005，附录 2）提供了全部问卷。

29. 本次调查的问卷应答者的详细情况参见布伦纳和卢斯（2005，第 3 章）。

30. 这里包括了人力服务类别中的教育和培训服务以及特殊教育、辅助生活、支持性住房、儿童护理，因为所有这些都属于 caring labor 的范围。有关 caring labor 的更为具体的信息，参见 Folbre（1995，2001）。

31. 的确，马萨诸塞州那些对人力服务支付相对较低工资的服务提供商，促使生存工资倡导者于 2000 年在全州引入了针对人力服务类劳动者的生存工资法案，它要求人力服务提供商向那些在州合约项下工作的员工支付 12.89 美元的小时工资。

32. 有关区分非营利行为和营利性企业的理论和分析性问题的评述，参见 Glaeser（2003）；Malami，Philipson 和 David（2003）；Hansmann，Kessler 和 McClellan（2003）。考察底特律生存工资法对非营利组织的影响的研究，参见 Reynolds 和 Vortkamp（2000）。

33. 年度数字是根据每年工作 2 080 小时计算的。

34. 相比之下，在圣莫尼卡市，波林和布伦纳（2000）估算，对于受被提议的生存工资法的潜在影响的企业来说，挣得低于 $ 10.75 的工人的劳动力成本占企业总收益的近 17%。倘若该城市实行了生存工资法，那些低工资劳动力成本就会上升至企业总收益的 23% 以上。注意我们是根据第 4 章提出的方法（新奥尔良企业成本）来估算低工资劳动力成本的。

35. 我们依据劳工统计局的数据来计算流动率，因为劳工统计局的数据与我们的调查问题最为相符，这个问题是："在上个月中，有多少非管理类员工辞职、被解雇或裁员？"为了计算流动率，我们用一个企业的回答结果

除以该企业非管理类员工的数量。

36. 更多的关于与员工流动有关的成本的讨论，参见 Hinkin 和 Tracey（2000）。

37. 在这阶段中，我们对每个企业里这类工人的比率做了平均，而没有计算所有城市合约工人在全部企业中所占的百分比。

38. 布伦纳和卢斯（2005，附录3）对这个问题做了更详尽的讨论。

39. 由于我们用未受生存工资法影响的企业作为一个控制组，因而我们的研究同 Katz 和 Krueger（1992）对得克萨斯州增加最低工资的影响所做的分析是非常类似的。

40. 布伦纳和卢斯（2005，第3章）对提高了工资的企业和没有提高工资的企业之间的相似点提供了更详细的解释。

41. 第一次增加只微弱的统计显著性，这或许是由于企业的数目相对较少，而第二次增加具有统计显著性。虽然两组之间的差别不具有统计意义上的显著性，但我们不能对这一发现完全不予考虑。比如，有可能由于我们的样本规模相对较小，因而制约了统计检验的效力。

42. 非全日制员工所占百分比的差异具有极大的统计显著性。为了检验这一发现的稳健性，我们仅分析那些在两年中均报告了有效信息的人力服务企业。尽管缩减了的样本规模极大地限制了统计检验的效力，但作为结果的雇佣模式、FTE 雇佣以及工作小时数大体上同完全样本相类似。

43. 合约工人人数的这一差异也具有较大的统计显著性。

44. 小时工资低于 $ 9.25 的工人比例的差异具有统计意义上的显著性。

45. 在我们这项调查中，非营利性的受访者把利润作为经营盈余的一个简略表述方式。因此，非营利性机构不同于营利性实体，不在于他们创造这些盈余的能力，而仅仅在于允许他们分配盈余的方式，强调这一点是很重要的。

46. 关于政府合约的动态性的更多分析，尤其是非营利性合约的特点，请参见 Boyne（1998），Steel 和 Long（1998），Sclar（2000），Milward 和 Provan（2000），Van Slyke（2003）。

47. 这两个标准在 Bacon，Russell 和 Pearce（2000）以及 Boushey 等人（2001）的文章中有详细阐述。由于 WEIU 标准在 1911 年引发了对马萨诸塞州劳动妇女的研究，成为确立州最低工资运动的一个组成部分并在 1912 年实现了目标，因而 WEIU/WOW 标准具有历史性意义。参见卢斯（2002）。

48. 如果我们调整交通和儿童看护的成本，即考虑两个成人、两个儿童的四口之家仅有一人工作的情况，结果，贫困门槛将是"两个成人、两个孩子"家庭类型的标准的大约 75%，即 $ 40 502（EPI 标准）和 $ 35 531（WEIU/WOW 标准）。健康维护成本是基于家庭自行购买计划，由于约有 60% 的家庭持有某种形式的雇主保险项目，为了反映这一事实，我们对家庭自行购买计划做了调整。关于各种标准的更多信息，参见布伦纳和卢斯（2005，附录 4）。

49. 关于每种家庭类型的贫困门槛，参见布伦纳和卢斯（2005，附录 4）。

50. 关于我们这个调查的更多信息，参见布伦纳和卢斯（2005，附录 5）。

51. 关于非随机抽样的优点和局限性的概述，见波林和布伦纳（2000）。

52. 调查问卷的应答者遍布于波士顿城市区域，唯一的最大集中地是多尔切斯特社区（应答者达 20 人），第二个比较集中的是波士顿市（11 人）和 Jamaica 平原社区（10 人）。其余的应答者居住在整个波士顿城区的 26 个不同市镇。支持性居处/支持性住房部门的雇员为那些归类为"多种服务承包人"的企业工作，见表 10.9。

53. 关于这一地区全部低工资工人的概况，参见布伦纳和卢斯（2005，附录 6）。

54. 表 10.15 反映出，工资在 $ 9.11 ~ $ 10.74 的工人的比重有轻微下降，与那些处于基本需要门槛以下的人相比，这部分工人是接近贫困的。这源于这样的事实：基本需要门槛并不是为所有家庭类型设定的。因此，接近贫困的计算中包含的一些个人没有被包括在"基本需要以下人群"的计算中。

55. 这一 80% 的数字是指 1999 年洛杉矶那些工资位于 $ 5.75 ~

＄10.75之间的工人，正如第8章关于圣莫尼卡的数据一样。

56. 关于处于基本需要门槛以上的家庭中的工人，布伦纳和卢斯（2005，第3章）提供了一个更为完整的描述。

57. 说明法律较好地达成了目标的另一个例子来自布伦纳和卢斯（2005，附录6）的研究结果。在这个研究中，我们阐明：与波士顿地区劳动力市场上同样境况的工人相比，该地区受法律影响的工人的境况大不如从前。的确，波士顿地区劳动力市场上那些挣得低于生存工资的工人反倒比那些已被生存工资法所覆盖的工人改善更大，比如，前者具有较低的极度贫困比率和贫困比率。

58. 那些称自己为遵守法律而提高了工资的企业，其员工年流动率达89%，而且，调查应答者的平均工作保有期仅为3年，由于这两点原因，我们几乎无法调查那些法律生效前一直为同一雇主工作的众多当前员工。因此，我们把那些称自己在1998年工资低于＄9.11的所有应答者都视为法律的直接受益者。

59. 例如，我们发现，就受法律影响的工人来说，极度贫困降低了22个百分点，而对于未受影响的工人，极度贫困则降低了9个百分点。这两者之间的差异（我们归因于生存工资法的实施）为13个百分点。这远高于总体下降水平的1/2。

第五部分　理论分析及争论

1. 失业率是这种情况下用来界定就业损失的宽泛概念的一种方法。我们将在第13章中更深入地讨论这个问题。

第11章　法定的工资底线和工资结构：对最低工资的波纹效应的新估测

本章是珍妮特·维克斯-利姆（2005）《法定的工资底限与工资结构：对现行最低工资法波纹效应的分析》一文的研究结果的最新版本（马萨诸

塞大学阿默斯特分校博士学位论文，可通过下述链接获得：http：//
www. peri. umass. edu/fileadmin/pdf/Wicks_ Lim_ dissertation. pdf)。

　　1. 波纹效应也可能由于雇主用高技能工人替代低技能工人而产生。为
应对工资底线的提高，雇主可以增加对高技能工人的需求，因为高技能工人
的工资通常高于最低工资。对高技能工人增加的需求会推升其工资。但是，
以往的研究（例如，见第 4 章）表明，通常与最低工资增加相联系的企业
成本是很小的，这使得这种本身有成本的劳动力雇佣状况不会发生。然而，
对这一问题我们仍需要做进一步研究。不过，不考虑这个原因，通过波纹效
应的作用，最低工资增加的确有提升更多工作岗位的工资的潜在可能，而不
仅限于那些受制于最低工资的工作。

　　2. 他们的估算表明，最低工资增加产生了两种意料之外的结果：一是
不仅提高了低工资工人的收入；而且也提高了原来工资较高的工人的收入；
二是在最低工资增加一年后，使得几乎每个工资水平的工人工资的增长都有
所放慢。他们这一非同寻常的发现具有重要的政策含义。如果高工资工人获
得了一部分最低工资增加带来的利益，那么这就表明，最低工资旨在针对低
收入工人的目标实现效果很差。进而，如果这类工资增加伴随着下一年里较
慢的工资增长，那就说明最低工资增加所带来的好处流逝了。这种好处仅在
一年之内被人们所感觉到，然后就消失了（见维克斯–利姆 2005 年对其方
法论的完整评论和批评）。

　　事实上，这一研究发现对纽马克、施韦策和沃舍（2004）的研究结论
构成了挑战。特别是，我并未发现高工资工人从最低工资提高中获得了工资
增加，也未发现工人工资的增长因最低工资变化而有所放慢。

　　3. 小时工资数据的来源有两个渠道：一是根据小时工资工人所报告的
数据采集；二是通过周工资除以通常的周小时数来估算。这一分析中只包括
两类工人：一是那些属于国内劳动力的一部分、至少年龄达到 15 周岁、不
属于自我雇佣的人；二是那些在 \$ 0. 50 ~ \$ 100. 00（1989 年美元）的范围
内工资收入为正数的人。这里的最后一个限定语是用来降低工资测量中的报
告误差。

4. 我使用的样本开始于 1983 年，这是因为对于 1983 年之前的全部 CPS 轮换组，一个重要的人口统计变量（工会会员身份）没有提问。因此，只有从 1983 年以后的数据有充足的样本规模，考虑了工会会员身份的变量从而加以分析。由于产业分类体系由"标准产业分类"（SIC）变为"北美产业分类体系"（NAICS），因此样本截止到 2002 年。这一整体变化使我们无法就分析中使用的产业变量生成一个连续的数据列。

5. 注意由于州和联邦的最低工资率会随时间而发生变化，而且州和联邦最低工资率相互之间经常有所不同，可以在某一时点对不同州的工人进行比较，也可以在不同时点对同一州内的工人进行比较。

6. 这里，我使用工资和最低工资的自然对数，以便使相对变化在规模上是统一的，而不是考虑绝对变化。

7. 对其他工资分位的测算同样也是根据相应工资分位上下的工人进行的。

8. 这些测量指标为非白人占比、仅高中毕业占比、专门学院毕业占比、至少获一个学士学位占比、工会密度、平均工作经验以及全职工作占比。CPS 没有对于工作经验的直接测量方法，因此，为了近似地估算工作经验，我使用了"潜在劳动力经验"，这个词是明塞尔（1974）首先使用的。这个方法等同于一个工人在年龄和学校教育年限一定的情况下很可能处于劳动力队伍中的年限数。

9. 在 CPS 的样本规模及其每月调查设计的前提下，我们可以根据每个年度建立两项观察数据。例如，第一项观察基于 1990 年，测量 1990 年前 6 个月（1—6 月）取样的工人工资到 1991 年前 6 个月（1—6 月）取样的工人工资的变化情况。第二项基于 1990 年的观察，测量 1990 年后 6 个月（7—12 月）取样的工人工资到 1991 年后 6 个月（7—12 月）取样的工人工资的变化情况。对于 1—6 月获得的观察数据，指示变量 Half1 等于 1，其他情况下，指示变量等于 0。

数据两年一次的特征允许这一指标（标准）在回归分析中包括年哑变量，而无需消除由于联邦最低工资变化而引起的最低工资变动。以往的研究使用年度数据，由于引入了这样的年哑变量以控制宏观经济环境，因而受到了 Burkhauser、Couch 和 Wittenberg（2000）的批评。正如他们所指出，如果最低工资的大部分变动都无法被识别出最低工资的影响，那么回归分析可能无法产生精确的结果（就是说，有较大的标准误差）。而且，如果最低工资的大部分变化是由于联邦最低工资的调整，并且年哑变量捕捉到了这一变动，那么，最低工资效应的估算结果可能无法一般化。也就是说，估计的效应可能是那些把本州的最低工资提高到联邦水平之上的州所特有的。

10．尽管最低工资增加很可能对经济的更快增长，从而达到更高水平的工资起作用，但这一点与本文试图研究的问题是不同的：由于法定工资增加和波纹效应工资增加，工资从较高的工资底线发生了变化。

11．联邦工资率曾在 1990 和 1991 年 4 月、1996 年 10 月以及 1997 年 9 月提高。

12．请注意，这里使用的行业分类体系（SIC）包括零售贸易行业中的餐饮店。

13．除了将数据样本限制在那些报告自己属于零售贸易业的工人以外，还需要根据前文描述的方法论的要求做几项修正。首先，较小的样本规模使其无法从每个州的零售行业劳动力队伍中估计其人口统计变量，而是从每个州的整个零售商业劳动力中估计这些变量。其次，零售商业部门的样本规模较小，使得第 5 工资分位的估计数缺乏可靠性，因而回归估计开始于第 10 工资分位在。最后，产业变量没有被包括在内。

14．劳工统计署（2003），《最低工资工人的特点》（2002），可在下述网址查到 http：//www. bls. gov/cps/minwage2002. htm。

15．这其中的原因之一是，有些与最低工资工人相次临的工人有小额信用补贴（tip credit allowances），这一补贴不随着最低工资水平的变化而自动发生变化。

16．为了理解这点，我们考虑一下第 10 工资分位平均等于最低工资的99% 的情况。第 15 工资分位，即我给出估算的下一个分位，就其相对于最低水平的位置来看，仅比第 10 工资分位高 4 个百分点，在最低工资的

103%。从不同行业看，第5工资分位（即最邻近最低工资的分位）平均为最低工资的100%。第10分位（即我给出估计的下一个分位）与第5分位比起来，离最低工资更远一些，为最低工资的112%。

17. 有趣的是，该波纹效应乘数比Gramlich（1976）2.00的估计数只稍微高一点，他的估计数是使用另一种方法得出的，且针对另一个不同的时期（1954—1975）。Gramlich估计的波纹效应较小，一个可能的原因是那些年份里最低工资的实际值较高（因而很可能有更多的工人获得了法定的工资增加）。

18. 选择这些年份是为了确定一个离联邦最低工资增加即不太近也不太远的时间，因为接近工资分布底端的工人可能会分别受到联邦最低工资相对较高或较低的实际价值的影响。

第12章 较高最低工资的就业效应：对各州的对比分析

这章是根据波林、布伦纳和威克斯-利姆（2004）对于佛罗里达州最低工资提案的研究以及波林和威克斯-利姆（2006）对于亚利桑那州最低工资提案的研究写成。

1. 这里显示的研究结果基本上与近期的另外两项研究相类似，即Burton和Hanauer（2006）的研究以及Parrott和Kramer（2006）的研究，他们的研究比较了上一个10年间两类州的小型商业企业和小型零售企业的就业、商业及工资增长：一类是那些最低工资高于联邦水平的州，另一类是最低工资等于＄5.15联邦水平的州。尽管他们研究了另一个年份组（1997—2003）的趋势，且重点针对小型商业企业，但他们的研究发现总体上与我们的研究结果是一致的：在最低工资较高的州，企业即使不比最低工资等于＄5.15联邦水平的州的企业状况更好的话，至少和后者的状况是一样的。

2. 这个模型与Card和Krueger（1995，第144～145页）构建的模型很相近，是它的一个改造版本。

第13章　对于亚伦·耶洛利斯"圣菲的生存工资法与劳动力市场"的评论

这项研究首次出现在罗伯特·波林和詹妮特·维克斯丽姆（2005）的《圣菲的生存工资法与劳动力市场》一文中，马萨诸塞阿姆赫斯特PERI 的工作论文第 108 号，政治经济研究院，该文章可在下述网址获得：http://www. peri. umass. edu/fileamin/pdf/working_papers/working_papers_101-150/WP108. pdf。

1. Judge Daniel Sanchez，"事实的发现与法律的结论"，新墨西哥州圣菲镇第一司法区法庭，案由号：D-0101-CV-2003-468，2000 年 6 月 24 日，第 30 页。此处所说的波林的研究是指本书第 5 章摘引的专家证言（2004 年报告）。如第 5 章注释所述，（我们再次注意到）事实上这项工作是波林和布伦纳通力合作的结果。在这章中，由于所有的庭审文件都采用"波林的研究"这一说法，因此我们也保留了这个说法。

2. Yelowitz 在 2005 年 12 月 "8.50 美元的城市最低工资如何影响了圣菲的劳动力市场"一文中，对我们的批评做出了回应。

3. 新墨西哥大学的企业与经济研究所在其城市委托报告中也得出结论，圣菲生存工资法既没有对该市的总体就业水平产生影响，也没有对宾馆和餐饮服务部门的就业产生特定影响（Potter 2006）。

第14章　探求生存工资法的影响：对纽马克和亚当斯的评论

1. 如果个人处于被雇佣状态，挣得多于 ＄ 1 少于或等于 ＄ 100 的小时工资，年龄在 16 ~ 70 岁之间，居住在该日历年度某个既定月份中和至少进行了 25 次观察的城市里，那么纽马克和亚当斯的样本中就包含了这些对个人的观察结果。

2. 由于纽马克和亚当斯对覆盖范围的估计每个城市有所不同，因此他们在模型 2 中也引入了一组哑变量，以控制各个受影响工人子组别之间的水平差异。

3. 我们此处的讨论接续了纽马克和亚当斯的研究，将当地劳动力市场粗略地等同于城市统计区（MSA）。

4. 在纽马克和亚当斯（2003b 表 4）的文章中，他们还特意给出了对于工资分布的底端分位中可能覆盖的工人占比的估计（底端分位即 25% 的工资最低的劳动者）。

5. 作为对本文早些时候的初稿的回应，纽马克和亚当斯对这些城市的政府官员进行了访谈（见亚当斯和纽马克，2005）。

6. 于 2001 年 10 月 18 日，洛杉矶市 CAO 办公室的 June Gibson 接受了马克·布伦纳的电话访谈。访谈重点是 1999 年全年，这是因为我们从字面上对纽马克和亚当斯的研究结果做出如下解释：法律实际实行了 12 个月时，生存工资效应才显现。由于他们的样本范围仅包括 1996—2000 年，上述解释意味着，法律必须在 1999 年底前实际实行以便在其样本中被观察，他们的样本扩展到了 2000 年。对其研究结果的另一个（更可能对的）解释是：直到法律生效后 12 个月才实际履行，在这种情况下，我们就 2000 年的情况从城市官员那里收集信息，这种做法会很有帮助。即便如此，我们的访谈还是包括了纽马克和亚当斯的样本所在 5 年中的 4 年。

7. 尽管这一政策直到 2003 年才正式采用，但在 1990 年代晚期这一政策就已经作为 3 项发展基金的附属项目存在了（Fairris 等人，2005）。

8. 受影响的工作的总数包括 9 600 个受原始生存工资法律影响的工作、由于 1998 年城市法律实施而提高了工资的 900 个工作，以及因与经济发展项目有关而具有生存工资要求的 400 个工作。

9. 马克·布伦纳于 2001 年 10 月 23 日对明尼阿波利斯社区发展机构的 Kent Robbins 做了访谈。

10. 珍妮特·威克斯-利姆于 2005 年 12 月 3 日对明尼阿波利斯社区发展机构的 Kent Robbins 做了访谈。

11. 马克·布伦纳于 2001 年 10 月 30 日对奥克兰市的 Vivian Inman 做了电话访谈。

12. 关于对奥克兰工资分布最低分位的工人覆盖率的估计，参见他们的文章（纽马克和亚当斯 2000，表 1）的早期版本。在其后来的文章（2003b）中，他们没有给出这个估计，这似乎只是个疏忽。

13. 关于具体的例子见卢斯（2004，第 4 章）。

14. 马克·布伦纳于 2001 年 10 月 30 日对底特律市合同管理部的 Carol Apney 做了电话访谈；于 2001 年 10 月 15 日对圣何塞市的 Nina Greyson 做了电话访谈；于 2001 年 10 月 29 日对圣安东尼奥市经济复兴办公室的 Trey Jacobson 进行了电话访谈。